개인의 성장을 위한 심리학적 접근, 코칭심리

코칭심리의 이론과 실제

정은경 저

학지사

서문

코칭심리학은 비교적 새로운 응용심리 분야다. 심리학에서 개인 혹은 집단에 대화를 매개로 심리적 서비스를 제공하는 분야는 크게 상담심리학과 임상심리학 정도다. 상담과 임상 두 분야가 우리 사회에 기여한 바는 논의할 필요도 없이 분명하고 현저하다. 다만, 상담이나 심리치료가 주로 심리적으로 어려움을 겪고 있는 사람을 대상으로 개발되었으므로 보통 사람이 쉽게 찾아가기에는 심리적 장벽이 존재한다는 점이 늘 아쉬웠다. 보건복지부가 5년마다 발표하는 정신질환 유병률을 살펴보면, 가장 최근 자료인 2016년 기준 정신장애 유병률은 약 19%(니코틴장애 제외)다. 이 자료에 의하면 약 70% 이상의 사람이 심리적 문제를 겪고 있는 사람을 대상으로 하는 상담자나 심리치료자를 찾아가기는 쉽지 않을 것으로 생각된다. 심리학 기반 코칭은 이처럼 심리적 장애나 어려움을 겪고 있지 않은 대부분의 사람이 거부감 없이 쉽게 받아들일 수 있는 대화 매개 심리 서비스로, 심리학이 일반 대중에 기여할 수 있는 좋은 방법 중 하나다.

필자가 코칭심리학을 강의한 지도 약 8년이 지났다. 새로운 학문 분야로서 코칭심리학은 아직 지식 체계(body of knowledge)가 견고하게 갖춰지지 않아 참고할 만한 교과서가 없다는 점은 교수자로서 언제나 안타까운 부분이었다. 지금까지는 필자의 코칭 경험과 심리학적 지식, 그리고 해외의 심리학 기반 코칭 서적 등을 종합하여 유인물을 만들어 학생들을 대상으로 강의를 진행해 왔는데, 교재를 빨리 출간해야 한다는 마음의 압박감을 지니고 있었다. 다행히 이 책을 출간해 주시는 학지사와의 약속이 촉매로 작용하여 여러 가지 업무를 핑계로 미루고 있던 교재 집필을 부족하나마 이제 1차적으로 마무리하게 되었다. 사실 시간에 쫓기어 좀 더 풍부한 내용을 담지 못한 아쉬움이 크지만 이렇게라도 마무리해야 다음 단계로 나아갈 수 있다는 생각에 조심스럽게 출간을 결심하였다.

이 책의 특징은 다음과 같다.

- 코칭심리학이 포괄해야 할 학문 분야가 어떤 것인지를 규명하여 학문적 틀을 잡으려고 시도하였다. 이 책은 임상심리학이나 상담심리학의 개론서와 마찬가지로 코칭심리학이 연구해야 할 분야에 해당하는 심리학 연구들을 체계적으로 담으려고 노력하였다.
- 이 책을 쓸 때 염두에 둔 독자는 코칭심리학에 처음 입문한 사람들이다. 따라서 초보자도 쉽게 이해할 수 있도록 이론과 원리를 가능하면 풀어쓰려고 하였다. 코칭 모델과 기법 또한 실제 현장에서 쉽게 적용할 수 있도록 단계적 · 논리적인 구조를 통해 제시하려고 하였다.
- 코칭 모델 및 기법에 대한 심리학적 근거를 제시하려고 노력하였다. 코칭모델과 코칭기법은 기본적으로 심리학적 근거를 지니고 있으며, 또한 과학적 근거에 기반하여 내용이 채워져야 한다. 그러나 현재 어떤 서적도 코칭의 심리학적 근거를 구체적으로 제시하지 않고 있다. 필자는 앞으로도 이 부분에 대해 지속적으로 연구하여 개정판을 통해 더욱 풍부한 과학적 근거와 발전된 모형을 제시할 예정이다.
- 기존의 상담이나 임상적 서비스 형태를 넘어서 코칭이 새롭게 개척할 수 있는 서비스 영역과 코칭의 하위 유형 분류에 대한 발전적 대안을 제시하였다. 이 주제는 앞으로 코칭심리학을 현장에서 적용하면서 선순환적인 논의와 연구를 통해 지속적으로 발전시켜야 할 부분이라고 생각된다.

이 책은 코칭심리학 개론 수업에서 교재로 사용할 수 있도록 구성하였으며, 주차별 활용방법의 예시를 다음에 제시하였다.

주차	교재	학습 목표 및 내용
1주차	제1장~제2장	• 심리학의 흐름에서 코칭심리의 위치와 역사를 학습한다. • 코칭심리와 인접 분야 간의 차이를 명확히 이해하고, 심리학 기반의 코칭과 코칭심리학의 정의를 숙지한다.
2주차	제3장	• 심리학 기반 코칭의 목적인 '건강한 삶'에 대한 전 세계적 · 학문적 정의를 살펴본다.
3주차	제4장~제6장	• 기존의 심리학 기초 이론들이 제시하는 핵심 개념과 이를 통해 도출되는 건강한 삶의 모습을 살펴본다.
4주차		
5주차	제7장	• 코칭심리학이 채택하고 있는 철학적 패러다임인 긍정심리학의 주요 연구 결과, 특히 행복과 강점에 대해 학습한다.
6주차		
7주차		• 중간고사
8주차	제8장	• 코칭의 목표인 변화에 대한 기초 이론을 학습한다.
9주차	제9장	• 코칭의 주요 목표 중 하나인 수행과 관련된 주요 이론을 학습한다.
10주차	제10장	• 코칭의 기본 기술인 경청, 질문, 피드백의 구조와 활용법을 학습한다.
11주차	제11장	• 코칭모델과 각 단계에서 활용할 수 있는 구체적인 기법들을 학습한다.
12주차		
13주차		• 교수자의 감독하에 학생들이 동료코칭을 실시하고, 이에 대해 슈퍼비전을 제공한다.
14주차		
15주차	제12장	• 코칭심리학의 발전 방향과 수련에 대해 학습한다. • 기말고사

이 책을 통해 코칭심리학의 학문적 틀을 제안하고, 관련된 심리학적 연구들을 담고자 하였으나 시간적 한계로 여전히 미진한 부분이 많다. 예를 들면, 이 책에서는 비즈니스코칭, 커리어코칭, 라이프코칭 등 코칭의 하위영역

에 대해서는 전혀 다루지 않았다. 이처럼 부족한 부분들은 좀 더 꼼꼼히 조사하고 학습하여 추후 개정판에 더 많은 내용을 풍부하게 담을 수 있도록 노력하고자 한다.

이 책이 출간되기까지 많은 분의 도움이 있었다. 무엇보다 교재를 출간해 달라고 지속적으로 요청했던 많은 제자의 격려가 없었다면 이 책은 빛을 보지 못했을 것이다. 교정과 참고문헌 정리를 맡아 주었던 강원대학교 심리학과 대학원 제자들, 출간의 전 과정을 꼼꼼하게 살피고 정리해 준 학지사 편집부 박수민 님 및 학지사 관계자 여러분께 깊은 고마움을 전한다. 그리고 코칭심리학의 미래와 비전에 대해 먼저 꿈을 꾸고 아무도 가지 않았던 길에 발걸음을 떼었던 탁진국, 이희경 코칭심리학회 두 전임 회장님께도 경의를 표한다. 마지막으로, 부족한 이 책이 코칭심리학을 통해 자기성장을 이루고 사회에 공헌하려는 많은 분에게 조금이라도 도움이 되길 바라면서 서문을 마무리하고자 한다.

2020년 9월 봄내, 춘천에서

정은경

차례

제2부 코칭의 목적: 건강한 삶

제3부 코칭의 목표: 변화

제4부 코칭의 진행

제1부
코칭심리학의 역사와 정의

"세상에서 유일한 기쁨은 시작하는 것이다."

- 체사레 파베세(Cesare Pavese)

코칭심리의 역사

1. 코칭의 역사

1) 코칭의 시작

코칭이라는 단어는 코치(Coach)라는 단어로부터 시작되었다. 코치는 본래 16, 17세기에 헝가리의 한 마을인 코치라는 지역에서 생산되던 마차 콕시(Kocsi)에서 유래되었으며, 이후 코치라는 단어가 유럽 전역으로 퍼져 나갔다(Oxford English Dictionary). 콕시라는 마차의 기능이 탑승자를 원하는 목적지로 데려다주는 것이었다면, 현재 사용되고 있는 코치라는 단어 역시 개인이 달성하고자 하는 목표를 달성할 수 있도록 돕고 지원하는 사람으로서, 특정 목적 달성을 위한 마차와 같은 역할을 한다고 할 수 있다.

1860년대 옥스퍼드 대학교에서는 학업을 도와주는 개인교사를 코치로 불렀으며, 1880년대 케임브리지의 캠 강에서 노 젓는 것을 지도하는 사람을 코치라고 지칭하기 시작하면서 코치가 운동선수들의 목표 달성을 돕는 사람으로 고착되어 사용되기 시작하였다. 이후 코치는 음악가나 배우와 같은 예술 분야의 전문가들이 어려움을 극복하고 지속적으로 훈련하여 목표에 도달할 수 있도록 도와주는 사람들을 일컫는 일반명사가 되었다. 코치라는 단어는 현대에도 여전히 스포츠 분야에서 선수들의 훈련과 성취를 돕는 사람들을 의미하는 용어로 가장 널리 알려져 있다. 이처럼 코치라는 용어는 19세기부터 지속적으로 사용되었으나 코칭이라는 행위에 대한 정의와 논의는 아직 분명하지 않다.

[그림 1-1] 16세기 마차 콕시의 모습(Schemel, 1568)

출처: https://hu.wikipedia.org/wiki/Kocsi Jeremias Schemel, Augsburg; copy by Marcus Weinmann-Scanned by Szilas from the book Hétköznapi let Mátyás

2) 코칭의 확장

코칭이라는 용어가 학술지에 게재되고 학문적 영역에서 논의되기 시작한 것은 20세기 초반이다. 그러나 현재 세계적으로 적용되고 있는 코칭이 등장한 것은 1970년대 이후라고 할 수 있다. 1995년에 국제코치연맹(International Coach Federation: ICF)을 설립한 재무컨설턴트 Thomas J. Leonard는 1980년대 초에 고객과의 상호작용 속에서 고객이 스스로 문제를 해결하는 것을 경험하고, 이러한 상호작용을 '코칭'이라고 명명하였다고 보고하였다(Leonard, 1998). 그러나 이미 1970년대에 '임원코칭'이라는 단어가 사용되고 있었고, 논문에도 코칭이라는 단어가 나타나고 있어 스포츠 분야를 벗어난 현대적 코칭은 1970년대부터 시작되었다고 볼 수 있다.

1980년대에는 미국과 영국을 중심으로 비즈니스 영역에서 코칭의 중요성에 대한 인식이 확산되었으며, 1990년대 들어 비즈니스코칭을 중심으로 코칭 시장이 폭발적으로 성장하기 시작하였다. 1992년, Whitmore는 『Coaching for performance』라는 책을 영국에서 출판하였으며, 이 책에 제시된 GROW 모델은 아직까지도 코칭의 기본 모델로 널리 사용되고 있다. 1995년에는 현재 전 세계에 걸쳐 최대 회원을 보유하고 있는 코치들의 커뮤니티이자 코치 양성 기관인 ICF가 설립되었다. ICF는 현재 140여 개국에 지부를 두고 코치 및 코칭 프로그램을 제공하면서 코치 인증자격증을 발급하고 있다.

국내 코칭서비스는 2000년대 이후에 보급되기 시작하였다. 미국이나 영국과 같이 국내에서도 비즈니스코칭이 주로 이루어졌으며, 2003년 한국코치협회(Korea Coach Association: KCA)가 설립되었다. 이듬해인 2004년부터 KCA는 코치 인증자격증을 발급하기 시작하면서 ICF와 함께 가장 보편적인 코치 자격증 발급 기관으로 자리잡았다.

2. 코칭심리의 역사

Passmore와 Fillery-Travis(2011)는 학문의 발전 단계를 크게 세 단계, 즉 탐색단계, 이론형성단계, 이론확립단계로 나누었다. 1단계인 탐색단계는 학문을 정의하는 단계로, 학문의 정체성과 인접 학문과의 유사성 및 차이점에 대한 논의가 주된 이슈다. 2단계인 이론형성단계는 학문의 관심이 해당 학문에서 사용되는 방법론과 측정론을 발달시키면서 이론이 형성되는 단계다. 마지막 3단계는 2단계에서 형성된 이론의 예외와 다양성에 집중하여 이론을 정교화 혹은 대체하는 과정이다. 현재 코칭심리학은 상기 학문의 발전 단계 중 1단계 후반과 2단계에 걸쳐 있는 상태로, 여전히 코칭심리학의 정의에 대한 논의는 존재하나 현재는 대부분의 연구가 코칭과 관련된 심리학적 연구에 집중되고 있는 상태다.

1) 심리학의 발전과 인간관의 변화

특정 시기의 시대정신과 문화적 관점은 동시대의 학문에도 영향을 주며, 반대로 학문의 발전이 동시대의 정신과 사상에 영향을 주기도 한다. 여타의 학문과 마찬가지로 심리학도 태동부터 지금까지 시대적 조류와 사상, 사건과 상호작용하면서 발달해 왔으며, 이에 따라 다양한 인간관을 반영하는 이론들이 생성되었다.

1879년 Wilhelm M. Wundt의 기념비적 실험으로 심리학이 출발한 이후, 20세기 초부터 20세기 중반, 즉 1960년대까지의 심리학은 정신역동이론(psychodynamic theory)과 행동주의이론(behaviorism)이 양대 산맥을 이루면서 발달하였다. 1900년 발표된 Sigmund Freud의 『꿈의 해석』 이후에 정신역동이론은 무의식으로 상징되는, 인간의 내면 깊숙한 곳에 있는 욕구와 갈등에 집중하여 이론과 개념을 발전시켰다. 정신역동이론은 심리적 문제의 원인이 인간 내부에 존재한다고 보았으며, 그 근원을 탐색하고 이를 변화시키는 방법에 집중하였다. 그러나 1910년을 전후로 무의식과 같이 관찰 불가능한 추상적 개념과 기존 심리학에서 사용되었던 내성법(introspection)은 과학이라고 볼 수 없다는 비판이 심리학계에서 제기되었다. John B. Watson과 Burrhus F. Skinner를 중심으로 한 행동주의자들은 심리학을 "관찰 가능한 행동에 대한 과학적 연구"로만 정의하였으며, 동물실험을 비롯하여 유기체의 다양한 행동에 대한 연구를 통해 혁신적인 이론과 개념을 제시하였다. 정신역동주의자들과는 반대로 행동주의자들은 인간 행동은 환경에 의해 결정되며, 환경과의 상호작용을 통해 행동을 수정할 수 있다는 관점을 지니고 있었다.

정신역동주의와 행동주의는 서로 반대되는 인간관을 지니고 있었으나 두 학파 모두 현재의 인간의 모습이 과거에 의해 결정된다는 기계론적 인간관을 제시했다는 공통점을 지니고 있었다. 1950년대부터는 이러한 극단적이고 무기력한 인간관을 비판하고 인간의 잠재력과 주도성에 주목하는 학파들이 등장하기 시작하였는데, Carl R. Rogers와 Abraham H. Maslow의 인본주의 심리학(humanistic psychology)이 대표적이다. 인본주의 심리학은 과거의 기억이나 학습보다는 현재에 초점을 맞출 것을 제안하였으며, 인간의 성장 잠재력과 사랑, 인정 욕구 등의 중요성을 강조하였다. 이후 1960년대에 인지심리학이 다시 떠오르면서 인간의 내적 사고 과정의 중요성과 인지 과정의 변화를 통한 인간 행동 및 정서의 변화를 시도하는 인지행동주의나 구성주의가 각광을 받기 시작하였다. 인지심리학적 관점은 기존의 정서 중심의 정신역동이나 인본주의 접근과는 달리 정서에 영향을 주는 인지의 역할을 강조하였다. 인지심리학적 관점의 발달은 심리학계가 심리적 문제의 원인보다는 변화의 과정에 좀 더 초점을 맞춘 실용적인 접근으로 변화하기 시작했다라는 것을 의미하기도 한다. 인간 행동 변화에 있어서 인지 과정의 중요성은

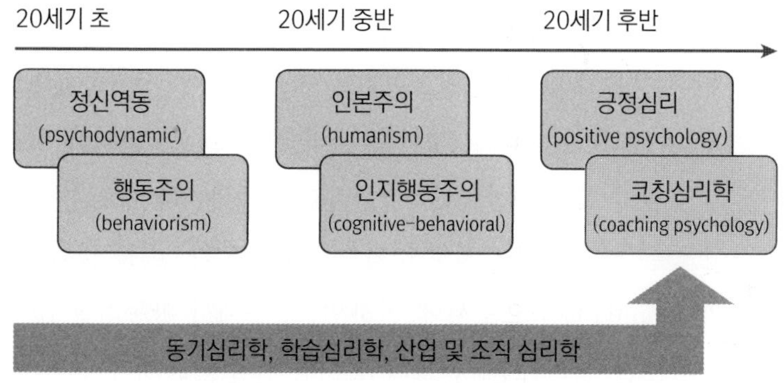

[그림 1-2] 심리학의 역사에서 코칭심리학

지금까지도 지속적으로 지지를 받고 있으며 상담과 심리치료에 광범위하게 응용되고 있다.

2) 심리학과 코칭의 만남

인본주의 심리학 이후 인간에 대한 보다 긍정적인 관점이 도입되었으나 이 역시 상담과 심리치료의 효과를 높이기 위한 관점일 뿐, 1990년대까지 심리학은 여전히 심리 장애를 중심으로 인간의 심리적 문제를 개선시키는 데 초점이 맞춰져 있었다. 즉, Martin Seligman이 표현한 대로 과거의 심리학은 '불행한(miserable)' 사람들을 '덜 불행하게(less miserable)' 만드는 방법에 집중해 왔다. 그러나 1998년 미국심리학회 회장이었던 Seligman은 긍정심리학(positive psychology)의 시대가 도래했음을 선포하면서 심리학은 앞으로 건강한 사람들이 더욱 건강하고 행복하게 자신의 능력을 최대한 발휘하면서 살 수 있도록 돕는 데 기여해야 한다고 주장하였다. 이처럼 1990년대에 시작된 긍정심리학은 당시 많은 기업에서 도입되어 있던 코칭과 철학적으로 유사한 관점을 취하고 있었다. 긍정심리학의 주된 관심사였던 행복과 성취라는 주제는 비즈니스코칭이 추구하는 성공적 수행을 위한 목표 달성과 변화, 안녕이라는 목적과 일맥상통하였으며, 따라서 긍정심리학은 현재까지 코칭심리학의 핵심적 이론으로 다루어지고 있다.

1990년대 당시 미국, 영국 등의 많은 기업은 임원코칭을 도입하고 있었다. 임원코칭에는 산업 및 조직 심리학자를 비롯한 일부 심리학자도 관여되어 있었으나 대부분의 경우에 심리학을 전혀 전공하지 않았거나 접하지 않은 사람들이 소정의 교육을 받은 후에 코치로 활동하거나 기업 관련 분야에서 전문성이 높은 사람들이 코치로서 활동하고 있었다. 예를 들면, Spence, Cavanagh와 Grant(2006)의 조사에 의하면, 호주에서 활동하는 코치들 중 14%만이 상담 또는 심리학 배경 코치였으며, 컨설팅(24%)과 인적자원관리(14%)를 배경으로 하는 코치가 가장 많은 것으로 나타났다. 이처럼 코칭 산업에 종사하는 코치들은 '코칭'이라는 동일한 이름의 서비스를 제공하고 있었으나 심리학적 지식과 경험이라는 측면에서는 코치 간 개인차가 매우 컸다. 당시 코치로 참여하고 있던 심리학자들은 기술과 기법 중심의 기존 코칭의 한계와 부작용을 경험하기 시작하였으며, 과학적 연구 결과와 근거를 기반으로 하는 심리학 기반의 증거 기반(evidence-based) 코칭의 필요성을 인식하게 되었다.

3) 코칭심리학의 발전

(1) 국외 코칭심리학의 발전

코칭이 심리학이라는 학문 범주로 들어오기 시작한 것은 비교적 최근의 일이다. Palmer와 Whybrow(2008)는 코칭심리 연구의 근원을 1918년 스포츠심리학의 아버지로 불리는 Coleman R. Griffith가 저술한 논문으로 보기도 했다. 물론 『Psychology of Coaching』을 비롯한 그의 많은 저술이 코칭에 대한 심리학을 다루고는 있지만 스포츠에서 활용되는 코칭에 국한되어 있어 현대적 의미의 코칭에 대한 연구라고 보기는 어렵다.

현대적 의미의 코칭심리학 발전에는 호주의 Anthony D. Grant와 영국의 Stephen E. Palmer가 핵심적인 역할을 하였다. 코칭심리(coaching psychology)라는 용어는 Grant가 호주 시드니 대학교 심리학과에 코칭심리 석사과정을 최초로 개설하면서 공식적으로 사용되기 시작하였다. Grant는 2000년에 호주 시드니 대학에 코칭심리학 석사과정을 최초로 개설하였으며, 2002년에 호주심리학회 내에 코칭심리학특별그룹(special goup in coaching psychology)을 구성하였다. Palmer는 2004년 영국심리학회 내에 코칭심리학특별그룹을 구성하였으며, 2005년 영국 시티 대학에 코칭심리학 석사과정을 개설하였다. Palmer는 2005년 최초의 코칭심리학 저널인 『The Coaching Psychologist』를 발간하는 데 주도적인 역할을 하였으며, 2006년에는 『International Coaching Psychology Review』를 발간하였다.

미국에서는 코칭심리가 시작되기 전 이미 미국심리학회의 하위 분과학회로 컨설팅심리학회(consulting psychology)가 존재하고 있어 코칭심리학이 독립적인 학회로 인정되지 못하고 있었다. 그러나 미국에서도 심리학자이면서 코칭서비스를 제공하는 사람들이 급증하면서 컨설팅심리학회는 영국의 코칭심리학회와 공동으로 학회를 개최하는 등 코칭심리학에 대한 연구와 학습이 지속적으로 진행되고 있다. 2010년 제1회 국제코칭심리학회(International Society for Coaching Psychology)가 영국에서 열렸으며, 현재는 전 세계적으로 많은 국가에서 코칭심리학 학위과정 및 단체가 설립되고 있다.

(2) 국내 코칭심리학의 발전

국내 코칭심리학은 광운대학교 탁진국 교수와 국내 전문코치 1세대 중 심리학자였던 이희경 박사가 2009년에 코칭심리연구회를 발족하면서 시작되었다. 2011년 한국심리학회의 14번째 하위분과로 한국코칭심리학회가 인준되었으며, 초대 학회장으로 탁진국 교수가 선출되었다.

본격적으로 학회의 모습을 갖추기 시작하면서 2014년에는 한국심리학회가 발급하는 코칭심리사 자격증 제도가 1급과 2급으로 나뉘어 시작되었다. 이후 코칭이 실무 영역에서 매우 활발히 사용되고 있으며, 기업이나 각 기관에서 사람을 관리하고 교육시키는 실무자들에게 제대로 된 코칭심리 교육을 제공할 필요가 있다는 문제인식이 공유되면서 2018년에 기관에 종사하는 전문가를 대상으로 하는 코칭심리사 3급이 신설되었다.

2017년에는 코칭과 관련된 심리학 연구 결과를 다루는 전문학술지 『한국심리학회지: 코칭』이 발간되었으며, 총 4편의 논문이 발표되었다. 이후 한국코칭심리학회에서는 연 2회 전문학술지를 발간하고 있으며, 2020년 현재 제4권까지 발간된 상태다.

코칭심리와 관련된 공식적 교육과정은 2009년 광운대학교가 교육대학원에서 코칭심리 석사과정을 개설하면서 시작되었다. 이후 광운대학교 산업심리학과에서는 2011년도에 박사과정이 개설되었으며, 같은 해에 백석대학교

교육대학원에 석사과정이 개설되었다. 현재는 광운대학교와 백석대학교 외에도 강원대학교, 중앙대학교, 사이버대학교 등 다수의 학교에서 특수대학원 혹은 전문대학원에 코칭심리 관련 석사과정을 개설하고 있다.

이 장의 요약

☑ 코치라는 용어는 19세기부터 사용되기 시작하였다.

☑ 현대적 의미의 코칭은 1970년대부터 시작되었다.

☑ ICF와 KCA는 국내의 대표적인 코치훈련기관이다.

☑ 현재 코칭심리학은 학문 형성 단계 중 탐색단계와 이론형성단계에 해당한다.

☑ 긍정심리학은 코칭심리학의 기반이 되는 핵심 이론 중 하나다.

☑ 최초의 코칭심리학 대학원 과정은 2000년 호주 시드니 대학교에 개설되었다.

☑ 국내 최초의 코칭심리학 대학원 과정은 2009년 광운대학교에 개설되었다.

코칭심리의 정의

코칭을 정의하는 것은 매우 어렵다. Bachikirova와 Kauffman(2009)은 어떤 서비스 행위에 대한 하나의 정의가 성립하기 위해서는 보편성(university)과 독특성(uniqueness)이라는 두 가지 기준에 부합해야 한다고 제안하면서 코칭의 정의 가능성을 탐색하였다. 보편성이란 '코칭'이라는 이름으로 불리는 모든 행위에는 공통적으로 존재하는 어떤 요소가 있어야 한다는 것이고, 독특성이란 '코칭'이라는 행위가 인접 분야 행위와 구별되는 독특한 특징이 있어야 한다는 것이다. Bachikirova와 Kauffman은 다양한 코칭의 정의가 초점을 맞추고 있는 것은 코칭의 목적(purpose), 코칭의 과정(process), 코칭이 실시되는 맥락(context), 대상 고객(clientele)이라는 네 가지 차원임을 밝혔으나, 이 네 가지 차원 모두에서 보편성과 독특성을 만족시키는 정의는 존재하지 않는다고 결론을 내렸다.

상기한 바대로 엄밀한 학문적 차원에서 코칭의 정의를 내리는 것은 매우 어렵다. 이는 코칭이 어떤 원형(prototype)이나 이론이 존재하여 시작된 것이 아니라는 태생적 한계에 기인한다. 따라서 본서에서는 현재 제공되고 있는 대부분의 코칭과 코칭 프로그램에서 포함하고 있는 것(보편성의 기준)과 인접 유사 분야와 구분되는 차별성(독특성의 기준) 차원을 고려하여 최대한 명료한 정의를 제시하려고 한다.

1. 코칭과 인접 분야와의 구분

1) 코칭과 상담

코칭이라는 대면 서비스는 상담 이론들이 초기에 그러하였듯이, 과학적 검증이 이루어진 후 실무에 적용된 것은 아니다. 코칭 역시 특정 업무에 오랫동안 종사하면서 익히게 된 일종의 실용적 전문지식을 체계화한 것이라고 할 수 있다. 다만 상담과의 차이점이라면, 그 출발이 심리학자나 정신건강 전문가가 아니었다는 점이다. 상담과 코칭은 서로 다른 분야에서 출발하였으나 둘 다 언어를 매개로 하는 심리적 서비스라는 공통점을 지니고 있다. 이러한 공통점은 코칭과 상담의 구분을 어렵게 하는 요인이며, 코칭을 처음 시작하는 사람들, 특히 상담이나 심리치료를 전공한 사람들이 코칭 분야에 진출하려고 할 때 코칭과 상담을 잘 구별하지 못하고 혼란스러워하거나 혹은 동일시해 버리게 되는 원인이다.

먼저 상담의 정의를 살펴보자. 이장호(1995)는 상담을 "도움을 필요로 하는 사람(내담자)이 전문적 훈련을 받은 사람(상담자)과의 대면 관계에서 생활과제의 해결과 사고, 행동 및 감정 측면의 인간적 성장을 위해 노력하는 학습과정"이라고 정의하였다. 여기서 알 수 있는 상담의 특징은 문제해결뿐 아니라 사고, 행동, 감정의 성장 자체를 목적으로 하며, 상담의 초기 목표가 달성되지 못했더라도 상담의 과정 자체를 '심리적 성장과정'으로 간주한다는 점이다. 이처럼 상담이 '과정'에 큰 의미를 부여하는 것은 '문제해결'에서 출발한 코칭이 코칭을 통해 성취 가능한 목표만을 코칭 목표로 삼도록 하는 등

'결과'를 강조하는 관점과는 큰 차이를 보인다.

코칭과 상담의 차이를 살펴본 연구들(예를 들어, Chu, Rizvi, Zendegui, & Bonavitacola, 2015; Hart, Blattner, & Leipsic, 2001; Havighurst, Kehoe, & Harley, 2015; Joseph, 2006)에서도 전반적으로 코칭과 상담의 차이점으로 대개 시간적 조망, 회기 내의 진행 초점, 피코치(내담자)의 회기 내 관여도, 목표와 문제해결에 대한 강조점 등이 제시되고 있다. 국내에서는 정은경(2016)이 경험적 데이터를 수집하여 두 개념의 차이를 살펴보았다. 정은경은 심리학 배경을 가지고 있지 않은 코칭자격증(ICF, KAC) 소지자와 일반인들이 상담과 코칭에 대해 어떤 인지적 네트워크를 가지고 있는지를 알아보았다. 연구 결과, 두 집단 모두 잠재력, 가르침/지도, 미래, 비전은 상담과 직접적인 관련이 없는 것으로 인식하고 있었다. 반면에 코칭에 대해서는 상기한 요소들이 모두 코칭과 관련된 것으로 인식하고 있었으며, 마음상처, 심리치료, 심리전문가, 분석은 코칭과 관련이 없는 것으로 인식하고 있었다. 이러한 결과 역시 상담과 코칭이 시간적 조망, 회기의 내용, 상호작용의 형태 등에서 차이가 있음

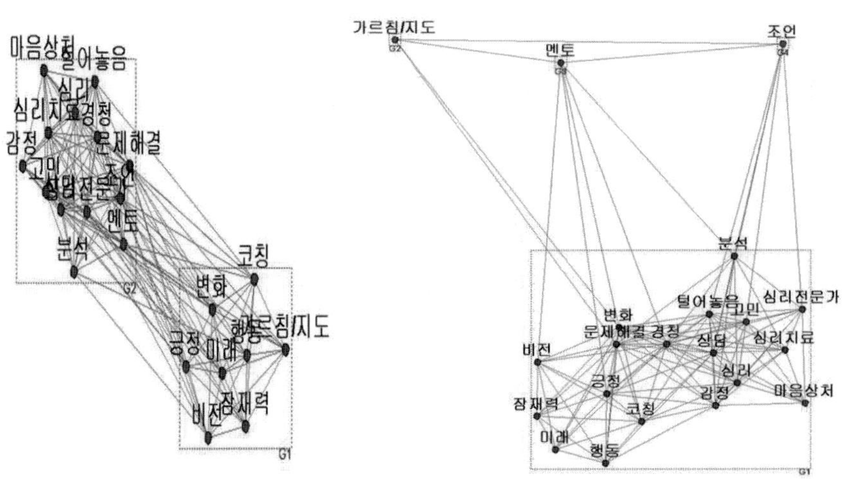

[그림 2-1] 코칭에 대한 일반인과 전문코치(비심리학자)의 인식 차이
(좌: 일반인, 우: 전문코치)

출처: 정은경(2016).

을 보여 준다. 그러나 상기 연구의 코칭 관련 네트워크의 커뮤니티 분석 결과는 코칭 경험이 없는 일반인들이 오히려 코칭과 상담을 명료하게 구분하나, 전문코치들이 이 둘을 명료하게 구분하지 않고 있다는 것을 보여 주었다. [그림 2-1]을 살펴보면, 일반인 네트워크에서는 코칭 중심의 개념과 상담 중심의 개념이 서로 명확하게 분리되어 있으나, 코치 네트워크에서는 두 개념이 모두 뭉뚱그려 있음을 알 수 있다. 이러한 결과는 코칭을 배워서 실무에 적용하는 코치들이 오히려 상담과 코칭에 대해 더 혼란스러워하고 있을 가능성을 시사하며, 따라서 코칭과 상담에 대해서는 좀 더 분명한 정의와 교육이 필요한 상태다.

상기한 연구들과 견해들을 종합한 내용이 〈표 2-1〉에 제시되어 있다. 먼저 심리학의 흐름에서 상담이 기존의 부정심리학을 기반으로 하고 있다면, 코칭은 긍정심리학을 기반으로 하고 있다. 즉, 인간의 약점과 병리에 초점을 맞추는 것이 아니라 잠재력과 성장, 가능성에 초점을 맞추고 문제에 접근한다. 따라서 상담에서는 '잘못된 것을 고친다'라는 일반적 목적을 가지나, 코

표 2-1 상담(혹은 심리치료)과 코칭의 차이

	상담(심리치료)	코칭
심리학적 맥락	부정심리학	긍정심리학
철학적 패러다임	병리학적 패러다임	가능성의 패러다임
목적	잘못된 것을 고친다	목표에 도달하도록 구비시킨다
평가 기준	과정	결과
내용의 초점	감정	행동
방향	내적 세계	외적 세계
주된 관심	과거의 역사	미래의 비전
질문의 초점	'왜?'	'어떻게?'
구조화 정도	낮은 구조화	높은 구조화(코칭모델 적용)

출처: Collins (2011) 변형.

칭에서는 '목표에 도달하도록 구비시킨다'라는 목적을 지닌다.

상담과 코칭에서 취하는 관점의 차이는 [그림 2-2]를 통해 좀 더 명료하게 이해할 수 있다. 특정 차원에서 '문제가 없는 상태'를 0이라고 정의한다면, 상담이나 심리치료는 음의 상태(-)로 표현되는 내담자의 역기능적인 상태를 0으로 끌어올리려는 목적을 지닌다. 반면에 코칭은 고객의 현재 자원과 힘을 최대한 활용하여 고객이 현재보다 양의 상태(+)로 성장하는 것을 목적으로 한다.

이러한 관점의 차이는 상담과 코칭 회기 내에 코치가 관심을 두어야 하는 고객의 특성 차이와 밀접한 관련이 있다. 자신의 잠재력을 극대화시켜 원하는 목표를 성취할 수 있도록 돕는 코칭은 자연스럽게 고객의 행동 변화와 미래의 목표에 집중하고 목표 도달의 방법에 대한 질문, 즉 '어떻게' 질문을 중심으로 진행된다. 반면에 과거에서 기인한 것으로 간주되는 현재의 문제를 감소시키거나 제거하는 것을 목적으로 하는 상담은 문제의 원인을 찾기 위해 내담자의 과거에 집중하고 과거를 탐색하기 위한 질문, 즉 '왜' 질문을 중심으로 진행되며, 이 과정에서 내담자의 감정에 집중하게 된다. 상담은 이러

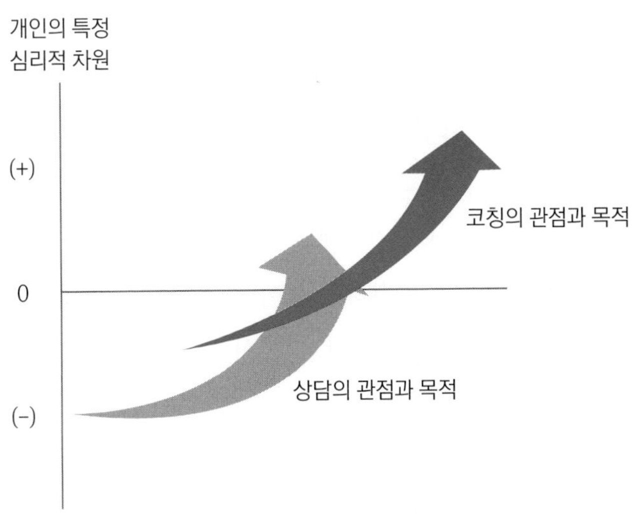

[그림 2-2] 상담(심리치료)과 코칭의 관점 차이

한 탐색의 과정 자체가 내담자를 호전시키는 것으로 보기 때문에 설령 내담자가 초기에 호소한 주호소 문제가 해결되지 않거나, 때로는 주호소 문제와 별로 관련 없는 이슈가 다뤄지거나, 행동의 변화가 크게 없더라도 실패한 상담으로 보지는 않는다. 그러나 코칭에서는 과정에서 발생하는 경험은 목표 달성에 기여하거나 수렴할 때 의미가 있으며, 코칭이 종료된 후 초기에 설정했던 목표가 달성되어야 성공한 코칭으로 평가될 수 있다. 즉, 상담은 과정 중심적이지만 코칭은 결과 중심적이다.

상기한 차이점들이 주로 내용이나 철학적인 측면이라면, 상담과 코칭은 형식적으로도 차이가 존재한다. 상담은 특별한 구조를 요구하지 않고 다루어지는 이슈와 적용되는 이론적 접근에 따라 상담자의 재량에 따라 진행된다. 그러나 코칭은 이슈나 접근법과는 관계없이 코칭모델을 사용하여 회기를 진행하는 것이 기본적이다. 구체적인 모델은 코치에 따라 다를 수는 있으나 단회기이든, 다회기이든 코칭에는 모델을 적용하는 것이 일반적이어서 회기의 구조화 정도가 높다. 코칭의 구조화는 코칭이 철저히 목표 달성과 문제해결을 지향한다는 특성에 기인한 것이며, 고객과 코치 모두가 불필요한 이슈로 일탈하지 않고 지속적으로 목표에 집중하는 데 도움을 준다. 상대적으로 높은 구조화의 또 다른 장점은 코치의 역량이 코칭에 미치는 영향을 어느 정도 상쇄해 준다는 점이다. 즉, 구조화가 일종의 매뉴얼과 같은 효과를 가지고 있어서 초보코치라도 코칭모델을 따라가면서 코칭을 어느 정도 체계적으로 진행할 수 있다. 물론 반대로 높은 구조화가 단점으로 작용할 수도 있는데, 실력이 뛰어난 코치의 경우에는 특정 모델을 따르는 것이 비효과적일 수 있으며 코치의 역량을 제한하는 틀이 될 수 있다. 이 경우에는 코칭의 기본 전제와 명확한 목표를 유지하되, 반드시 특정 코칭모델에 국한되지 않고 코칭을 진행할 수 있다.

한 가지 주의할 점은 현재 국내외에서 출간되는 코칭 관련 서적에서는 코칭모델을 코칭과 상담을 구별하는 필수적 요소로 다루고 있지는 않는다는 점이다. 상기한 바와 같이 대개는 모델 사용이라는 형식적 특성보다는 철학이나 방향성, 고객과의 관계 등의 관점에서 상담과 코칭을 구별하고 있다. 그러나 이러한 모호한 정의는 코칭이 심리학의 영역으로 유입되기 전 실무에서만 사용될 때에는 크게 문제가 없으나, 정의를 명료하게 내려야 하는 심리학 영역에서는 수용하기가 매우 어려운 정의다. 이에 한국코칭심리학회에서는 상담이 아닌 코칭 사례로 객관적으로 인정되기 위해서는 코칭모델을 적용하거나 최소한 적용하기 위한 노력을 기울여야 함을 형식적 기준으로 사용하고 있으며, 연구에서도 코칭이라는 이름을 사용할 수 있는 형식적 판단 기준으로 모델 적용 여부를 제안하고 있다.

2) 코칭과 컨설팅

컨설팅과 코칭은 문제해결이라는 측면에서는 유사점이 존재한다. 컨설팅은 고객에게 의뢰받은 문제의 해결방법을 제시하는 것이 목적이다. 예를 들어, 고객의 경제적인 상태 개선에 대한 컨설팅을 진행한다면, 컨설턴트는 고객의 모든 자산 관련 사안에 대한 데이터를 수집 및 분석하여 개선방법을 제시한다. 그러나 코칭은 문제해결의 방법을 도출할 뿐 아니라 이를 실제로 달성할 수 있도록 돕는 것을 목적으로 한다. 경제적인 상태 개선이 목적인 고객을 대상으로 코칭을 진행한다면, 목표 달성을 위한 과정 중 하나로 재정전문가로부터 컨설팅을 받을 수 있지만 여기서 끝나는 것이 아니라 실제로 목적을 달성할 수 있도록 개인적 습관부터 시작하여 고객과 함께 방법을 찾고 실천하는 과정을 진행하게 된다. 이러한 목적의 차이로 인해 컨설팅과 코칭은 〈표 2-2〉와 같은 차이를 지니게 된다.

표 2-2 컨설팅과 코칭의 차이

	컨설팅	코칭
목적	해결방법 제시	목표 달성
방법	조사, 관찰, 분석 등	의사소통 및 훈련
대상	개인, 팀, 조직 등	개인
서비스 제공자	해당 이슈 전문가	코칭전문가
결과에 대한 책임	컨설턴트	고객과 코치 상호책임
주요 접근	왜?	어떻게?
초점	프로젝트에 집중	피코치의 전인적 삶에 집중

3) 코칭과 멘토링

일반인들이 코칭과 가장 쉽게 혼동하는 것이 멘토링이다. 멘토링이란 풍부한 경험과 지혜를 겸비한 신뢰할 수 있는 사람이 1:1로 지도와 조언을 하는 것을 의미한다(위키백과). 현장에서 멘토링의 핵심 기능은 특정 수행이나 직무에 대한 역할 모델을 제공하는 것이다. 대표적인 사례가 경찰의 근무조다. 경찰은 대개 선배경찰과 후배경찰이 하나의 조를 이루어 근무하는데, 이를 통해 후배는 선배의 노하우와 지식, 경험 등을 실제적으로 관찰 및 학습할 수 있게 된다. 멘토링과 코칭은 구체적인 의사소통의 형태뿐 아니라 누가 멘토 혹은 코치가 될 수 있는가에 근본적인 차이점이 존재한다. 멘토링에서 멘토는 해당 분야에 대한 지식과 경험을 갖춘 선배 혹은 전문가만 맡을 수 있다. 즉, 경찰 직무에서의 멘토링은 선배경찰만 가능하다. 따라서 멘토링은 그 내용 또한 멘토가 전문성을 지니고 있는 영역에 국한된다는 의미에서 분야 제한적이다(domain-specific). 반면에 코칭은 코치가 해당 분야의 전문가일 필요는 없으며, 고객이 어떤 분야에 종사하든 관계없이 코칭의 대상이 될 수 있다. 따라서 다루는 내용 역시 고객의 수행에 관련된 내용뿐 아니라 어떤 이슈도 코칭의 대상이 될 수 있다. 즉, 코칭은 분야 비제한적이다(domain-general).

2. 코칭과 코칭심리

코칭이라는 대면 서비스가 심리학자들보다는 비즈니스 현장에서 활동한 사람들에 의해 주로 제공되었기 때문에 심리학 기반의 코칭과 일반 코칭과의 차이 역시 정의가 필요하다. 코칭과 심리학 기반 코칭의 차이는 〈표 2-3〉에 제시되어 있다.

표 2-3 코칭과 심리학 기반 코칭의 차이

	코칭	심리학 기반 코칭
역할 모델	실무자 모델	과학자-실무자 모델
개입의 근거	경험 기반	근거 기반
가치지향성	가치중립적	심리학 연구에 근거한 방향성 설정
코치의 전문성	코칭훈련	코칭훈련과 심리학에 대한 학문적 훈련
심리검사	활용도 적음	훈련과 활용도 높음

코칭과 심리학 기반 코칭의 가장 큰 차이는 전문가 역할 모델에 대한 차이다. 심리학 기반 코칭은 임상심리학, 상담심리학, 산업 및 조직 심리학 등 응용심리학 분야에서 오랫동안 적용해 온 과학자-실무자 모델(scientist-practitioner model)을 채택하고 있다. 과학자-실무자 모델은 특정 영역을 객관적이고 과학적인 방법으로 연구하면서 동시에 그 결과를 해당 분야에 적용하는 전문가 모델이라고 할 수 있다(안현의, 2003). 즉, 기존 코칭의 코치는 경험적 근거를 바탕으로 코칭 서비스를 제공하는 실무 전문가라고 할 수 있는 반면, 심리학 기반 코치는 심리학적 이론과 연구 결과를 코칭 실무에 적용하고 코칭 실무에서 발생하는 의문점이나 문제점을 과학적 연구로 연결시키거나 탐색하는 전문가라고 할 수 있다.

역할 모델의 차이는 코칭과 심리학 기반 코칭의 방향성에도 영향을 미친다. 기존 코칭은 철저한 인본주의적 관점에 바탕을 두고 있기에 고객이 제기한 이슈나 목표를 최대한 그대로 수용하여 코칭을 진행한다. 그러나 심리학 기반 코칭에서는 고객의 목표를 존중하되 그것이 심리학의 연구 결과에 비추어 인간의 성장과 행복, 성공에 부합한 것인지를 코치가 점검하도록 되어 있다. 경우에 따라서는 해당 목표가 일반적으로는 바람직한 것이지만 특정 고객에게, 혹은 특정 시간에는 고객에게 유익하지 않는 것일 수 있다. 이러한 종합적 판단은 심리학의 각종 연구 결과와 이론을 숙지하여야 가능하다. 따라서 심리학 기반 코치는 훈련 역시 코칭 기법이나 모델과 같은 실무 중심의 훈련뿐 아니라 과학적 연구방법, 심리학의 주요 이론과 연구 결과에 대해 학습하고 숙지하도록 훈련을 받게 된다. 심리검사에 대한 이해와 활용도 역시 주요한 차이다. 심리학 기반 훈련에서는 과학적 연구를 위해 측정과 검사에 대해 반드시 학습할 것을 요구한다. 따라서 심리학 기반 코칭에서는 심리검사를 정확하면서도 효율적으로 사용하는 것에 대해 훈련을 받으며, 실제 코칭에서도 적극적으로 활용하게 된다.

종합하면, 심리학 기반 코칭은 코치가 기존의 코칭에서 요구하는 전문성을 넘어서 과학적 관점과 사고, 심리학 연구 결과의 활용, 나아가 연구 능력을 갖출 것을 요구하며, 이러한 코치들에 의해 제공되는 과학기반 심리 서비스라고 할 수 있다.

3. 심리학 기반 코칭과 코칭심리학의 정의

1) 심리학 기반 코칭

ICF는 2020년 현재 코칭을 "고객이 자신의 개인적 · 직업적 잠재력을 극대화할 수 있도록 사고촉진적(thought-provoking)이고 창의적인 과정 내에서 고객과 협력하는 것"이라고 정의하고 있다. ICF의 정의에 의하면, 코칭의 목적은 '잠재력의 극대화'이며, 방법은 '사고촉진적이고 창의적인 과정'을 거치는 것이다. 상기 정의에 의하면, 코칭은 기존의 상담과 달리 코치와 고객 간의 인지적 상호작용을 매우 강조한다는 것을 알 수 있다. 따라서 코칭은 이러한 인지적 상호작용을 촉진시키기 위한 질문과 반응의 기술이 핵심이다.

심리학 기반 코칭의 정의는 초기에는 성인학습 또는 심리학적 접근법에 기반을 둔 코칭모델을 사용하여 '정상적인 사람들(normal, non-clinical populations)'의 개인 삶과 일의 영역에서 안녕과 수행을 높이는 것이라고 기술되었다(Grant & Palmer, 2002). Grant와 Palmer의 정의의 특이점은 '정상적인 사람들'이라고 코칭 대상을 명기하였다는 점이다. 당시에는 코칭이 주로 비즈니스 영역을 중심으로 이루어지고 있었고, 심리학 내에 오랜 전통을 지닌 상담 및 심리치료와의 차별성을 명료하게 할 필요가 있었다. 코칭의 정의에 '정상적인 사람들'이라는 비임상군만을 대상으로 한다는 것을 포함시킨 것은 이러한 시대적 맥락에서 산출된 것이라고 할 수 있으나 대상을 한정하는 것은 코칭의 적용성과 확장성을 과학적 근거 없이 제한하게 되며, '정상적인 사람들'의 정의를 정확하게 제시하기 어렵다는 문제가 있었다.

이후 심리학 기반의 코칭 정의에서는 '정상적인 사람들'이라는 용어는 삭제되었다(예를 들어, Palmer & Whybrow, 2006). 주의할 점은 코칭에서 정상적인 사람들만을 대상으로 한다는 기술이 빠졌다고 해서 코칭을 임상적 집단에 바로 적용할 수 있다는 것은 아니다. 이는 상담도 마찬가지인데, 상담 역시 정의에서 대상을 특정하고 있지는 않으나 정신과적 문제가 있는 내담자는 정신과 전문의이나 임상심리학자에게 전이해야 한다. 코칭 역시 정신과적으로 진단받을 정도의 환자군에 대해서는 정신과 전문의의 감독 없이는 적용되어서는 안 된다. 그러나 상담과 마찬가지로 심리적 갈등이나 불편함을 느끼는 사람들에게는 해당 증상을 경감시키는 방법의 하나로서, 혹은 이러한 사람들이 직면하는 일상의 문제를 해결하기 위한 방법으로 코칭이 적용될 수 있다. 실제로 현재 신체적인 질병으로 인한 이차적 증상으로 우울, 불안, 스트레스 등과 같은 정신건강의 문제를 겪고 있는 사람들에게 코칭 혹은 건강코칭(health coaching)을 적용한 후 그 효과성을 측정한 연구가 많이 보고되고 있다. 최근에는 우울이나 불안 등을 겪고 있는 사람의 증상 관리를 목적으로 코칭을 적용한 연구들도 조금씩 나타나고 있다(예를 들어, McCusker et al., 2015).

상기한 흐름과 인접 분야와의 차별점 등을 고려해 볼 때, 필자는 심리학 기반 코칭을 다음과 같이 정의하고자 한다.

> "심리학 기반 코칭이란 다양한 심리학적 연구 결과와 이론을 적용하여 사람들이 자신의 삶과 일의 영역에서 최선의 수행과 안녕(well-being)을 얻을 수 있도록 돕는 모델 기반 상호작용이다."

상기 정의 중 '모델 기반 상호작용'은 Grant와 Palmer의 정의에 명기된 코칭모델의 사용을 수용한 것으로, 상담과 코칭을 가장 쉽게 구별할 수 있는 형식적 특성이라고 할 수 있다.

2) 코칭심리학

심리학은 다른 과학이나 학문에 비해 하위영역 간 통일성이 약하다. 그러나 심리학으로 분류할 수 있는 기준은 "행동과 그 행동의 기저를 이루는 마음을 기술하고 설명하는 것"(Myers, 2007)이다. 심리학은 크게 인간의 행동과 그 원인, 작동 기제 등을 연구하는 기초심리학과 기초심리학의 지식 기반을 활용하여 현실의 문제를 다루는 응용심리학으로 나눌 수 있다. 코칭심리학은 응용심리학에 해당한다고 할 수 있는데, Passmore(2010)는 학문으로서 코칭심리학을 "코칭에 대한 이해를 높이고 실무 역량을 증진시키기 위해 코칭 현장에서 나타나는 행동, 인지, 정서에 대한 과학적 연구다."라고 정의하였다.

Grant(2011)는 코칭심리학의 핵심 교육 영역을 다음과 같이 크게 10가지로 제시하였다.

① 근거 기반 접근의 이해
② 윤리적 기준
③ 전문가 모델에 대한 이해
④ 코칭에서의 정신건강 문제
⑤ 인지-행동적 접근의 코칭 적용
⑥ 목표 이론
⑦ 변화 이론
⑧ 시스템 이론의 코칭 적용
⑨ 핵심 코칭 기술
⑩ 하위 전문영역(비즈니스, 건강, 라이프 등)에 대한 지식

아울러 Grant(2010)는 코칭심리학 교육에 포함될 수 있는 학문들의 예를 다음과 같이 제시하였다.

① 긍정심리학의 접근
② 성인 인지-발달 접근
③ 정신역동 접근
④ 내러티브 접근
⑤ 게슈탈트 접근
⑥ 해결중심 접근
⑦ 감성 지능이나 마음챙김과 같은 사회-인지적 구성개념
⑧ 자기조절이론을 포함한 동기이론
⑨ 측정 이슈
⑩ 성인 학습모델의 적용
⑪ 리더십과 경영 관련 주제
⑫ 건강과 안녕 관련 주제
⑬ 연구방법론

Grant가 제시한 핵심 영역은 코칭이라는 서비스와 관련된 전문성과 윤리 이슈를 포함하였다는 데 의의가 있으나, 그가 포함한 핵심적인 심리학 지식(인지행동이론, 목표이론, 변화이론, 시스템이론)이 다소 기술과 기법 중심 이슈에만 집중되어 있다는 아쉬움이 있다.

Passmore(2010)가 제시한 코칭심리학의 정의와 심리학 기반 코칭의 정의를 결합하여 필자는 코칭심리학을 좀 더 원론적으로 다음과 같이 정의하고자 한다.

> "코칭심리학은 심리학 기반 코칭의 목적, 대상, 상호작용과 코칭의 진행 및 감독에 대한 과학적 연구 분야다."

이러한 정의를 바탕으로 코칭심리학의 핵심 교육 영역을 추출해 보면 다음과 같다.

표 2-4 코칭심리학의 핵심 교육 영역

구분	영역
코칭심리 개관	• 코칭심리의 역사 • 코칭심리의 정의 • 코칭심리의 연구방법론
코칭의 목적: 건강한 삶에 대한 이해	• 행복과 안녕
코칭의 목적: 성공적 수행에 대한 이해	• 목표 이론 • 변화 이론 • 기타 동기이론
코칭의 대상: 인간에 대한 이해	• 정신역동이론 • 행동주의이론 • 인지주의이론 • 긍정심리이론 • 기타 성격이론

코칭의 진행 및 감독	• 코칭의 핵심 기술 • 코칭모델 • 전문가 윤리 • 코칭 슈퍼비전
코칭의 전문 분야	• 비즈니스코칭 • 커리어코칭 • 학습코칭 • 라이프코칭 • 그룹코칭 • 기타

상기 핵심 내용 이외에도 코칭심리 전공자들은 다음과 같은 내용에 대한 지식을 반드시 교육받을 필요가 있다.

① **심리검사와 측정**: 피코치 평가를 위한 중요한 도구인 심리검사의 기본원리와 측정방법을 익혀 코칭 현장에서 적절하게 활용하고 정확하게 해석할 수 있도록 한다.

② **심리학 연구법**: 과학적 사고를 기반으로 하는 심리학 연구법을 숙지하여 각종 연구 결과를 이해하고 비판하는 사고력을 배양한다.

③ **사회심리학**: 사회심리학에서 다루는 보통 인간의 성향과 행동 패턴을 이해하여 인간 사회와 대인관계에서 발생하는 사건을 해석하고 이해하는 역량을 높인다.

④ **발달심리학**: 연령에 따른 인간의 특성과 과업, 변화를 이해하여 피코치의 문제와 이슈, 해결방법의 적절성을 이해하고 평가하는 역량을 높인다.

⑤ **인지행동주의**: 인간 변화에 가장 효과적인 접근 중 하나로 인정받고 있는 인지행동이론과 기법을 숙지하여 피코치의 문제해결과 목표 달성을 돕는 역량을 배양한다.

⑥ **의사결정 심리학**: 인간의 의사결정 과정과 의사결정의 오류 등에 대한

연구 결과를 이해하고 숙지하여 피코치가 최적의 의사결정을 내릴 수 있도록 돕는 역량을 높인다.

물론 앞에서 제시한 내용 이외에도 조직심리학, 리더십, 인지심리학 등 코칭의 적용 영역에 따라 추가적으로 요구되는 지식들이 존재하므로 코칭심리학자는 자신의 주요 분야에 따라 꾸준히 학습하여 자신의 전문성을 높여야 한다. 이 책은 코칭심리에 처음 입문하는 사람들을 대상으로 하였으므로 코칭심리의 핵심 이론과 실제적인 적용에 초점을 맞추어 기술하였다.

이 장의 요약

☑ 서비스 행위에 대한 정의를 위해서는 보편성과 독특성이라는 기준이 만족되어야 한다.

☑ 코칭과 상담은 언어를 매개로 하는 심리 서비스라는 공통점이 있으나 기본 관점 및 철학적 패러다임, 목적, 평가 기준, 내용의 초점, 방향, 주된 관심, 질문의 초점, 구조화 정도 등에서 차이가 있다.

☑ 코칭과 컨설팅은 문제해결이라는 유사성이 있으나 목적, 방법, 대상, 서비스 제공자, 결과에 대한 책임, 주요 접근, 초점 등에서 차이가 있다.

☑ 코칭과 멘토링은 누가 코치 혹은 멘토가 될 수 있느냐라는 점에서 차이가 있다.

☑ 심리학 기반 코칭과 일반 코칭과의 차이는 역할 모델, 개입의 근거, 가치지향성, 코치의 전문성, 심리검사 활용도 등에서 차이가 있다.

☑ 심리학 기반 코칭이란 다양한 심리학적 연구 결과와 이론을 적용하여 사람들이 자신의 삶과 일의 영역에서 최선의 수행과 안녕을 얻을 수 있도록 돕는 모델 기반 상호작용이다.

☑ 코칭심리학은 심리학 기반 코칭의 목적, 대상, 상호작용과 코칭의 진행 및 감독에 대한 과학적 연구 분야다.

제2부

코칭의 목적: 건강한 삶

"사람은 약간의 무지라는 대가를 치르지 않고서는 결코 행복해질 수 없다."

– 아나톨 프랑스(Anatole France)

건강한 삶이란 무엇인가

심리학 기반 코칭의 정의를 살펴보면, 코칭을 통해 이루고자 하는 궁극적인 목적은 고객이 '개인적 삶과 일의 영역에서 최선의 수행과 안녕(well-being)[1]을 얻는 것'이다. 따라서 코칭이 지향해서 나아가야 할 궁극적 목표는 '개인의 안녕'과 '최선의 수행'이라고 할 수 있다. 본 장에서는 먼저 코칭이 궁극적으로 지향해야 할 인간의 안녕, 즉 건강한 삶에 대한 심리학적 연구와 이론을 개괄하도록 한다.

1. WHO의 관점

심리적으로 건강하다는 것은 무엇을 의미하는가? 세계보건기구(WHO)는

1) 'Well-being'이라는 단어를 국내에서는 크게 '안녕' 혹은 '웰빙'으로 번역하고 있다. 이 책에서는 원저자나 이론이 웰빙이라는 단어를 사용하는 경우를 제외하고는 '안녕' 혹은 '안녕감'으로 번역하기로 한다.

정신적 건강에 대해 다음과 같이 정의하고 있다.

• Mental health: a state of well-being

"Mental health is defined as a state of well-being in which every individual realizes his or her own potential, can cope with the normal stresses of life, can work productively and fruitfully, and is able to make a contribution to her or his community"(WHO, Updated 2014).

WHO의 정의를 살펴보면, 정신적인 건강은 개인이, ① 자신의 잠재력을 인식하고(**자기인식**), ② 삶의 일상적인 스트레스에 대처할 수 있으며(**대처 능력**), ③ 생산적이고 유익한 결과를 산출하는 일을 하고(**수행력**), ④ 공동체에 기여할 수 있는(**공공선**) 안녕한 상태임을 알 수 있다. 다시 말해, 심리적으로 건강한 개인은 자기인식 능력, 스트레스 대처 능력을 갖추고 유능한 수행과 공공선에 기여할 수 있어야 하며, 코칭은 개인이 이러한 역량을 갖추도록 지원하는 서비스라고 할 수 있다.

WHO는 상기 정의가 "건강은 단순히 질병이나 병약함이 없는 것만을 의미하는 것이 아니라 신체적 · 정신적 · 사회적으로 완전히 안녕한 상태"라는 포괄적 맥락하에서 도출된 것임을 밝히며, 건강함이 마이너스 상태의 부재와 플러스 상태의 존재 모두를 포괄한다는 것을 강조하고 있다.

건강함에 대한 상기 WHO의 정의는 많은 부분이 심리학자 Frank Barron의 연구와 그로부터 시작된 연구의 관점을 반영하고 있다. Barron은 건강한 대학원생들을 대상으로 한 연구에서 건강한 사람들은 '유머 감각, 개인적 용기, 상상력의 순수함, 행동의 자발성, 사고의 진실성, 사회적 책임감, 과거의 수용과 미래에 대한 두려움이 없음, 인간적 사랑을 통해 세상에 공헌할 수 있는 능력' 등을 보인다고 기술하고 "건전한 것이란 문제에 반응하는 방식이지 문제가 없는 것이 아니다."라고 하였다(Barron, 1963; Vailant, 1995 재인용). 이보다 앞서 Jahoda(1958)는 긍정적 정신건강이라는 개념을 제시하면서, ① 자기수용, ② 성장과 발달, ③ 성격 통합, ④ 자율성, ⑤ 정확한 현실 지각, ⑥ 환경적 통제를 구성요소로 구분하였다. 이러한 접근들은 건강함을 기존의 질병 중심의 관점에서 정의하였던 것에서 벗어나 대처 능력과 덕목(virtues)의 관점에서 기술한 것으로, 현대의 긍정심리학적 관점이 반영되어 있다고 할 수 있다.

2. 심리학에서의 주요 관점

1) 건강심리학의 관점

심리학에서 건강에 대해 가장 포괄적인 접근을 하는 분야는 건강심리학(health psychology)이다. 건강심리학에서의 건강은 주로 신체적 건강과 심리적 건강의 통합적 관리라는 관점에서 다루어지고 있다. 예를 들면, 한국건강심리학회에서는 건강심리학의 관련 영역을 다음과 같이 정의하고 있다.

- 스트레스(관리 및 대처)
- 만성질환을 포함한 신체 질병(심혈관계 질환, 면역계 질환, 암, 당뇨, 소화기 질환 등)
- 물질 및 행위 중독(알코올 중독, 흡연, 도박 중독, 인터넷 중독 등)
- 섭식 문제(비만, 다이어트, 폭식, 섭식 장애 등)
- 건강 관리 및 증진(성행위 등에서의 위험 행동 감소 전략, 운동, 수면 및 섭식 습관 개선 등), 개입 및 치료기법(행동수정, 인지치료, 명상, 이완법, 마음챙김과 수용에 기반을 둔 인지행동적 치료기법, 바이오 피드백 기법 등)
- 통증 관리, 수술환자의 스트레스 관리, 임종 관리
- 분노를 포함한 다양한 정서 관리
- 삶의 질, 웰빙(well-being)
- 건강 커뮤니케이션, 건강 정책 등

상기 영역들을 살펴보면, 건강심리학에서는 건강이 '삶의 질과 웰빙'의 관점을 포함하고는 있으나 대부분은 신체적 · 심리적 질병, 건강에 유해한 습관 등 질병 중심의 모델을 따르고 있다는 것을 알 수 있다. 실제로 건강심리학은 만성적인 신체적 질병을 지닌 사람이 최대한 높은 삶의 질을 유지하고 자신의 삶을 관리하는 방법에 대한 많은 해결책을 제공하고 있으며, 이에 대한 연구도 지속적으로 이루어지고 있다. 또한 건강심리학적 개입은 문제에 대한 해결책과 함께 이를 예방할 수 있는 방법, 그리고 건강할 때 이를 유지하고 증진시키는 방법에 초점을 맞추고 있다. 이처럼 건강심리학의 건강모델은 기본적으로 임상적 질병모델에 좀 더 치우쳐 있으며, 코칭에서 지향하는 심리적 건강과는 다소 다른 관점이라고 할 수 있다.

2) 쾌락주의적 관점: 주관적 안녕감

심리학에서 '심리적 건강과 안녕'에 대한 논의는 행복에 대한 논의와 밀접하게 관련되어 있다. 심리적 안녕 혹은 행복에 대한 정의는 다양한 관점에서 이루어져 왔다. 대표적인 것이 쾌락주의적 관점이다. 쾌락주의적 관점은 '건강한 삶'보다는 '좋은 삶'에 대한 것으로, 주관적 안녕감(Subjective well-being)으로 정의되는 행복에 반영되어 있다. 쾌락주의적 관점은 안녕감 혹은 행복을 쾌락과 불쾌라는 정서적 차원에서 주로 다룬다.

주관적 안녕감의 대가인 Diener(1984)는 주관적 안녕감은 정서적 요소와 인지적 요소로 구성된다고 하였다. 주관적 안녕감의 정서적 요소는 긍정 정서(즐거움, 만족감, 행복감, 자존감, 애정, 고양, 환희)의 존재와 부정 정서(슬픔, 우울감, 불안, 분노, 질투, 부담감, 죄책감 및 수치심)의 부재로 구성된다. 주관적 안녕감의 인지적 요소는 삶의 만족도다. 만족도라는 개념이 자신의 기준 혹은 주변의 기대, 사회적 규범 등에 비추어 평가되는 의식적이고 인지적인 판단이라는 점에서 삶의 만족도는 인지적이다. 그러나 만족이라는 것 자체가 만성적인 정서적 결과를 유발한다는 점에서 만성적 정서를 반영하는 요인이라고 할 수 있다.

다음에 주관적 안녕을 측정하는 가장 대표적인 척도인 삶의 만족도 척도(Satisfaction With Life Scale: SWLS; Diener, Emmons, Larsen, & Griffin, 1985)가 제시되어 있다. 이 척도는 7점 척도(1: 전혀 아니다 ~ 7: 매우 그렇다)로 반응하도록 구성되었다.

표 3-1 삶의 만족도 척도

* 각 문항에 동의하는 정도를 표기해 주세요.
1. 전반적으로 나의 인생은 내가 이성적으로 여기는 모습에 가깝다.
2. 내 인생의 여건은 아주 좋은 편이다.
3. 나는 나의 삶에 만족한다.
4. 지금까지 나는 내 인생에서 원하는 중요한 것들을 이루어 냈다.
5. 다시 태어난다고 해도 나는 지금처럼 살아갈 것이다.

출처: Diener et al. (1985).

SWLS가 타당도와 신뢰도가 잘 입증되어 있기는 하나 대인관계나 소속 집단에 대한 만족을 제대로 측정하고 있지 못하다는 한계가 있다. 이에 서은국과 구재선(2011)은 한국 문화에 맞는 단축형 행복 척도(Concise Measure of Subjective Well-Being: COMOSWB)를 개발하였는데, 구체적 문항은 다음에 제시되어 있다. 최종 행복 점수는 Diener의 정의에 정확히 부합하게 [만족감(1+2+3)+긍정 정서(4+5+6) - 부정 정서(7+8+9)]로 계산된다.

주관적 안녕감은 현재 산출되고 있는 많은 행복 연구에서 측정되는 개념이다. 이는 주관적 안녕감이 행복이나 심리적 안녕을 잘 대표하고 있기 때문이라기보다는 측정의 용이성이라는 현실적인 이유 때문이라고 할 수 있다. 앞서 살펴본 심리적 건강의 개념에는 단순한 정서나 자기평가 이상의 객관적 수행과 기능 등의 요인이 포함되어 있다. 따라서 어떤 사람이 건강한 삶을 살고 있는지를 객관적으로 측정하기는 쉽지 않다. 또한 대중적으로도 만족감과 긍정 정서를 행복으로 많이 인식하기 때문에 연구자들은 위와 같은

표 3-2 단축형 행복 척도

* 다음은 삶의 만족에 대한 질문입니다. 우리의 삶은 개인적 측면(개인적 성취, 성격, 건강 등), 관계적 측면(주위 사람들과의 관계 등), 집단적 측면(내가 속한 집단-직장, 지역사회 등)으로 구분될 수 있습니다. 삶의 각 측면에서 귀하께서 중요하게 생각하는 부분을 떠올려 보십시오. 귀하는 그러한 삶의 각 측면에 대해서 얼마나 만족하십니까? '전혀 그렇지 않다(1점)'에서부터 '매우 그렇다(7점)'까지의 보기 중에 귀하의 생각과 가장 가까운 번호를 골라 주십시오.
1. 나는 내 삶의 개인적 측면에 대해서 만족한다. 2. 나는 내 삶의 관계적 측면에 대해서 만족한다. 3. 나는 내가 속한 집단에 대해서 만족한다.
* 다음은 지난 한 달 동안 귀하가 경험한 감정을 묻는 질문입니다. 지난 한 달 동안에 무엇을 하면서 지냈는지, 어떤 경험을 했는지를 생각해 주십시오. 그러고 나서 다음에 제시되는 감정들을 얼마나 자주 느꼈는지 '전혀 느끼지 않았다(1점)'에서부터 '항상 느꼈다(7점)'까지의 보기 중에서 번호를 골라 주십시오.
4. 즐거운 5. 행복한 6. 편안한 7. 짜증나는 8. 부정적인 9. 무기력한

출처: 서은국, 구재선(2011).

자기보고식 검사를 통해 '주관적' 안녕감을 측정하게 된다. 그러나 주관적 안녕감은 자기중심적 정서와 평가만을 반영하기 때문에 행복이나 심리적 건강, 건강한 삶을 정확하게 반영하고 있다고 보기는 어렵다.

상기한 바대로 주관적 안녕감의 가장 큰 문제는 '주관적 자기중심성'이라는 것이다. 인간은 개인 혼자 존재할 수 없으며, 가족을 비롯해 사회의 많은 사람과 상호작용하면서 존재한다. 따라서 진정한 개인의 행복이나 건강함은 한 인간의 개별적 인식뿐 아니라 다른 사람들과의 관계 차원과 기능의 관점에서도 기술되어야 한다. 예를 들어, 반사회적 인격장애나 자기애성 인격장애를 가진 사람의 경우에는 자신의 병리적 욕구가 모두 만족되고 있는 상태일 때 측정된 주관적 안녕감은 매우 높을 수밖에 없다. 그러나 우리는 그 사람이 진정으로 행복한 상태라거나 심리적으로 건강한 상태가 아니라는 것을 잘 알고 있다. 따라서 주관적 안녕감은 인간의 '안녕'을 제대로 반영하지 못한다는 비판을 면하기 어려우며, 이러한 한계점을 극복하는 관점이 다음에 제시될 자기결정이론과 심리적 안녕감 이론이다.

3) 자기실현적 관점 1: 심리적 안녕감 이론

앞에서 언급한 주관적 안녕감은 개인의 '안녕'이나 '심리적 건강함'에 타인과의 관계나 자신이 삶을 영위하는 방식이 얼마나 건강한지를 반영하지 못한다는 문제점이 존재한다. 이러한 문제점을 보완하는 관점이 자기실현적 관점이며, 심리적 안녕감 이론에 기반한 통합모델이 그중 하나다. 이 관점은 단순히 개인의 주관적 느낌뿐 아니라 개인이 타인 및 사회와 어떤 관계를 형성하고 있는가, 어떤 상호작용을 하고 있는가, 어떤 기여를 하고 있는가 등의 실제적인 심리적 '기능(function)'에 대한 관점을 담고 있다.

인간의 긍정적 기능을 안녕과 행복의 개념에 포함하여 정의한 학자는 Ryff(1989)다. Ryff는 주관적 안녕감의 개념을 비판하면서 인간의 안녕과 행복이라는 것은 인간의 강점, 개인의 노력, 성장에 기초한다고 주장하였다. 이러한 관점은 인간의 심리적 안녕이나 행복 혹은 심리적 건강함을 정서적인 안녕감 차원과 긍정적 기능 차원을 포함하는 통합적인 접근으로 정의하는 것이다(Keyes & Magyar-Moe, 2003).

Ryff와 동료들(Ryff & Kyes, 1995; Ryff & Singer, 1998)은 상기한 통합적인 관점을 심리적 안녕감(psychological well-being: PWB)이라고 명명하였고, 추후에 이를 구성하는 구체적인 요인으로 정서적 안녕감, 심리적 안녕감, 사회적 안녕감을 〈표 3-3〉과 같이 정의하여 제시하였다(Keyes, 1998; Keyes, 2003; Keyes & Magyar-Moe, 2003; Ryff & Keyes, 1995; Ryff & Singer, 1998).

표 3-3 심리적 안녕감 모델의 구성요소, 정의, 문항

정서적 안녕감	긍정 정서	정의	기쁨이나 행복과 같은 긍정 정서의 경험
		문항	지난 30일 동안 당신은 쾌활한 / 활력 있는 / 매우 행복한 / 차분하고 평화로운 / 만족하고 충만한 기분을 얼마나 느꼈습니까?
	부정 정서	정의	삶이 즐거운 것임을 시사하는 정서가 없는 것
		문항	지난 30일 동안 당신은 아무것도 기분을 북돋아 줄 것이 없을 만큼 슬픈 / 안달 나고 조바심 나는 / 희망이 없는 / 힘에 버거운 / 무가치한 기분을 얼마나 느꼈습니까?
	삶의 만족	정의	삶에 대한 만족감과 안도감
		문항	지난 30일 동안 당신은 만족하고 충만한 느낌을 얼마나 느꼈습니까? 요즈음 당신은 당신의 삶에 얼마나 만족합니까?
	행복감	정의	만족이나 기쁨에 대한 일반적인 느낌이나 경험
		문항	요즈음 당신은 당신의 삶에 대해 얼마나 행복하다고 느끼십니까? 당신은 지난주, 지난달, 지난 몇 달 동안 (기쁨, 즐거움 혹은 행복감)을 얼마나 느꼈습니까?
심리적 안녕감	자기 수용	정의	자기 자신에 대한 긍정적 태도, 자신의 다양한 측면에 대한 수용, 과거의 삶에 대한 긍정적 평가
		문항	대부분의 경우에 나는 내 삶에서 이룬 것들에 대해 불만족스럽다. (R)
	개인적 성장	정의	지속적 계발과 효과성에 대한 느낌, 새로운 경험이나 도전에 대한 개방성
		문항	나는 나 자신과 세상에 대해 내가 생각하고 있는 것에 도전하는, 새로운 경험을 하는 것이 중요하다고 생각한다.
	삶의 목표	정의	삶의 방향을 제시해 주는 목표와 신념이 있음. 삶이 의미와 목적을 갖고 있다고 느낌
		문항	나는 순간순간을 살아갈 뿐이고 미래에 대해서는 정말 생각하고 싶지 않다. (R)
	환경의 통제	정의	외부 환경을 잘 통제할 수 있다고 믿고 또 그렇게 할 수 있음. 개인에게 맞는 생활환경을 만들 수 있음
		문항	매일의 부담이 나를 축 처지게 만든다. (R)

<table>
<tr><td rowspan="4"></td><td rowspan="2">자율성</td><td>정의</td><td>자기주도성에 대한 편안함, 내적 기준을 가짐, 타인으로부터의 부정적인 사회 압력에 저항함</td></tr>
<tr><td>문항</td><td>내 생각이 다른 대부분의 사람의 생각과 다르더라도 나는 내 생각에 확신을 갖고 있다.</td></tr>
<tr><td rowspan="2">타인과의 긍정적 인간관계</td><td>정의</td><td>타인과의 따뜻하고 만족스러우며 신뢰가 있는 관계, 공감과 친밀감에 대한 역량</td></tr>
<tr><td>문항</td><td>다른 사람과 좋은 인간관계를 유지하는 것은 내게는 어렵고 좌절스러운 일이다. (R)</td></tr>
<tr><td rowspan="10">사회적 안녕감</td><td rowspan="2">사회적 수용</td><td>정의</td><td>다른 사람들의 다양성(혹은 복잡성)을 인정하면서 타인에 대한 긍정적 태도를 지님</td></tr>
<tr><td>문항</td><td>호의를 베푸는 사람은 무엇을 바라고 그러는 것이 아니다.</td></tr>
<tr><td rowspan="2">사회적 실현</td><td>정의</td><td>사람들은 잠재력을 갖고 있다는 믿음과 배려가 있음. 사회는 긍정적 방향으로 발전한다고 믿음</td></tr>
<tr><td>문항</td><td>세상은 모든 이에게 더 좋은 세상이 되고 있다.</td></tr>
<tr><td rowspan="2">사회적 기여</td><td>정의</td><td>개인의 삶은 사회에 유용한 것이고, 다른 사람에게 가치가 있다고 믿음</td></tr>
<tr><td>문항</td><td>나는 이 세상에 내가 줄 만한 무엇이 있다고 생각한다.</td></tr>
<tr><td rowspan="2">사회적 일치</td><td>정의</td><td>사회에 관심이 있고, 사회는 지적이고 논리적이며, 예측 가능하고 의미가 있다고 믿음</td></tr>
<tr><td>문항</td><td>나는 세상이 어떻게 돌아가는지 도대체 종잡을 수가 없다. (R)</td></tr>
<tr><td rowspan="2">사회적 통합</td><td>정의</td><td>지역사회에 대한 소속감이 있음. 지역사회로부터 안락감과 지지를 받음</td></tr>
<tr><td>문항</td><td>나는 지역사회라고 불릴 수 있는 그 어떤 것에도 속하지 않는다고 믿는다. (R)</td></tr>
</table>

* Keyes(2003); Keyes & Magyar-Moe(2003); Baumgardner & Crothers(2009)에서 재인용
* (R)이 표시되어 있는 문항은 역코딩을 의미함

상기 모델은 개인이 느끼는 행복감과 같은 정서적 요인을 정서적 안녕감에 반영하고 있어 다음에 제시할 자기결정성이론에 근거한 심리적 안녕감보다 우울, 불안 등과 같은 정신건강 및 정신병리와 좀 더 높은 상관을 보인다는 장점이 있다. 또한 사회라는 공동체와 개인과의 관계를 비롯한 사회적 기

능 차원을 측정하려고 했다는 점에서 의미가 있다. 그러나 정서적 안녕감과 심리적 안녕감 및 사회적 안녕감 간의 관계가 상호 보완적이기는 하지만, 하나의 척도로 통합 점수를 산출하는 것이 실제로 얼마나 효과적인지는 앞으로 연구를 해야 할 영역이다. 예를 들어, 자율성 및 유능성 확보를 위한 수행 및 목표 달성의 과정에서는 긍정 정서나 행복감이 떨어질 수 있다. 또한 상기 척도에서 측정된 사회적 안녕감은 현재 개인이 속한 사회를 긍정적으로 생각하고, 세상의 긍정적 발전에 대한 신념을 지니는 등 현재 소속된 공동체에 대해 무비판적 동일시를 할수록 높은 점수를 받게 되어 있다. 그러나 만약 소속된 공동체가 인류보편적인 가치에 위배되는 사회라면 이러한 사회에 대해 긍정적인 태도를 지니고 안정감을 느끼는 것이 과연 진정으로 건강한 것인지는 논란의 여지가 있다. 즉, Keyes(2003)가 제시한 사회적 안녕감은 지나치게 개인의 심리적 평안함을 기준으로 구성되었다는 비판을 피하기가 어렵다. 이러한 문제점으로 학문적으로나 실무적으로나 사회적 기능 개념은 심리학에서 크게 적용되지 않고 있다. 이처럼 통합 모델에 대한 비판점은 존재하나 본 모델은 안녕과 심리적 건강이라는 개념에 쾌락주의적 관점뿐 아니라 심리적 기능 관점을 제공하였다는 데 그 기여점이 있다.

4) 자기실현적 관점 2: 자기결정이론

상기한 통합 모델이 심리적 기능이라는 결과론적인 관점에 좀 더 초점을 둔 것이라면, 자기결정이론(self-determination theory)은 심리적 욕구라는 좀 더 원인론적 관점에서 웰빙을 다룬다. 자기결정이론에 의하면, 인간의 핵심 동기는 자율성(autonomy), 유능성(competence), 관계성(relatedness)이며, 이러한 세 가지 기본욕구가 충족되는 수준인 자기결정의 수준에 따라 인간의 행동이 조절된다(Deci & Ryan, 2000; Ryan & Deci, 2000, 2002). 자기결정이론은 앞의 세 가지 욕구가 충분하게 충족될수록 인간은 심리적 성장과 '자기실현'을 이룬다고 제안한다. 또한 자기결정이론에 대한 많은 실증 연구에서는 상기 욕구들이 충족될수록 사람들이 행복을 더 많이 느낀다는 것을 밝혔다. 예를 들면, Sheldon과 동료들(2010)은 성인을 대상으로 6개월에 걸쳐 달성할 목표를 세우도록 하고 연구 시작과 6개월 후의 행복감의 차이를 측정하는 연구를 진행하였는데, 여기에는 자율성 관련 목표집단, 유능성 관련 목표집단, 관계성 관련 목표집단, 삶의 일부를 변화시키는 목표집단(통제집단) 등 총 4개 집단이 포함되었다. [그림 3-1]을 살펴보면, 목표 달성 여부에 따라 행복감이 증가하기도 하고 감소하기도 하지만, 세 가지 욕구와 관련된 목표를 설정한 집단들만이 행복감에 현저한 변화를 보였다는 것을 알 수 있다. 이 연구 결과는 기본적 욕구를 실현하는 삶이 주관적인 행복감까지도 높이며, 반대로 기본적 욕구가 좌절되는 경우에 행복감 역시 떨어진다는 것을 잘 보여준다. 특히 전반적인 안녕감을 위해서는 상기 세 가지 욕구 중 일부만 추구하는 것보다는 세 가지 모두가 균형적으로 충족되는 것이 중요하다(Sheldon & Niemiec, 2006).

자기결정이론에서 제시된 기본 심리 욕구를 측정하는 기본 심리 욕구 척도가 다음에 제시되어 있다(이명희, 김아영, 2008). 이 척도는 Ryan과 Deci의

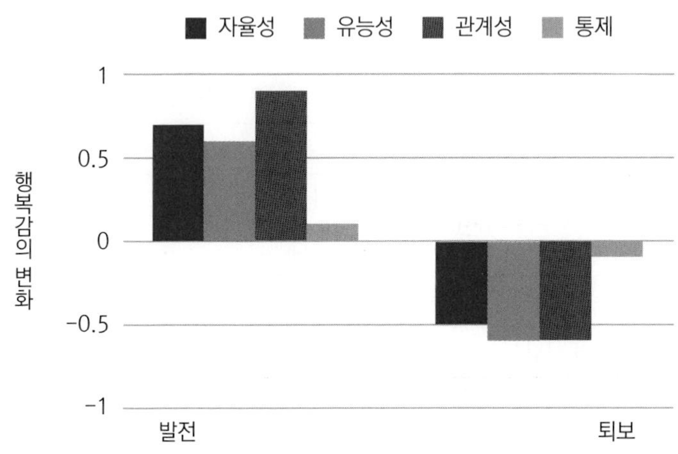

[그림 3-1] 기본적 욕구와 결합된 목표의 효과

출처: Sheldon et al. (2010).

척도를 한국의 청소년들에게 맞게 타당화한 척도이나 문항의 구성이 성인에게 적용되어도 큰 무리가 없다. 6점 척도이며, (R)은 역코딩을 의미한다.

표 3-4 기본 심리 욕구 척도

요인	문항
자율성	1. 나는 다른 사람들에 의해 통제받고 억압을 받는다고 느낀다. (R)
	2. 내 일을 진행하는 방법을 스스로 결정할 기회가 많지 않다. (R)
	3. 일상생활에서 나는 자주 남이 시키는 대로 해야 한다. (R)
	4. 나는 대체로 내 생각과 의견을 자유롭게 표현할 수 있다고 느낀다.
	5. 내 인생을 어떻게 살아갈지 스스로 결정할 수 있다고 느낀다.
	6. 어떤 일을 할 때 내 생각대로 일을 처리하기보다는 다른 사람의 생각이나 처리 방식을 따를 때가 많다. (R)
유능성	1. 나는 나 자신이 매우 효율적이라고 느낀다.
	2. 나는 대부분 내가 하는 일들로부터 성취감을 느낀다.
	3. 나를 아는 사람은 내가 일을 잘한다고 말한다.
	4. 나는 내게 주어진 일을 잘 해결할 능력이 있다고 느낀다.
	5. 나는 내가 아는 것을 다른 사람에게 가르칠 수 있다고 느낀다.
	6. 나는 다른 사람보다 잘하는 것이 많다고 느낀다.
관계성	1. 나는 주변 사람들로부터 사랑과 관심을 받는 것을 느낀다.
	2. 나와 정기적으로 만나는 사람들은 나를 별로 좋아하지 않는 것 같다. (R)
	3. 나는 만나는 사람들과 잘 지낸다.
	4. 나는 주변 사람들을 정말 좋아한다.
	5. 주변 사람들과 나는 평소에 서로 도움을 주고받는다.
	6. 주변 사람들은 평소에 나와 감정을 공유할 때가 많다.

출처: 이명희, 김아영(2008).

자기결정이론이 제시하는 자율성, 유능성, 관계성이라는 세 가지 욕구는 지금까지 학자들이 제안해 온 수많은 동기 중 가장 핵심 동기로 광범위하게 지지를 받고 있으며(Burkley & Burkley, 2018), 지금까지도 수많은 연구가 자기결정이론의 타당성과 적용성에 대한 실증적 지지를 제시하고 있다. 이러한 과학적 연구의 결과들은 인간의 성장과 건강한 변화를 목표로 하는 모든 상호작용, 즉 코칭, 상담, 교육, 양육 등에서 우리가 지향해야 할 궁극적인 방향이 무엇인가를 뚜렷하게 제시하고 있다. 코칭에서도 앞의 세 가지 요소는 고객과 상호작용할 때 고객이 얼마나 심리적으로 건강한가, 어떤 목표가 바람직한 것인가, 어떤 선택이 건강한 선택인가, 고객이 어떤 모습으로 변화하는 것이 바람직한가 등을 판단할 때 적용할 수 있는 기준이 될 수 있다. 즉, 자기결정이론이 제시한 자율성, 유능성, 관계성이라는 개념은 심리적 건강이라는 목표에 도달하기 위해 우리가 노력할 때 지향할 구체적인 이정표라고 할 수 있다.

이 장의 요약

- ☑ 건강한 삶에 대한 WHO 관점은 질병이나 병약함이 없는 것만을 의미하지 않고 신체적 · 정신적 · 사회적으로 완전히 안녕한 상태를 포괄한다.
- ☑ 주관적 안녕감은 긍정 정서의 존재, 부정 정서의 부재, 삶의 만족도로 구성된다.
- ☑ 심리적 안녕감 이론은 안녕에 대해 정서적 안녕감뿐 아니라 긍정적 기능 차원을 포함하는 통합적 접근이다.
- ☑ 자기결정이론은 인간의 기본 심리 욕구로서 자율성, 유능성, 관계성을 제시하며, 이 세 가지 욕구가 충족될수록 심리적으로 건강하다고 제안한다.
- ☑ 주관적 안녕감은 행복에 대한 쾌락주의적 관점이며, 심리적 안녕감 이론과 자기결정이론은 행복에 대한 자기실현적 관점이다.

건강한 삶: 정신역동 관점

인간에 대한 정신역동(psychodynamic) 관점은 Freud가 시작한 정신분석 이론과 Freud 이론을 바탕으로 변형 및 발전된 후기 정신역동이론들에 담겨져 있는 인간관을 포괄적으로 지칭한다. 정신역동학파는 인간의 성격을 단순한 하나의 존재나 과정으로 보지 않고 인간 내부의 다양한 구성요소가 끊임없이 갈등하고 투쟁하면서 변화하는 역동적인 것으로 보았기 때문에 '정신역동'이라는 이름으로 명명되었다. Freud의 정신분석과 그 이후의 정신역동이론들은 구체적인 강조점과 성격요인 등은 서로 다르지만 모두 무의식적 정신과정이 존재한다는 것과 인간의 행동을 추동하는 동기적 수준의 과정을 강조한다는 점에서 공통적인 기반을 공유하고 있다. 여기서는 정신역동의 가장 기초가 되는 Freud의 이론을 중심으로 정신역동학파의 관점에서 '심리적 건강함'이란 무엇인지 살펴볼 것이다.

1. 무의식적 정신결정론

Freud는 그가 만났던 환자들의 행동의 많은 부분이 기존의 의학적 체계 내에서는 합리적으로 설명되지 못한다는 것을 발견하고는 이를 설명하기 위해 무의식이라는 개념을 도입하였다. Freud가 제안한 마음에 대한 지형학(topography)에 의하면, 인간의 마음은 의식, 전의식, 무의식으로 구성된다. 의식(conscious)은 지금 주의를 기울이고 인식하는 것들을 의미하며, 우리가 일상적으로 사용하는 의식이라는 용어와 의미가 동일하다. 전의식(preconscious)은 학창시절 친구의 이름과 같이 조금만 주의를 기울이면 의식의 영역으로 들어올 수 있는 것들을 의미한다. 무의식(unconscious)은 직접적으로 혹은 의식적으로는 접근할 수 없는 부분으로, 인간의 욕망의 근원이며, 불안, 갈등, 고통 등과 관련되는 충동 및 감정, 생각을 담고 있다(Rhawn, 1980).

직접적으로 접근할 수 없기에 무의식은 꿈이나 자유연상, 무의식적 실수 등을 통해 파악될 수 있다. 직접적으로 파악될 수는 없으나 무의식이 인간 내면에 존재하는 충동과 관련된 생각, 감정, 행동, 그리고 방어 등을 만들어 내는 역할을 한다는 측면에서 동기화된 무의식(motivated unconscious)이라고도 불린다(Westen et al., 2008). 따라서 인간의 행동은 우연히 발생하는 것이 아니라 이러한 무의식적인 동기적 원인에 의해 결정된 것이라는 점에서 정신역동이론은 결정론(determinism)이라고 할 수 있다.

인간 정신 작동 과정에 대한 최근의 인지심리학 연구들에서는 Freud가 제안한 무의식의 특성을 지지하지 않는 결과들도 제시하고 있으나, 최소한 Freud가 말한 무의식에 해당한다고 할 만한 정신적 처리과정이 존재할 가능성도 지지하고 있다(Miserandino, 2012).

2. 성격의 구조 모델

Freud는 성격이 원초아(id), 자아(ego), 초자아(superego) 세 부분으로 구성되어 있다는 성격의 구조 모델(structural model)을 제안하였다. 구조 모델은 인간은 이러한 세 기능을 모두 가지고 있으나, 그 정도가 개인마다 다르고, 이 세 기능이 상호작용하여 인간의 행동이 나타난다고 가정하였다.

원초아는 유전에 의한 본능적 · 생물학적 특성과 관련되어 있으며, 성격체계의 에너지원으로 작용하는 성격의 핵심에 해당한다. 원초아는 방출되어야 하는 에너지처럼 작동하며, 따라서 에너지 혹은 긴장의 감소를 목적으로 행동을 추동한다. 또한 원초아는 쾌락의 원칙(pleasure principle)을 따른다. 쾌락의 원칙은 즐거움, 즉 쾌의 상태를 추구하는 것을 의미하며, 원초아의 욕구는 즉각적인 만족을 추구하고, 이것이 좌절될 경우에는 불쾌감과 긴장이 유발된다. 쾌락의 원칙에 따르면, 예를 들어 배고픔은 음식을 먹으려는 시도를 유발하고, 그 시도가 좌절될 경우에는 불쾌감과 긴장을 느끼게 된다.

자아는 원초아로부터 발달하며, 원초아의 욕구와 외부 환경 모두를 고려하여 개인을 안전하게 보존하는 것을 목적으로 한다. 자아는 현실 원칙(reality principle)을 따른다. 현실 원칙은 원초아의 욕구를 현실에서 수용될 수 있는 방법으로 충족시키는 것을 말한다. 따라서 자아는 원초아의 욕구를 충족시킬 수 있는 방법을 현실에서 지속적으로 찾아야 하며, 동시에 적절한 방법을 찾을 때까지 원초아의 욕구를 지연시켜야 한다.

초자아는 부모와 사회의 가치를 내면화하는 기관으로, 부모로 상징되는 사회의 처벌에서 발달하는 양심과 보상받은 경험에서 발달하는 자아 이상(ego ideal)으로 구성된다. 초자아는 도덕의 원칙(moral principle)을 따르며, 현실에서 수용되는 수준을 넘어서 도덕적으로 완벽하게 행동할 것을 강요한다.

3. 불안과 방어기제

성격 모델의 구성요소인 원초아, 자아, 초자아의 균형이 깨지거나 현실에 근거가 있는 실제적 위협이 존재할 때 우리는 불안을 느낀다. 불안이 발생할 때에는 이를 의식적으로 인식하고 합리적으로 문제를 해결하는 것이 가장 바람직하나, 일반적으로 이러한 합리적 · 의식적 노력은 실패하는 경우가 많고, 특히 어떤 개인에게는 특정 이슈와 관련된 불안을 합리적으로 처리하는 것이 어려울 수 있다. 이처럼 의식적으로 해결되기 어려운 불안을 다루기 위해 자아는 방어기제(defense mechanism)를 사용하게 된다.

Freud가 제시한 방어기제는 불안의 감소를 목적으로 하며, 어떤 방식으로든 현실을 왜곡하게 되고, 이러한 과정은 무의식적으로 발생한다는 특징을 갖는다. 여기서 주의해야 할 것은 방어기제가 현실을 왜곡하여 현실에서 역기능적으로 행동하게 만든다는 면에서는 궁극적으로 제거되거나 완화되어야 하지만 함부로 방어기제 제거를 시도해서는 안 된다는 점이다. 이는 방어기제가 높은 불안에 대처하는 방식 중 하나이기 때문인데, 즉 역기능적일지라도 방어기제는 일종의 대처방식이라는 것이다. 따라서 개인의 불안이 통제가능한 수준으로 낮아지거나 혹은 역기능적 방어기제를 대체할 수 있는 대처방식을 개인이 습득하지 못한 상태에서 방어기제 제거를 시도하는 것은 오히려 개인을 더욱 불안정하게 만들 수 있다.

방어기제는 Freud뿐 아니라 여러 학자에 의해 제시되었는데, 일부 학자들은 무의식적이라는 특성을 벗어난 것도 방어기제에 포함시키기도 하였다. 〈표 4-1〉에는 Freud와 다른 학자들이 제시한 주요 방어기제가 정리되어 있다. 현실에서 부정적으로 작용하는 미성숙한 방어기제와 현실에서 긍정적으로 작용하는 성숙한 방어기제를 나누어 제시하였다. 방어기제는 코칭에서 정신역동적 접근을 사용하지 않더라도 인간의 행동을 정확하게 이해, 해석, 예측하는 데 매우 유용하므로 숙지할 필요가 있다.

표 4-1 미성숙한 방어기제

방어기제	정의	대표적 예시 및 장애
억압 (repression)	수용할 수 없는 소망, 기분, 또는 환상 등을 의식이 인식하지 못하도록 무의식적으로 누르는 것. 모든 방어의 우두머리이며, 대부분의 사람이 사용	불안장애, 연극성 인격장애
부인 (denial)	외상적 감각 정보들을 직접 부인하는 것. 억압이 내적 소망이나 충동에 대해 방어하는 것이라면, 부정은 감당하기 어려운 위협적 현실에 직면했을 때 외적 현실 세계에 대해 방어하는 것	재난, 심각한 질병 진단, 실패
퇴행 (regression)	불안에 직면했을 때 좀 더 이전의 유아기적 심리성적 단계로 돌아가는 것	동생의 출생, 정신증
전치 (displacement)	하나의 대상에 부하되어 있는 감정을 다른 대상에게 향하게 하는 것	전이, 공포증
반동 형성 (reaction formation)	본래와는 정반대되는 행동이나 성격 특성을 채택함으로써 수용할 수 없는 소망이나 충동을 막는 것	강박증, 결벽증
감정 분리 (isolation)	감정과 생각을 분리시키는 것. 기억은 잊었으나 관련된 강렬한 감정은 그대로 있거나 반대로 기억만 남고 감정을 없애는 것. 후자를 주지화(intellectualization)라고도 함	강박증, 외상 경험
신체화 (somatization)	고통스러운 감정을 신체의 어느 부위로 옮기는 것. 많은 사람이 사용하는 방어기제	신체화장애, 연극성 인격장애
전환 (conversion)	정신내적 갈등의 상징적 표상이 신체로 나타남. 주로 운동기관이나 감각기관에 나타나는 경우를 지칭	전환장애, 히스테리
분열 (splitting)	모순된 감정, 자기표상, 대상 표상을 적극적으로 분리하는 무의식적 과정. 선과 악의 분리와 극단적 이상화와 평가절하를 반복	경계선 인격장애
투사 (projection)	자신이 느끼는 위협적인 충동을 다른 사람도 그렇게 느낀다고 생각하는 것	편집증

투사적 (역)동일시 (projective identification)	상대방이 투사한 특성이나 무의식적으로 기대하는 특성을 동일시하여 그대로 행동하는 것	역전이

표 4-2 성숙한 방어기제

방어기제	정의	대표적 예시
억제 (suppression)	의식에서 수용할 수 없는 생각이나 감정을 의식적으로 마음 밖으로 내모는 것으로, 억압이 무의식적으로 이루어진다는 점에서 차이	쾌락 욕구를 인식한 후 잊거나 기다리기
이타주의 (altruism)	자신의 욕구를 자제하고 타인의 욕구에 관심을 갖는 것	봉사활동
승화 (sublimation)	의식적으로 수용할 수 없는 욕구나 소망을 사회적으로 받아들일 수 있는 대체물로 바꾸는 과정	화가, 의사
유머 (humor)	자신이나 자신이 처한 불쾌한 상황을 왜곡하거나 과장하여 즐겁게 웃어넘기는 것	개그, 포로수용소

4. 정신역동 관점에서의 심리적 건강

성격의 구조 모델에 의하면, 원초아는 즉각적 만족을, 자아는 현실 검증(reality testing)을, 초자아는 완벽함을 추구한다. 원초아는 쾌락만을 추구하는 문제가 있으나 인간에게 에너지원으로 작용하므로 원초아를 무조건 억압하는 것은 바람직하지 않다. 자아는 원초아의 요구를 지연하고 이를 합리적이고 현실적 방법으로 해소한다는 점에서는 긍정적이나 도덕적 양심이 없으므로 현실에 위협이 없을 때에는 비도덕적 혹은 범죄적 행동을 하는 것을 문제 삼지 않는다. 초자아는 인간에게 도덕적 원칙을 제공하지만 완벽함을 강제하므로 완벽하지 않은 인간으로서는 자기혐오나 생기 없는 삶을 살 수 있다. 따라서 정신역동이론에서 심리적인 건강함이란 성격의 세 가지 측면이 균형을 이루는 것인데, 이것이 가능하기 위해서는 Freud는 자아의 발달이 가장 중요한 것으로 보았다. 자아는 인간을 원초아의 비합리성과 원시성에서 벗어나게 해 주는 핵심 능력이며, 원초아와 초자아의 갈등을 조절하고 힘든 삶을 효과적으로 다룰 수 있도록 하는 힘이다. 정신역동에서 말하는 자아 강도(ego strength)는 이러한 자아의 능력을 의미하며, 자아 강도가 강한 사람은 원초아와 초자아라는 경쟁적 압력을 잘 관리하고 조율할 수 있으나 자아 강도가 약한 사람은 어느 한 가지 압력 혹은 환경적 압력에 휩쓸리게 된다.

상기한 정신역동이론의 관점에서 도출할 수 있는 심리적으로 건강한 사람의 특징을 정리하면 다음과 같다.

1) 정신역동 관점에서 심리적 건강의 특징

(1) 내적 욕구에 대한 정직한 인식

심리적으로 건강한 사람은 자신의 기초적이고 본능적인 욕구를 인정하고, 이러한 욕구는 때로 그것이 사회적으로 수용될 수 없는 욕구일지라도 그 존재를 인식할 수 있다. 정신역동에서는 자신의 내적 욕구를 억압하여 무의식으로 밀어 버리는 것은 역기능적인 방어기제를 만들고 문제해결을 막기 때문에 건강하지 않은 것으로 본다.

(2) 인습적 수준 이상의 도덕성 발달

초자아와 자아의 발달은 현실적 위협이 없거나 현실적 불이익을 뛰어넘는 이익이 있으면 범죄를 해도 된다고 판단하는 수준 이상으로 발달된 도덕적 가치가 내재화된 상태다. Kolberg(1958)의 도덕 발달 수준으로 말하자면, 처벌이나 이득으로 인해 도덕적 행동을 하는 수준을 넘어서 전통과 법(인습적 수준, conventional level), 인류보편적 가치나 개인의 내적 가치 혹은 영적 가치(후인습적 수준, post-conventional level)에 의해 도덕적 행동을 하는 수준을 말한다. Freud의 자아는 현실적 위협이 없으면 내적 욕구 구현이 가능한 것으로 본다는 면에서는 전인습적인 측면이 있으나, 자아가 고려하는 현실적 위협에는 사회적 인정이나 명성 등과 같은 무형의 압력이 포함되어 있다는 점에서는 인습적이다. 따라서 자아는 전인습과 인습 수준 양쪽에 걸쳐 있는 도덕적 행동과 관련되어 있다. 아울러 초자아는 현실적 위협이 없을 때에도 법 규범에 대한 복종을 요구한다는 측면에서는 인습적이나 때로는 법을 뛰어넘는 가치의 실천을 요구하기 때문에 후인습적 수준과도 관련되어 있다. 따라서 초자아는 인습과 후인습 수준 양쪽에 걸쳐 있는 도덕적 행동과 관련되어 있다. 요약하면, 정신역동 관점에 의하면 건강한 개인은 최소 인습적 수준 이상의 도덕목을 발달시킨 상태에서 자신의 도덕적 원칙을 분명하게 인식하고 있는 사람을 말한다.

(3) 환경에 대한 정확한 이해

자아가 원초아와 초자아의 요구를 현실에 적절하게 구현하기 위해서는 자신을 둘러싼 환경, 사회, 사람에 대해 자기중심적이거나 주관적으로 지각하는 것이 아니라 객관적인 사실을 기반으로 인식할 수 있는 능력이 필요하다. 때로는 불편한 현실도 직면할 수 있는 힘을 가지고 있어야 하며, 사회심리학에서 말하는 인지부조화로 인한 왜곡된 인식도 적다.

(4) 합리적이고 논리적인 사고

자아의 특성은 합리성이다. 자아는 원초아와 초자아의 요구가 어떤 결과를 가져올 것인지 등의 인과관계에 대한 논리적 추론을 통해 현실에서 수용 가능한 해법을 찾아야 한다. 따라서 자아가 강해지기 위해서는 합리성과 논리적 사고를 필수조건으로 한다.

(5) 융통성 있는 문제해결

항상 변하는 내적 욕구를 역시나 항상 변화하는 외적 환경에 적절하게 구현하기 위해서는 하나의 방법이나 스타일을 고집하기보다는 다양한 방법을 생각해 내고 협상하고 타협할 수 있는 융통성 있는 문제해결 능력이 필요하다.

(6) 욕구 지연과 적당한 만족

자아의 핵심 기능은 내적 요구의 지연이다. 즉, 현실에 적합한 구현방식을 찾을 때까지 원초아와 초자아의 요구를 지연시켜야 한다. 또한 현실에 구현된 방법은 대개 어느 한쪽의 욕구를 완벽하게 충족시키지 못한다. 따라서 현실에 구현된 방법에 적당히 만족하고 완벽한 해소를 추구하지 않는 것이 필요하다.

2) 건강한 삶과 방어기제

정신역동에서 제안한 방어기제는 실제로 행복하고 건강한 삶에 있어 매우 중요한 것으로 연구되었다. 심리학 연구 사상 가장 오랫동안 진행된 연구인 하버드 대학교의 Grant 연구(Vaillant, 1997, 2002)는 814명을 60여 년간 추적 조사한 결과를 통해 방어기제가 인간의 행복과 건강에 있어 매우 중요하다는 것을 보여 주었다. [그림 4-1]은 첫 조사 이후 25년 후에 진행된 평가에서 성공적인 삶을 사는 사람(30명)과 부적응적인 삶을 사는 사람(30명)에게서 파악된 사례의 방어기제 빈도를 분포로 나타낸 것이다. 성공적인 삶을 산 사람들의 사례(514개) 중 성숙한 방어기제는 절반 가까이(46%)에 이르나 부적응적인 삶을 산 사람들의 사례(613개)에서는 23%만이 성숙한 방어기제가 적용된 경우였다. 반면에 미성숙한 방어기제는 성공한 사람들의 사례 중 15% 정도에 불과하였으나 부적응적인 사람들의 사례에서는 40%에 달했다.

방어기제는 집단 간뿐 아니라 개인의 발달 주기 간에도 차이가 있다. [그림 4-2]는 95명의 참가자들이 청소년기, 초기 성인기, 중년기에 보고한 2천여 개의 사례에서 사용된 방어기제의 분포를 나타낸 것이다. [그림 4-2]를 살펴보면, 연령이 증가하면서 미성숙한 방어기제 빈도는 줄고 성숙한 방어

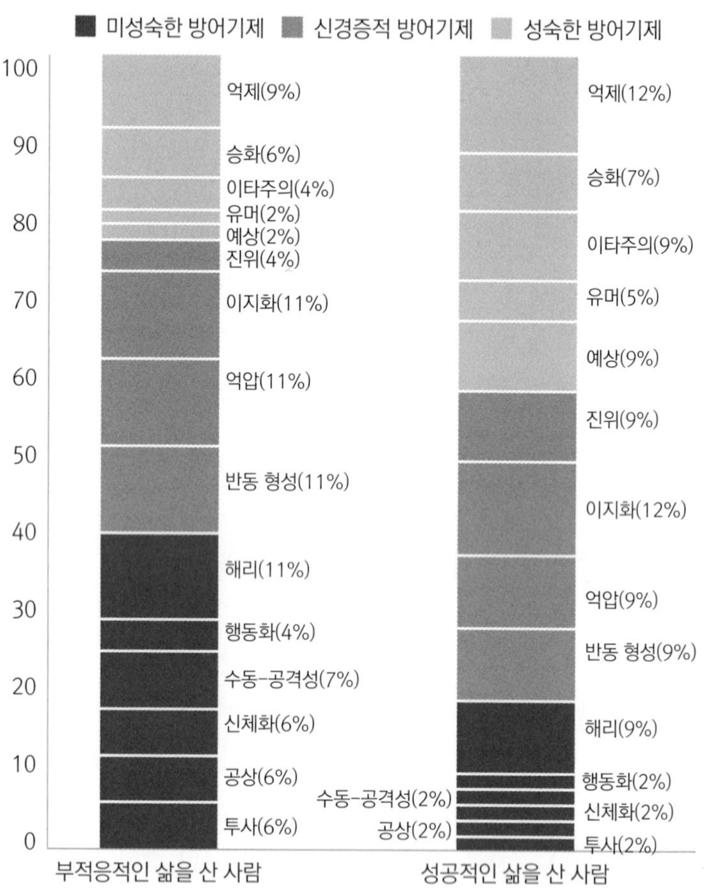

[그림 4-1] 적응적인 삶을 산 사람과 부적응적인 삶을 산 사람 간의 방어기제의 발생 빈도 분포

출처: Valliant (1995).

기제 빈도는 증가하는 것을 알 수 있다. Grant의 연구 결과들은 인간이 성공적이고 건강한 삶을 사는 것은 성숙한 방어기제를 많이 사용하고 미성숙한 방어기제를 적게 사용하는 것과 밀접한 관계가 있음을 보여 준다. 또 다른 한편으로는 성공적이고 안정적인 인간도 미성숙한 방어기제를 사용하는 경우가 있고, 부적응적이고 불안정한 인간도 성숙한 방어기제를 사용할 수 있다는 점도 주목할 만한 결과다. 이는 한 인간이 완벽하게 성숙하거나 완벽하

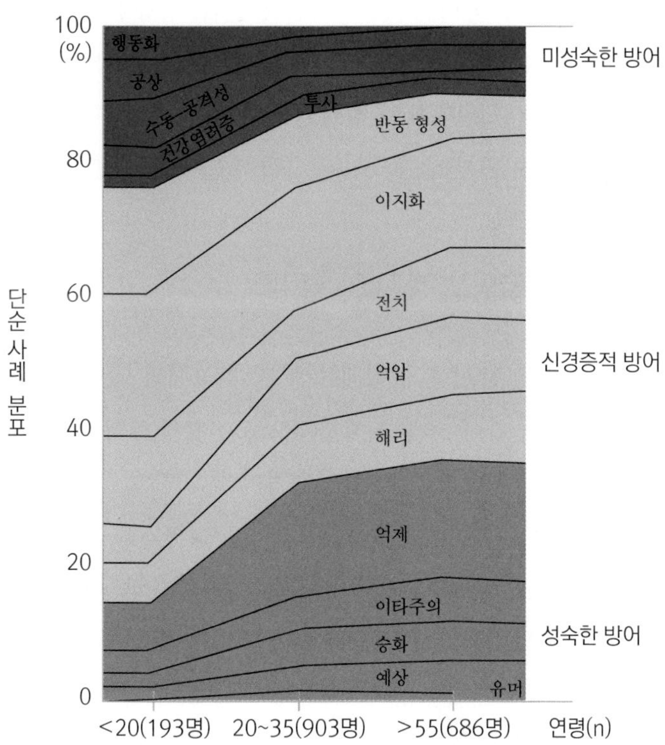

[그림 4-2] 성인의 생애 주기 동안의 방어 유형 변화

출처: Valliant (1995).

게 미성숙할 수는 없으며, 따라서 심리학자들은 개인이 다양하게 사용하고 있는 방어기제 중 성숙한 방어기제 사용의 빈도를 증가시킬 수 있도록 돕는 것이 필요하다.

5. 코칭에서의 정신역동이론

정신역동이론에 근거한 상담이나 심리치료는, ① 무의식적 욕구나 동기 통찰, ② 무의식적 갈등의 해소와 만족스러운 해결방법 개발, ③ 성격 구조의 변화 등을 목적으로 하며, 이를 위해서 꿈분석, 자유연상, 저항, 해석, 전이 등을 사용한다. 실제 코칭에서 정신역동학파의 개입방법을 사용하는 경우는 별로 없다. 그러나 코칭에서 정신역동이론은 다음과 같은 유용성을 지니므로 코치는 관련 이론들을 반드시 숙지해야 한다.

1) 피코치와 해결방법에 대한 평가

코칭이 일반적인 상담이나 심리치료에 비해 고객과 만나는 시간이 짧고 문제해결 중심이기는 하나 코칭을 효과적으로 진행하기 위해서는 고객을 전인격적으로 평가하고 이해하는 것은 필수적이다. 고객을 정확하게 이해하는 것은 고객에게 가장 적합한 문제해결 방법이 무엇인지를 판단하는 데 매우 중요하다. 이를 김은정(2016)은 심리학 기반 코칭의 주요 특징 중 하나인 전체론적 관점이라고 명명하면서 다음과 같이 기술하였다.

> 코칭은 특정 이슈에 대한 틀에 짜인 행동 변화 메뉴를 건네고 이를 실행에 옮기도록 돕는 것이 아니다. 이슈는 동일하지만 이를 바라보는 피코치의 관점과 이슈와 관련된 피코치의 욕구와 가치는 다양하다. 구체적인 행동 변화는 코칭의 중요한 결과물이다. 하지만 피코치마다 다양한 개별 특성을 고려하지 않은 변화 계획은 실행 가능성이 낮을 뿐만 아니라 실행을 한다고 하더라도 이에 대한 피코치의 만족도가 낮을 가능성이 높다.

인간의 개별 특성을 전체적인 관점에서 파악하는 데 사용할 수 있는 심리학 이론은 매우 많다. 그중 정신역동이론은 고객의 심리 내적 욕구와 성격구조, 자아 강도, 스트레스가 발생했을 때 주된 대처방식 혹은 방어기제 등을 이해하는 도구로는 독보적인 가치를 지녔다. 고객의 내적 구조와 주된 방어기제를 파악하는 것은 고객이 성공적으로 사용할 수 있는 해결방법과 실패 위험이 높은 해결방법에 대한 통찰을 코치에게 제공해 주며, 필요한 경우 이를 고객과 나누고 고객이 통찰할 수 있도록 도와서 변화를 촉진할 수 있다.

2) 관계적 이슈에의 적용

정신역동 관점은 특히 인간관계와 관련된 이슈에 효과적으로 적용될 수 있다. Palmer와 Whybrow(2008)는 정신역동이론의 개념이 곤란한 부하, 동료, 상사 등에 대처하고 자기패배적 행동을 극복하는 데 유용하다는 Peltier(2001)의 제안에서 한 발 더 나아가 역할 자문을 제공하는 코칭에서도 정신역동이론의 개념을 효과적으로 사용할 수 있다고 하였다. 그들은 정신역동 관점을 통해 개인이 표면적 행동 이면에 존재하는 개인(성격), 역할, 조직 문화 사이에 존재하는 연결점들을 이해하도록 돕고, 이를 통해 진정한 자신의 모습과 자신의 모습이 아닌 것을 분리하거나 혹은 연결시키고, 결국 조직 내에서 건설적인 행동과 반추를 할 수 있도록 도울 수 있다고 하였다.

많은 경우에 관계적 이슈를 다루는 코칭에서 코치는 고객의 비언어적 행동, 언어, 행동 패턴 등의 정신역동 관점의 단서들을 탐지할 수 있으며, 이러한 단서들은 코칭에서 목표 달성을 막는 장애물을 극복하는 데 필수적으로 다루어져야 하는 경우가 많다. 다만 여기서 중요하게 기억해야 하는 것은 코칭에서 정신역동 관점에서 이해할 수 있는 고객의 특성이 파악되었다고 해서 이것이 왜 형성되었으며, 현재도 유효하게 작동하고 있는가 등을 파악하려고 하는 것은 적절하지 않다는 점이다. 이는 코칭이 아닌 심리치료나 상담의 영역이다. 코칭에서는 Palmer와 Whybrow가 지적했듯이 고객의 무의식적 특성을 고객이 의식적으로 인식하고, 이를 현재 상황에서 어떻게 다룰 것인가 등을 논의하며, 고객이 목표 달성을 향해 나아가는 데 필요한 수준으로만 다루는 것으로 충분하다. 다음의 Palmer와 Whybrow가 제시한 사례를 통해 코칭에서 정신역동 관점이 어떻게 활용되는지 살펴보도록 한다.

Karen의 사례

Karen은 공공기관의 상급관리자다. Karen은 조직 내에서 자신의 역할을 장단기 관점에서 점검하기 위해 코칭을 의뢰하였다. Karen은 현재 부서에서 자신의 역할이 분명하지 못하다고 느끼고 있어 상사와 이에 대해 논의하였는데 더욱 혼란스러워지는 느낌만 받고 결국 문제를 해결하지 못하였다.

Karen은 이러한 모호한 상태에서 나름대로 고객의 욕구를 만족시키는 활동을 하는 것이 자신의 역할이라고 규정하고, 많은 행사를 기획하여 매우 열심히 일을 하였다. 그러나 Karen의 이러한 노력은 상사에게 공식적으로 인정받지 못하였고, 일을 하면서도 조직의 지지를 받지 못하고 고립되는 느낌을 받게 되었다. 장시간 과도하게 일을 하면서 화가 났지만 이를 다른 사람에게 말할 수도 없고 하고 싶지도 않았다.

그녀가 기획한 큰 행사는 성공적으로 끝이 났고, 그 후에 코칭 2회기가 시작되었다. 이때 Karen과 그녀의 비서 간의 사소한 실랑이에 대해 이야기를 들으면서 코치는 Karen이 사용하는 특정 단어를 통해 그녀에 대한 통찰을 얻었다. 사건은 컴퓨터에서 중요한 서류가 사라졌는데, 비서는 Karen 자신이 그 서류를 '삭제했다(delete)'라고 주장하였고, Karen은 자신이 삭제했을 리가 없다고 확신하였다. 코치는 이 작은 에피소드를 들으면서 '삭제하다'라는 단어가 Karen이 전반적으로 자신의 경험과 느낌에 대해 생각하고 말하는 것에 대한 좋은 비유가 될 수 있다는 것을 갑자기 깨달았다. '삭제하려는' 경향은 그녀의 역할이나 조직뿐 아니라 자기 자신이라는 세 영역 모두에서 나타나고 있지는 않은가? 회기를 진행하면서 이러한 통찰을 Karen 역시 인식하게 되었고, 자신의 이러한 성향으로 다른 사람들에게 그녀가 충분히 요구하지를 못한다는 것을 깨닫게 되었다. 개인, 역할, 조직이라는 중요한 영역 모두에서 자신을 '삭제하려는' 압력이 작용하고 있으며, 그 결과 Karen은 저평가되고, 자신의 재능을 충분히 사용하지 못하고 있고, 밖에서는 훌륭한 것으로 인정받은 그녀의 성공적인 작업을 조직은 막상 무시하는 역동을 보이고 있었다. 이와 동시에 그녀 역시 자신의 전문성과 능력을 가치 있게 여기지 않아 자신의 역할을 재협상하거나, 조직을 떠나거나 하는 결정을 하지 않고 있었다. 오히려 그녀는 자신과 구조 간에 상호작용하는 이러한 반복적 역동에 빠져서 과도하게 일하면서도 저평가받는 위치에 있었다.

이러한 역동을 깨달은 후 Karen은 코칭에서 다음과 같은 몇 가지 선택지를 도출했다.

- 상사에게 그녀가 진행한 행사에 대한 구체적인 피드백을 구하기
- 자신의 통찰을 지지하거나 혹은 반대로 기각하는 추가적인 근거를 모으는 방법으로 360도 평가를 요청하기
- 그녀가 기획한 일들이 좀 더 명확하게 인정될 수 있는 방법으로 그녀의 직무를 재협상하기
- 상기 선택지들에 대한 대안으로 다른 직장을 찾기 위한 노력을 시작하기

3) 코칭 진행에서 발생하는 역동 평가

어느 정도 지속되는 사람 간의 관계에는 대개 특정 패턴이 존재한다. 정신역동 관점에서는 이를 흔히 역동이라고 부른다. 코치와 피코치의 관계에서도 역동은 발생할 수 있는데, 대개 코칭은 단기적으로 진행되기 때문에 역동이 코칭에 방해가 될 정도로 발전되거나 문제가 되지는 않다. 그러나 코칭 역시 고객과 적극적인 상호작용을 하면서 변화하는 과정이기 때문에 코치는 피코치와의 역동이 어떻게 작동하고 있는지 끊임없이 의식적으로 점검하고 평가해야 한다.

코치와 피코치 사이의 역동은 정신역동에서 말하는 전이와 역전이 관점에서 이해하는 것이 가장 쉽다. 잘 알려진 바와 같이, 전이는 내담자가 자신의 부모나 의미 있는 대상에게 하는 것처럼 치료자에게 느끼고 행동하는 것이다. 역전이는 그 반대의 형태인데, 크게 세 가지로 구분한다(Moeller, 1977). 첫째는 역전이를 내담자에 대한 비합리적이고 신경증적인 반응으로 보는 견해다. 둘째는 역전이를 의식과 무의식을 모두 포함한 내담자에 대한 감정의

총체로 보는 견해다. 마지막은 역전이를 내담자의 전이에 반응해서 나타나는 감정으로 보는 견해다.

첫 번째 역전이에 대해 예를 들어 보면, 매우 외향적이고 표현적인 코치가 내성적이고 수동-공격적인 성향의 피코치에 대해 답답함과 짜증을 느낀다면, 이는 특정 유형의 피코치에 대해 코치가 느끼는 습관적인 신경증적 반응이다. 두 번째 역전이는 피코치에 대한 감정이나 반응이 단순히 신경증적인 반응이 아니라 특정 피코치 개인에 대해 느끼는 긍정 혹은 부정적 감정 전체를 일컫는다. 여기에는 사적 호감이나 매력 등이 모두 포함될 수 있다. 마지막 세 번째는 방어기제 중 투사적 동일시 기제에 의해 발생한 것으로, 피코치가 '전이'라는 기제를 통해 코치에게 특정 감정이나 욕구, 기대를 던지면 코치가 무의식적으로 여기에 부응하여 피코치의 기대에 맞게 반응하는 것이다. 코칭에서는 일반적으로 심리치료나 상담보다는 전이나 역전이가 강렬하게 나타나지 않지만 코칭관계 역시 지속적 특수 관계이므로 상기한 세 가지 역전이가 모두 나타날 수 있다.

따라서 코칭에서도 코치는 피코치에 대해 불편한 감정이 느껴지거나 특정 언어 및 행동이 다른 경우보다 많이 나타나지는 않는지 스스로를 민감하게 관찰해야 하며, 특정 역동이 코칭에 방해가 된다고 판단되면, 이를 정신역동 관점에서 스스로 분석하고 해석할 필요가 있다. 슈퍼비전이나 자기분석을 통해 코칭에서 발생하는 고객과의 역동을 조절하되, 스스로 해결하기가 어렵고 고객에게 중대한 영향을 미친다는 판단이 들면 고객을 다른 코치에게 의뢰하는 것이 좋다.

이 장의 요약

☑ 정신역동 관점은 인간의 성격을 끊임없이 갈등하고 변화하는 역동적인 과정으로 본다.

- ☑ Freud의 무의식적 정신결정론 개념 중 현대 심리과학의 연구 결과가 지지하지 않는 것도 있지만 무의식에 해당한다고 할 만한 정신적 처리과정이 존재할 가능성도 지지하고 있다.
- ☑ Freud는 성격이 원초아, 자아, 초자아로 구성되고, 이 세 기능이 상호작용하여 인간의 행동이 나타난다는 구조 모델을 제안하였다.
- ☑ 방어기제는 불안의 감소를 목적으로, 현실을 왜곡하여 역기능적인 행동을 하도록 하는 무의식적 과정이다.
- ☑ 방어기제는 미성숙한 방어기제와 성숙한 방어기제로 나눌 수 있으며, 성공적인 삶은 방어기제와 밀접한 관련이 있다.
- ☑ 정신역동 관점에서의 심리적 건강은 내적 욕구에 대한 정직한 인식, 인습적 수준 이상의 도덕성 발달, 환경에 대한 정확한 이해, 합리적이고 논리적인 사고, 융통성 있는 문제해결, 욕구 지연과 적당한 만족을 특징으로 한다.
- ☑ 코칭에서 정신역동이론은 피코치와 문제해결 방법에 대한 평가, 관계적 이슈에의 적용 등의 차원에서 활용될 수 있다.

건강한 삶: 행동주의 관점

행동주의(behaviorism)는 연합이라는 학습과정을 통해 인간의 행동이 결정된다는 기계론적인 인간관을 담고 있다. 인간의 행동은 초기 경험을 통해 결정된다는 결정론적 관점을 가지고 있다는 점에서는 앞서 기술한 정신역동이론과 동일하다. 그러나 동시에 정신역동이론이 인간의 내적인 요인의 중요성을 극단적으로 강조한 반면, 행동주의는 인간이 외적 · 환경적 요인만으로 결정된다는 기계론적인 관점을 지녔다는 점에서는 두 학파가 정반대의 인간관을 지닌다고 할 수 있다. 행동주의는 바람직한 인간상(what)에 대한 관심보다는 인간 행동의 형성 원리(how)를 설명하기 위해 제안된 것으로, 심리적 건강함에 대한 답을 제시하고 있지는 못하지만 인간의 행동을 변화시키는 방법을 제시하는 데에는 어떤 이론보다 유용한 방법을 제공한다.

1. 고전적 조건형성: 자극과 자극의 연합

러시아 과학자 Ivan P. Pavlov는 개의 소화과정을 연구하다가 음식이 개의 혀에 닿기 전에 개가 침을 흘리는 것을 관찰하였는데, 이를 통해 고전적 조건형성 원리를 발견하였다. 고전적 조건형성은 학습의 중요한 원리일 뿐 아니라 인간의 행동 변화에 대한 체계적인 행동 연구가 이루어질 수 있는 방법을 제시하였다는 데 중요한 의의가 있다(Farmer & Nelson-Gray, 2005).

고전적 조건형성이 이루어지기 위해서는 반드시 유기체가 특정 자극(무조건 자극, 예를 들어, 음식)에 대해 반복적이고 반사적인 반응(무조건 반응, 예를 들어, 침 흘리기)을 미리 보여야 한다. 이러한 무조건 자극을 특정 자극과 반복적으로 연합시켜서(조건 자극, 예를 들어 소리) 유기체가 그 관계를 학습하게 되면, 나중에는 조건 자극(예를 들어, 소리)만 제시되어도 기존의 무조건 반응(예를 들어, 침 흘리기)이 나타나며, 이때 나타나는 반응은 조건 반응(예를 들어, 침 흘리기)이라고 한다.

Pavlov 이후 Watson은 그의 유명한 실험인 Albert와 흰쥐 실험을 통해 고전적 조건형성을 통해 침 흘리기와 같은 신체적 반응뿐 아니라 공포와 정서 반응도 조작할 수 있음을 밝혔다. 정서 반응에 대한 고전적 조건형성은 이후 많은 심리학자에게 영향을 미쳤으며, 실제 현실에서도 가장 많이 적용되는 심리학의 원리 중 하나가 되었다. 고전적 조건형성을 이용해 정서 반응을 조작한 Watson의 대표적인 광고는 맥스웰 하우스의 커피광고다. 이 광고는 지금도 널리 통용되는 'Coffee break'라는 용어를 만들어 낸 광고로, 휴식(break)이 주는 편안함(relaxation)을 휴식과 커피의 연합을 통해 커피가 편안함을 주도록 조건형성을 하였다.

고전적 조건형성은 유기체에게 특정 목표 반응을 형성시키는 데 가장 효과적인 방법으로, 각종 치료와 행동 변화 프로그램에 다양하게 적용되고 있다. 1930년대에 Mowrer와 Mowrer에 의해 개발되어 70년 이상 사용되어 온

(Spiegler & Guevremont, 2010) 야뇨증 치료법 역시 알람과 방광의 긴장을 연합시키는 고전적 조건형성을 이용한 것이다. 배뇨로 인하여 옷에 소변이 스며들면 알람이 울리도록 하는 팬티를 아동이 착용하고 수면을 취하며, 이러한 반복적 과정을 통해 나중에는 방광의 긴장을 느끼면 아동 스스로 잠에서 깨어 일어나게 된다. 이처럼 고전적 조건형성은 개인이 보이는 특정 반응을 설명하고, 나아가 특정 반응을 일으켜 행동을 변화시키는 데 유용하게 사용될 수 있다.

2. 조작적 조건형성: 행동과 결과의 연합

고전적 조건형성이 자극과 자극만 연합시킬 뿐 유기체에게 특별한 행동을 요구하지 않는 수동적인 학습이라면, 조작적 조건형성은 유기체가 행동을 해야만 조건형성이 이루어지는 적극적인 학습이다. 조작적 조건형성으로는 Burrhus F. Skinner가 가장 유명하지만 그 기저에 있는 원칙을 제시한 사람은 E. L. Thorndike이다. Thorndike는 우리에 갇힌 고양이가 먹이를 먹기 위해 탈출할 때 처음에는 시간이 많이 걸리지만 횟수를 반복할수록 탈출 시간이 점점 줄어든다는 것을 관찰하고, 이를 효과의 법칙(law of effect)이라고 하였다. 효과의 법칙은 유기체의 행동 결과가 효과적이면(즉, 보상을 얻으면) 해당 행동이 증가하고 그렇지 않으면 줄어든다는 것으로, 행동과 결과 간의 학습이라는 조작적 조건형성의 기본 개념을 담고 있는 법칙이다.

이후 Skinner는 Thorndike의 효과의 법칙이 이전의 고전적 조건형성과는 다르다는 점을 명료하게 제시하고 행동의 결과로서 강화와 처벌을 사용하여 많은 동물실험을 진행하였다. 조작적 조건형성을 통해 특정 행동을 학습시키는 것을 조형(shaping)이라고 하며, 이러한 과정을 통해 마약탐지견과 같이 동물들에게 특정 행동을 학습시키는 것은 지금도 매우 광범위하게 사용되고 있다. Skinner의 연구는 사회적으로 많은 관심을 받았으며, 동물연구를 통해 발견된 원리를 인간에게도 적용하려는 프로그램이 교육, 조직, 심리치료 등의 다양한 분야에서 시도되었다.

3. 사회적 인지 이론

Pavlov와 Skinner 중심의 1세대 행동주의는 행동분석을 위한 강력한 도구를 제공하였으나 관찰 가능한 행동의 작동원리만으로는 인간의 행동을 설명하기에는 불충분하였다. 이에 대한 문제의식을 출발로 사회학습(social learning) 혹은 사회적 인지(social cognition)라는 이름의 사회적 영향력을 다루는 이론이 등장하였다. 대표적인 학자는 Albert Bandura로, 그는 인간의 행동이 기대(expectancy)를 비롯한 인지적 과정을 통해서도 학습된다는 것을 다양한 이론과 실험을 통해 제시하였다.

사회적 인지 이론의 출발이 되는 개념은 관찰학습이다. 즉, 기존의 초기 행동주의이론의 주장과 달리 인간은 자신이 스스로 경험하지 않아도 타인의 행동과 그로 인해 발생하는 결과를 관찰함으로써 '기대'가 형성되고, 유기체는 이 기대를 통해 학습을 한다는 것이다. 관찰학습에 관여하는 것은 사회적 강화(social reinforcement), 자기강화(self-reinforcement), 대리강화(vicarious reinforcement) 등이며, 기대라는 개념을 자신의 능력에 대한 기대로 변환시킨 자기효능감(self-efficacy)도 인간 행동의 변화에 중요한 영향을 미치는 것으로 제시되고 있다. 예를 들면, 자기효능감은 약물 사용자가 치료 후 약물을 다시 복용하는지 여부를 예측하며(Ilgen, McKellar, & Tiet, 2005), 심지어 효능감을 갖는 것이 면역 기능에 긍정적인 영향을 미칠 수 있다는 연구도 제시되었다(Wiedenfeld et al., 1990).

자기효능감은 자기체계(self-system)의 주요 요소로, Bandura는 자기체계가 행동을 조절하는 인지 구조와 지각의 틀이며, 이를 통해 환경(environment), 개인 요인(personal factor), 행동(behavioral action)이 조절된다고 보았다. 환경, 개인 요인, 행동으로 구성된 세 요소 간의 상호작용을 Bandura는 삼원 상호작용 체계(triadic reciprocal interaction system)라고 명명하였으며, 이 이론과 관련 연구들에서는 인간의 행동이 단순히 외적인 자극이나 결과뿐 아니라 개인 내적 특성과도 관련되어 있음을 보여 주었다.

4. 코칭에서의 행동주의

1) 행동 변화에 초점을 둔 모델 사용

행동주의이론은 코칭의 핵심 이론 중 하나다. Passmore는 코칭이 기업과 같은 조직에서 시작되었기 때문에 기업의 인사관리의 주요 원칙인 보상과 처벌의 사용이라는 행동주의적 원칙을 바탕으로 코칭이 발달되었다고 하였다(Palmer & Whybrow, 2008). 현재 코칭에서 가장 많이 사용되는 GROW 모델도 본래 학습을 통해 수행의 증진을 목적으로 개발된 '행동주의적 코칭'으로, 학습과 행동 변화를 목적으로 한다는 점에서 행동주의적 관점을 기반으로 한다. 코칭과 상담의 중요한 차이 중 하나로 코칭이 고객의 내면보다는 '행동 변화'에 초점을 맞춘다는 것을 들 수 있는데, 이러한 차이 역시 코칭이 행동주의에 매우 가까운 접근법을 취하고 있음을 알 수 있다. 물론 코칭에서도 '자신감 높이기'와 같은 내면의 변화를 목표로 할 수 있으나 이 경우에도 자신감 저하의 원인 등을 탐색하고 이를 다루는 상담의 접근과는 달리 자신감이라는 추상적 개념을 구체적인 상황 속에서의 행동으로 정의하고(진술의 행동적 조작화), 정의된 행동을 변화시키는 것을 통해 자신감 향상이라는 목표를 달성한다는 측면에서 코칭은 행동주의적이라고 할 수 있다. 이러한 접근법에 대해서는 다음에 좀 더 자세히 기술할 것이다.

2) 변화에 대한 새로운 패러다임: 삼원 상호작용 체계 관점

Bandura는 삼원 상호작용 체계 이론을 통해 '개인 요인'이라는 인지적 변인을 넣고 환경, 개인 요인, 행동이라는 세 요소가 상호작용한다고 주장하였으나 실제 그와 사회인지 학자들의 연구 대부분은 기계적 행동주의를 반증하기 위해 자기효능감이나 기대와 같은 개인 요인이 행동에 영향을 준다는 것을 증명하는 데 집중되어 있었다. 그러나 삼원 상호작용 체계 이론이 제시하는 또 하나의 중요한 시사점은 환경, 개인 요인, 개인행동이 서로 영향을 준다는 점이다. 즉, 인지와 같은 개인 내적 요인이 행동에 영향을 줄 뿐 아니라 반대로 행동도 인지나 정서와 같은 개인 요인에 영향을 줄 수 있다.

행동이 개인 내적 요인에 영향을 줄 수 있다는 것은 상기한 삼원 상호작용 체계 이론뿐 아니라 사회심리학에서 주로 다뤄지는 태도와 신념에 대한 연구들에서도 지지되고 있다. 가장 대표적인 것이 인지부조화 이론으로, 인지부조화 이론이 말하는 핵심 내용은 태도와 행동이 불일치할 경우에 태도가 바뀐다는 것, 즉 행동이 내적 요인인 태도를 변화시킨다는 것이다. 이러한 이슈가 사회심리학에서 중요하게 다루어지는 것에 비해 임상심리학이나 상담심리학에서는 행동의 변화가 인지, 정서, 태도 등과 같은 내적 요인에 어떤 영향을 주는지에 대한 연구는 일부 제한적으로만 이루어져 왔다. 더욱이 실제 상담 및 심리치료 현장에서는 많은 경우에 내적 요인(원인)을 변화시켜서 행동(결과)을 변화시키거나 혹은 내적 요인 자체를 변화시키는 것에만 주로 초점이 맞춰져 있다. 물론 행동분석이나 행동주의적 심리치료에서는 문제가 되는 행동을 수정하는 데 집중하기는 하지만 행동수정이 공포나 불안과 같은 정서적 요인 이외의 개인 내적 요인에 어떤 영향을 주는지는 크게 관심을 두지 않는다.

코칭은 문제해결에 있어서 기존의 내적 요인 → 행동 접근법뿐 아니라 그 반대인 행동 → 내적 요인 접근법을 많이 사용한다. 정확하게 맞는 비유는 아니나 이를 철학적 문제해결법에 비유하자면, 기존의 상담이나 심리치료의 접근법은 연역법적 해결에 가깝고, 코칭의 접근법은 귀납법적 해결에 가깝다고 할 수 있다. 행동 변화를 통한 내적 변화 과정에 대한 진행은 제11장 '코칭의 모델과 진행'을 참고하라.

3) 활용 가능한 행동주의 기법

행동주의는 가장 기초가 되는 강화, 처벌 등과 같은 개념 자체도 치료적으로 이용될 수 있으며, 그 외에도 많은 치료적 기법을 제시하고 있다. 행동주의 기법은 적절하게 적용될 경우에는 상당히 효과적인 것으로 검증되고 있다. 코칭에서도 다양한 기법과 행동주의 기법을 잘 병합하여 사용할 수 있으며, 따라서 코치는 행동주의적 기법을 잘 숙지할 필요가 있다. 다음에서는 기본적인 행동주의 기법 이외에도 코칭에서 쉽게 활용되는 두 가지 기법을 소개하기로 한다.

(1) 모델링 기법

모델링은 대부분 Bandura의 업적에 기반하고 있다. 모델링의 핵심은 특정 상황에서 모델의 행동을 학습하고 관찰을 통해 행동의 결과를 학습하는 것이다. 모델링은 대개 대인관계 상호작용 상황과 관련된 이슈에 효과적으로 적용할 수 있으며, 인지행동적 접근과 결합하여 사용되기도 한다. Spiegler와 Guevremont(2010)은 모델링의 다섯 가지 기본 기능을 가르치기, 촉진하기, 동기 유발하기, 불안을 감소시키기, 저지하기 등이라고 하였으며, 이 다섯 가지 기능은 다음의 모델링 유형과 관련되어 있다. Sharf(2014)는 다섯 가지 모델링을 다음과 같이 설명하였다.

① **직접적 모델링(live modeling)**: 어떤 모델(경우에 따라서는 치료자나 코치)이 특정한 행동을 수행하는 것을 지켜보는 것을 말한다. 모델링은 주로 여러 번 반복되는데, 모델을 관찰 후에 피코치가 관찰한 행동을 여러 번 반복

한다. Jones(1924)의 연구에서 토끼를 두려워하는 아이 Peter가 다른 아이가 토끼를 가지고 놀면서 두려워하지 않는 것을 보면서 Peter 역시 두려움을 덜 느끼게 되는 것이 직접적 모델링의 대표적인 예다.

② **상징적 모델링(symbolic modeling)**: 직접적 모델링이 유용하지 않거나 적합하지 않을 때 사용된다. 가장 일반적인 예는 직접적이기보다는 간접적으로 관찰할 수 있는 타겟 행동이 담긴 영화, 비디오 클립, 사진, 그림책, 장난감 등을 사용하는 것이다. 예를 들면, 수술을 받으러 병원에 가는 아이가 나오는 책은 상징적 모델링으로서 수술에 대한 아이의 불안을 감소시킬 수 있다.

③ **자기모델링(self-modeling)**: 개인이 원하는 목표 행동을 스스로 수행하는 것을 녹화하는 것은 그 행동 강화에 유용하다(Dowrick, 1991; Dowrick, Tallman, & Connor, 2005). 사회적으로 적절한 방법으로 다른 아이들과 상호작용하는 아이의 모습을 촬영하여 대상 아동에게 보여 준 후, 아이가 사회적으로 적절한 행동을 하는 모습을 녹화하여 다시 관찰하면 부적절한 행동을 최근 학습한 사회 기술로 바꾸는 데 효과적이다.

④ **참여적 모델링(participant modeling)**: 모델이 내담자를 위한 행동을 하고, 내담자가 그 행동을 따라하도록 이끄는 것이다. 예를 들어, 내담자가 사다리를 오르는 것에 두려움을 가지고 있다면 치료자는 먼저 사다리를 오르는 행동을 보여 줄 수 있다. 그리고 사다리를 이용하여 내담자가 직접 사다리에 오르는 것을 격려하고, 필요할 때 신체적 지원을 해 주면서 내담자가 사다리를 오르는 것을 도울 수 있다.

⑤ **내현적 모델링(covert modeling)**: 모델을 관찰할 수 없을 때에는 내담자에게 모델의 행동을 상상하게 함으로써 도움을 줄 수 있다. 내현적 모델링 과정에서 치료자는 내담자가 상상할 상황을 설명한다. Krop과 Burgess(1993)는 계부에게 성적 학대를 받아 다른 사람들에게 부적절한 행동을 하고 분노를 보이는 7세 청각장애 아이의 치료과정에서 내현적 모델링을 사용하였다. 그 과정에서 분노 대신 다른 아이들과 잘 어울리는 Sara라는 소

녀를 상상하도록 하였다. 내현적 모델링을 사용할 때에는 내담자가 자신이 하는 행동을 상상할 수도 있으나, 이것이 어려운 경우에는 제3의 모델이 적절한 행동을 하는 것을 상상하도록 하는 것이 좋다.

(2) 응용행동분석

응용행동분석(applied behavior analysis)은 현재 전 세계적으로 가장 많이 사용되는 행동주의 치료방법 중 하나다. 미국심리학회에서는 응용행동분석을 최고의 증거 기반 기법 중 하나로 인정하고 있으며, 발달장애, 특히 자폐증 치료에 매우 효과적인 것으로 알려져 있다(autism speaks autism treatment network). 응용행동분석이 자폐증이라는 극단적인 행동문제를 다루는 데 효과적이기는 하나, 그 원리는 일반 성인의 행동 변화를 다루는 데에도 유용하게 활용될 수 있다.

응용행동분석은 기존의 기계적인 행동수정에서 한 발 더 나아가 환경과의 상호작용에서의 행동 변화를 목표로 한다. 일반 성인을 대상으로 응용행동분석의 원리를 활용하기 위해서는 상기한 진술의 행동적 조작화(operationalization), 즉 고객의 추상적 진술을 구체적이고 관찰 가능한 행동으로 정의한 후, 이를 다음과 같은 ABC 모델(행동함수)을 통해 변화시키는 과정으로 진행할 수 있다. 이러한 접근법은 이후 설명할 코칭 목표 구체화 방법과 매우 유사하다.

① ABC모델

선행 조건(A: Antecedent): 특정 행동 직전에 일어난 사건

행동(B: Behavior): 실제적인 행동. 개인이 선행 조건 혹은 자극에 대해 보이는 반응적 행동 또는 무반응

결과(C: Consequence): 행동의 결과. 결과는 보상과 처벌로 작동

② 코칭에서 ABC 모델을 적용한 행동분석의 예

선행 조건(A: Antecedent): 회의 시간에 상사의 비아냥과 질책

행동(B: Behavior): 상사에게 목소리를 높여 반박하고, 상사의 잘못을 지적

결과(C: Consequence): 회의 후 동료들이 속이 시원했다고 칭찬

③ ABC 모델을 추출하는 코칭의 예(Ivey & D'Andrea, 2011 변형)

코치: 지금까지 당신이 대개 우울하고, 피로감과 긴장감을 느낀다는 이야기를 제가 잘 들었습니다. 지금 당신이 우울, 피로, 긴장을 느끼는 상황을 예를 들어 구체적으로 말씀해 주시겠어요? 나는 당신이 우울하기 직전에 어떤 일이 있었는지, 당신이 그런 감정과 생각을 가졌을 때 어떤 일이 있었는지, 그리고 그 이후에는 어떤 일이 있었는지를 알고 싶습니다. 먼저 당신이 우울, 피로, 긴장감을 가졌던 가장 최근의 상황을 말씀해 주시겠습니까?

고객: 음… 어제 그런 감정이 들었어요. 직장에서 집으로 돌아올 때까지 기분이 꽤 좋았습니다. 그런데 집에 와 보니 아내가 집에 없었어요. 그래서 나는 책을 읽기 시작했습니다.

코치: 부인이 집에 없었을 때 당신의 반응은 어떤 것이었습니까?

고객: 좀 실망했지만 많이는 아니었어요. 나는 소파에 앉았습니다.

코치: 이야기를 좀 더 해 주시겠어요?

고객: 30분쯤 지나자 아내가 들어와서는 나에게로 다가왔습니다. 나는 '안녕'이라고 말했지만 아내는 어제 다툰 것 때문에 여전히 화가 나 있었습니다. 이상하게도 나는 아내와 다투고 나면 항상 마음이 편안하고 가볍습니다.

코치: 그러고 나서 무슨 일이 있었습니까?

고객: 음, 나는 아내와 대화를 시도했습니다. 그러나 아내는 나를 아는 척도 하지 않았습니다. 약 10분이 지난 뒤에 나는 기분이 우울해졌습니다. 그래서 내 방으로 들어가 저녁 식사 때까지 누워 있었습니다. 아내는 저녁 식사 직전에 방으로 와서 미안하다고 사과했습니다. 그런데 나는 더 우울해져서 아내에게 아무 말도 하지 않았습니다.

코치: 네, 좋습니다. 우리 함께 당신에게 일어난 일들을 차례대로 정리해 볼까요? (이후 부분은 코칭에서 워크시트를 사용하거나 질문을 통해 고객이 직접 ABC를 정리하도록 권장한다) 당신은 꽤 기분이 좋았는데, 아내가 집에 없었군요. 그녀가 돌아왔을 때 그녀는 화가 나 있었고, 당신에게 아무런 반응도 하지 않았습니다. 당신은 아내가 말을 하게 하려고 노력했지만 아내는 말을 하지 않았습니다[선행 사건]. 그러고 나서 당신은 우울해졌고, 기분이 나빠서 방으로 들어가서 누웠습니다[반응적 행동]. 아내는 잠시 동안 당신을 무시했지만, 결국 당신에게 와서 사과를 했습니다. 하지만 당신은 그녀를 무시했습니다[결과]. 이 패턴은 당신이 이전에 저에게 말했던 패턴과 유사한 것 같아요. 요약하면 다음과 같습니다. 아내가 반응을 하지 않습니다. 당신은 우울해하며 혼자 있습니다. 아내가 당신에게 사과를 합니다. 그러나 당신은 그녀를 못 본 척하고 거부합니다.

이후 앞과 같이 추출된 역기능적인 ABC 패턴에서 연결고리를 끊고 바람직한 고리를 형성할 수 있도록 코칭이 진행될 수 있다.

이 장의 요약

☑ 행동주의는 심리적 건강함에 대한 답을 제시하지는 못하지만 인간의 행동을 변화시키는 방법을 제시하는 데에는 매우 유용하다.

☑ 고전적 조건형성은 개인이 보이는 특정 반응을 설명하고, 나아가 특정 반응을 일으켜 행동을 변화시키는 데 유용하게 사용될 수 있다.

☑ 조작적 조건형성은 유기체가 특정 행동을 하도록 조형하는 데 사용되는 원리다.

☑ 사회적 인지 이론은 기대라는 인지적 과정을 강조하는 관점이며, 관찰학습이 해당 기제를 촉발시키는 출발점이 된다.

☑ 삼원 상호작용 체계는 환경, 개인 요인, 행동이 서로 영향을 주면서 행동을 조절한다는 이론이다.

☑ 행동주의는 코칭의 핵심 이론 중 하나이며, 내적인 변화를 통해 행동을 변화시킨다는 기존의 관점을 바꾸어 행동을 변화시켜서 내적인 변화를 꾀하는 전략을 제시하였다.

☑ 행동주의 기법은 모두 코칭에 활용 가능하며, 특히 모델링 기법과 응용행동분석 접근을 적용할 수 있다.

건강한 삶: 인지행동주의 관점

인지행동주의는 기존의 접근법, 즉 정신역동이나 행동주의에서 간과되었던 인지(cognition)의 역할을 강조하는 접근법이다. 1980년대 이후 인지심리학이 급부상하면서 함께 발달한 이론으로, 인지를 행동을 변화시키는 매개변인으로 본다는 것이 인지행동주의의 핵심이다. 구체적인 학파에 따라 다소 다르지만 기본적으로 정신역동이나 행동주의는 내적 갈등이나 외부 환경적 자극 등이 직접 행동에 영향을 미친다고 가정한다. 그러나 인지행동주의에 따르면, 내적 갈등이든 외적 자극이든 이들은 생각이라는 인지적 과정을 통해서 행동에 영향을 미친다. 이러한 기제를 제시한 가장 초기의 연구 중 하나는 Nomikos, Opton, Averill과 Lazarus(1968)의 소음연구다. 연구자들은 동일한 소음일지라도 참가자들이 가지고 있는 기대에 따라 서로 다른 생리적 장애가 야기된다는 것을 검증하였다. 이 연구는 소음과 같은 객관적인 물리적 자극조차도 인간이 대상에 대해 가지고 있는 '생각'에 따라 인간의 반응 및 행동에 미치는 영향이 달라질 수 있다는 것을 보여 주었으며, 이후 많은 연구에서 인간의 사고가 행동에 상당한 영향을 미친다는 결과를 제시하였다.

인지행동적 접근을 지닌 주요 이론들은 Albert Ellis(1962, 1970, 1980)의 합리적 정서행동치료(rational emotive behavior therapy), Aron T. Beck(1970, 1976)의 인지치료(cognitive therapy), Meichenbaum과 Goodman(1971)에 의해 고안된 자기교습 훈련(self-instruction training), Goldfried, Decenteceo와 Weinberg(1974)의 체계적 합리적 재구성(systematic rational restructuring), Fuchs와 Rehm(1977)의 자기통제치료(self-control therapy), Meichenbaum과 Cameron(1973)의 스트레스 면역훈련(stress inoculation training), D'Zurilla와 Goldfried(1971)의 문제해결치료(problem-solving therapy), 구성주의(Constructivism)(Mahoney, 1991; Neimeyer, 1993) 등이 있다. 여기서는 인지행동주의의 가장 대표적인 학자인 Beck의 인지 재구조화(cognitive restructuring) 이론의 주요 개념을 소개하고, 코칭에 어떻게 적용되는지를 살펴보기로 한다.

1. 도식 발달과 자동적 사고

인지행동주의자들의 핵심적 변화 기제는 인지다. 특히 도식이라는 개념을 통해 개인의 인지적 특성을 규정하고 이를 변화시키는 것을 기본적인 치료 방법으로 하고 있다. 도식은 세상을 지각하는 방식으로, 매일 경험하는 자극들을 처리하여 의미를 부여하고 내용에 따라 동기, 정서, 신체 시스템과 같은 다른 시스템이 관여되도록 하는 역할을 한다(Beck & Haigh, 2014).

[그림 6-1]은 개인의 인지적 도식 발달과 자동적 사고가 어떻게 발생하는지를 보여 주고 있다. 개인의 도식 발달은 초기 아동기의 경험에서 시작되는데, 따라서 개인은 특정 상황이나 대상에 대해 특정한 도식이나 기본적 신념, 조건적 신념 등을 지니게 되며, 이것은 긍정적일 수도 있고 부정적일 수도 있다. 이러한 도식을 지니면서 생활하다가 개인이 특정 사건을 경험하게 되면 해당 상황과 관련된 도식이 활성화되고, 이는 자동적 사고를 산출한다.

자동적 사고는 개인의 정서, 행동, 생리적 반응에 모두 영향을 미친다. 여기서 자동적 사고는 개인의 도식이나 신념과 관련되어 특정 상황에서 의식적인 통제를 받지 않고 자동적으로 나타나는 생각을 의미한다. 예를 들어, 발표 상황에 대한 불안이 높은 사람은 발표 상황에 대해 '사람들이 내 발표를 비웃을 거야'라는 자동적 사고를 지니고 있을 수 있으며, 이러한 사고는 불안이라는 정서 및 생리적 반응을 유발한다고 여긴다.

상기한 기본 이론을 바탕으로 Beck은 다음의 다섯 단계를 통해 인지치료를 진행하였으며(Mischel, Shoda, & Smith, 2008), 이외에도 인지행동주의에는 수많은 기법이 개발되어 있다. 핵심은 사고를 수정하여 정서와 행동을 바꾼다는 것이다.

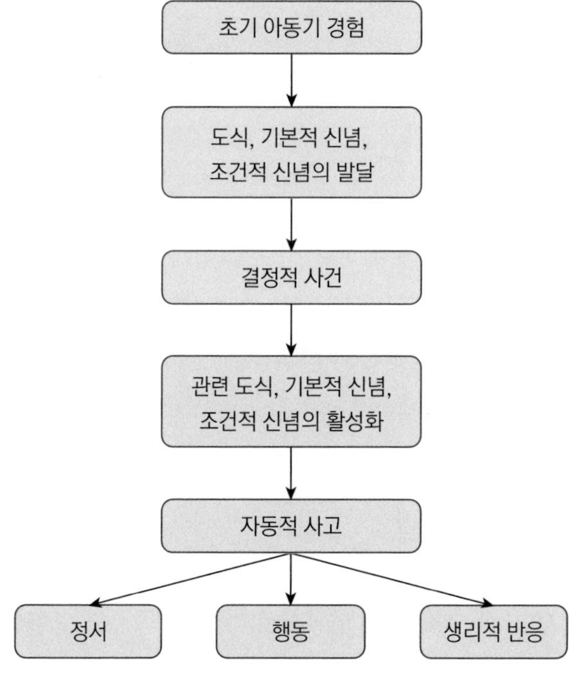

[그림 6-1] 인지행동주의에서의 인지적 도식 발달 및 자동적 사고

출처: Liese (1994), Sharf (2013)에서 재인용.

1) Beck의 인지치료 절차

1단계: 개인은 자신의 자동적 사고를 인식하는 것을 학습한다. 대개 자동적 사고는 역기능적이거나 비효과적이다.

2단계: 1단계에서 탐지한 부정적 사고가 자신의 정서와 행동과 관련되어 있음을 학습한다.

3단계: 자신의 왜곡된 자동적 사고의 증거와 그 반대되는 증거를 살펴보고 대조하는 것을 학습한다.

4단계: 왜곡된 자동적 사고를 좀 더 정확하고 현실적인 사고로 전환하는 훈련을 한다.

5단계: 좀 더 심화된 단계로, 경험을 왜곡되게 해석하도록 하는 기본적 가정을 파악하고 이를 변화시키는 것을 학습한다.

2. 인지적 왜곡

어린 시절부터의 경험을 통해 형성된 도식이나 기본적 가정, 주요 신념 등은 현실의 경험을 왜곡시키는 역할을 할 수 있다. 사람들의 사고과정에서 흔히 사용되는 인지적 왜곡은 다음과 같다(Burns, 1999; DeRubeis, Tang, & Beck, 2001; Freeman, 1987).

1) 인지적 왜곡의 종류

- **이분법적 사고(all or nothing thinking):** 이분법적 사고는 완벽하지 않으면 아무런 의미가 없다고 생각하는 극단적 사고다. 학자에 따라 양자택일적 사고라고 불리기도 한다(예를 들어, "전교 1등을 하지 않으면 나는 실패자다.").

- **과잉일반화**(overgeneralization): 과잉일반화는 소수의 사례를 가지고 일반적 신념이나 원칙을 형성하는 것을 말한다(예를 들어, "여자친구도 떠나고 친구도 떠났으니 어떤 사람도 나와 함께하지 않을 거야.").
- **선택적 추상화**(selective abstraction): 선택적 추상화는 자신의 경험 중 특정 정보(대개 부정적인 사건)에만 주의를 기울여 전체를 해석하는 것을 말한다(예를 들어, "내가 발표를 하는 도중에 A가 웃는 걸 보니 역시 나는 발표를 못해.").
- **파국화**(catastrophizing): 파국화는 특정 사건의 영향을 극단적으로 부정적으로 예측하면서 두려워하는 것을 말한다(예를 들어, "그녀가 날 떠난다면 내 인생은 아무 의미도 없고 끝장이야.").
- **개인화**(personalization): 개인화는 자신과 관계없는 사건을 자신과 연결시켜서 생각하는 것을 말한다(예를 들어, "내가 갈 때마다 가게 문이 닫혀 있어.").
- **독심술**(mind reading): 독심술은 상대방이 어떤 생각을 하는지 안다고 믿는 것이다(예를 들어, "영화 보자는 내 제안을 거절한 걸 봐서 그 친구는 며칠 전 내가 늦은 것에 화가 났고, 그래서 나를 싫어하고 있는 게 틀림없어.").
- **낙인찍기**(labeling and mislabeling): 낙인찍기는 자신의 오류나 실수를 자신의 안정적이면서도 부정적인 정체성에 귀인하면서 자기비하를 하는 것을 말한다(예를 들어, "발표 때 이렇게 떨다니… 역시 나는 실패자야.").
- **당위적 진술**('should' and 'must' statements): 개인이 바람직하다고 혹은 의무라고 느끼는 비합리적 사고를 말한다(예를 들어, "사람들은 나를 좋아해야만 해.").

3. 코칭에서의 인지행동주의

인지행동주의는 코칭에 적용하기에 매우 적합한 이론이다. 이는 코칭이 기본적으로 정서보다는 인지적 대화를 통해 고객이 목표를 달성하도록 돕는 것이기 때문이다. 따라서 코치는 인지를 변화시키는 다양한 기법과 이론을 포괄하는 인지행동주의를 숙지할 필요가 있다. 여기서는 인지행동주의에 기반을 둔 코칭에서 사용할 수 있는 도구 및 모델과 그 적용을 소개하기로 한다.

1) PRACTICE 모델(Palmer, 2007)

PRACTICE 모델은 인지행동주의이론에 기반한 문제해결 중심 모델이며, 코칭을 진행하는 특정 단계, 특히 대안 형성 및 실천의 단계에서 적용할 수 있다. 〈표 6-1〉에 PRACTICE 모델 코칭의 진행 과정이 제시되어 있다.

표 6-1 인지행동주의에 기반한 PRACTICE 모델 코칭

단계	질문/행동
1. 문제 파악하기 (Problem identification)	- 어떤 것이 문제인가? - 어떤 것을 바꾸고 싶은가? - 그것이 문제가 되지 않았던 예외적인 경우는 언제인가? - 어떤 왜곡이나 다르게 볼 여지가 있는가?
2. 현실적인 관련 목표 개발하기 (Realistic, relevant goals developed)	- 당신은 무엇을 달성하고 싶은가?
3. 대안 선택지 생성하기 (Alternative solutions generated)	- 당신의 선택지는 무엇인가?
4. 결과 고려하기 (Consideration of consequences)	- 어떤 일이 발생할 수 있는가? - 각 해결방법은 얼마나 유용한가?(10점 척도 평정)
5. 대안 선택하기 (Target most feasible solutions)	- 가장 현실적인 대안은 무엇인가?
6. 실행하기 (Implementation of Chosen solutions)	- 가서 실행하라.

7. 평가하기 (Evaluation)	- 그것은 얼마나 성공적이었나?(10점 척도 평정) - 무엇을 배웠는가? - 지금 코칭을 종료해도 되는가?

출처: Palmer (2007).

2) SPACE 모델(Edgerton & Palmer, 2005)

SPACE 모델은 사회적 맥락(Social context), 생리적 반응(Physiological reaction), 행동(Action), 인지(Cognition), 감정(Emotion)의 알파벳 첫글자를 조합하여 명명되었다. SPACE 모델은 코칭 모델이라기보다는 코칭에서 고객이 자신의 상태를 파악하는 데 사용될 수 있는 좋은 도구다. 예를 들면, 직장 면접(Social context)을 보러 가는 사람은 면접이 어려울 것이라고 인식할 수 있다(Cognition/appraisal). 이러한 부정적 평가는 불안을 촉발시킬 수 있고(Emotion), 불안에 대한 신체적 반응으로 땀을 흘리거나 신체적 긴장이 증가하며(Physiological reaction), 대기실에서 안절부절못하는 모습을 보일 수 있다(Action; Palmer & Szymanska, 2008).

(1) SPACE 모델을 사용한 인지행동주의 코칭의 예(Palmer & Szymanska, 2008 변형)

피코치는 최근 승진을 앞두고 있으나 승진 예정 자리는 매달 사장단 앞에서 프레젠테이션을 하는 것이 중요한 업무 중 하나였다. 피코치는 사장단 앞에서 프레젠테이션을 하는 것이 걱정이 되어 코칭을 받기로 하였다.

코치는 피코치의 초기 진술을 들은 후 프레젠테이션 능력이 부족하거나 이에 대한 효능감이 낮은 것이 문제가 아니라는 것을 파악하였으며, 이에 피코치와 함께 SPACE 도식을 [그림 6-2]와 같이 작성하였다. 피코치는 SPACE 모델을 통해 현재 상황과 관련되어 나타나는 자신의 모습을 이해할 수 있었지만 그 이면에 존재하는 신념은 쉽게 파악되지 않았다. 다음은 상황과 관련된 개인의 신념을 파악하기 위한 진행과정이다.

코치: 저는 선생님이 프레젠테이션에 대한 스트레스를 느낄 때 아마도 이와 관련된 어떤 또 다른 생각이 마음속에 떠오르지 않을까 하는 생각이 듭니다. 그 생각이 무엇인지를 우리가 발견하고, 우리가 정확한 이슈에 집중하고 있는지를 파악하는 것은 매우 유용할 것입니다. 우리가 이런 정보를 파악하기 위해 제가 몇 가지 질문을 드려도 될까요?

피코치: 좋습니다.

코치: 일단 새로운 직무를 시작했다고 가정하면 사장단 앞에서 프레젠테이션을 하는 것에 대해 어떤 감정이 느껴지십니까? **(감정 명료화하기)**

피코치: 매우 불안해요.

코치: 자, 그럼 선생님이 사장단 앞에서 프레젠테이션을 시작했다고 가정해 봅시다. 어떤 것에 대해 불안하십니까? **(변화가 필요한 관련 정서에 집중하기)**

피코치: 나는 망칠 거야.

코치: 네, 그럼 선생님이 발표를 망친 순간을 가정해 봅시다. 눈을 감고 발표를 망친 상황을 상상하면 좀 더 도움이 될 것 같습니다. 상상이 되시나요? **(피코치가 이슈가 되는 상황에 대해 생각할 수 있도록)**

피코치: 네.

코치: 자, 그럼 당신은 지금 어떤 것에 대해 걱정하고 있습니까?

피코치: 그들은 나를 쓸모없다고 생각할 것이다?

코치: 만일 그들이 선생님이 쓸모없다고 생각한다면, 그다음에는 무슨 생각이 들죠?

피코치: 저는 제 일자리가 위험하다고 생각할 것 같네요.

코치: 선생님 일자리가 위험해진 순간을 가정해 봅시다. 선생님은 무엇에 대해 걱정을 하고 있습니까?

피코치: 재정적인 영향이 가장 큰데, 제가 최대한도까지 대출을 받은 상태라서 전 모든 걸 잃을 수 있어요.

코치: 이와 관련되어 또 다른 생각이 떠오르는 것이 있나요?

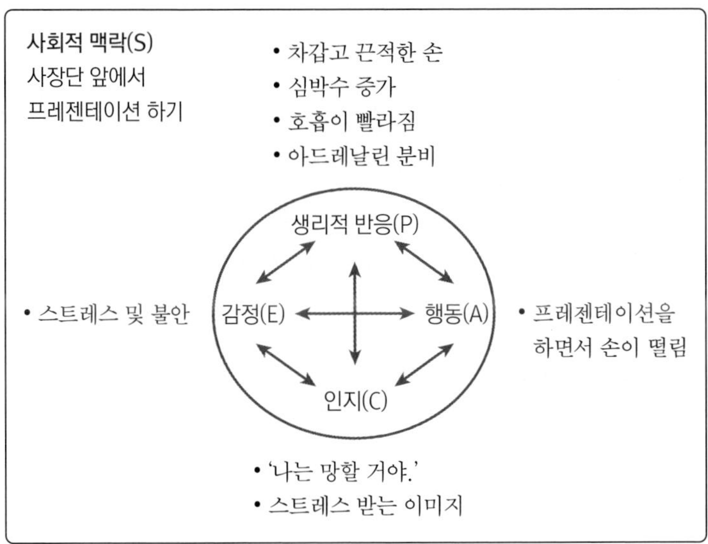

[그림 6-2] SPACE 모델

출처: Palmer & Szymanska (2008) 변형.

피코치: 아니오.

코치: 제가 선생님이 말씀하신 걸 좀 정리해 보겠습니다. (코치는 화이트보드에 적기 시작한다)

선생님은 다음과 같은 이유로 불안합니다.

- '나는 망칠 거야.'
- '그들은 나를 쓸모없다고 생각할 거야.'
- '나의 일자리가 위험해질 수 있어.'
- '재정적인 문제가 심각해질 수 있어.'
- '난 모든 걸 잃을 수 있어.'

선생님이 사장단 앞에서 프레젠테이션을 하는 것에 대해 걱정한다고 할 때, 앞의 다섯 가지 중 선생님이 가장 걱정하는 것은 무엇입니까?

피코치: 솔직히 제가 모든 걸 잃을 것이라고는 생각하지 않아요. 저는 과거에도 힘든 때가 있었고, 제 친구들에게도 그런 시간이 있었어요. 그렇다고 우리가 모든 걸 잃지는 않았죠. 저는 이 일을 정말 원하고, 일단 얻게 되면 계속 유지하고 싶어요. 상당 기간 저는 여기에 집중해 왔어요. 제 생각에는 제 일이 위험해지는 것에 가장 스트레스를 받는 것 같아요.

코치: 자, 우리가 핵심적인 'A' 또는 프레젠테이션과 관련해서 선생님이 가장 걱정하는 것을 찾은 것 같습니다. 선생님이 이에 대해 어떤 신념을 가지고 있는지를 찾아봅시다. 마음속으로 선생님이 프레젠테이션을 망치고 이로 인해서 직업이 위험해진 상태를 상상해 보시겠어요? (**직관적 사고를 파악하기 위해 심상 이용**)

피코치: 네.

코치: 선생님 직업이 위험해진 것을 상상할 때 마음속에 어떤 생각이 듭니까?

피코치: 이 일자리를 잃어서는 안 돼.

코치: 그리고 만약 잃는다면?

피코치: 그건 끔찍한 일이다. 그들은 나에 대해 안 좋게 생각할 거야.

코치: 실제로 그들은 선생님에 대해 어떻게 생각할 거라고 생각하십니까?

피코치: 나는 완전히 쓸모없다?

코치: 선생님은 그들의 의견에 동의하시나요?

피코치: 그렇죠!

코치: '나는 완전히 쓸모없다'라는 생각은 선생님의 프레젠테이션 기술 부족과 연관된 것입니까? 아니면 그 자리의 새로운 역할에 대한 것입니까? (**명료화 질문**)

피코치: 둘 다죠. 하지만 그들이 그 자리에 있는 나를 어떻게 볼 것인지가 중요하죠.

코치: 좋습니다. 그럼 스트레스를 유발하는 핵심 신념은 다음과 같군요. (화이트보드에 기록한다.)

- '나는 이 일자리를 잃어서는 안 돼.'
- '그건 끔찍한 일이다!'
- '나는 완전히 쓸모없어.'

만약 선생님이 이러한 신념들을 계속 가지고 계시면 스트레스를 받을까요, 아니면 편안해질까요? (생각과 느낌 간의 관계를 강조하기)

피코치: 스트레스를 받겠죠.

코치: 이것은 선생님의 프레젠테이션을 방해합니까? 아니면 도움이 됩니까? (그 일을 잃는다는 두려움과 피코치가 행동하는 방식 간의 관계를 강조하기 위한 질문)

피코치: 상황을 훨씬 나쁘게 만들겠죠.

코치: 선생님은 스트레스를 받는 것과 관련하여 선생님이 할 수 있는 것을 제안한다면 어떤 것이 있을까요? (해결방법을 찾는 질문)

피코치: 제가 그 일을 맡지 않을 수도 있겠고요. 프레젠테이션을 피할 수도 있겠지만 그건 불가능할 것 같고요. 아마도 제가 생각을 바꾸는 것도 있겠네요.

코치: 선생님은 이 일을 계속 하고 싶다고 하셨는데, 그렇다면 어떤 방법을 쓰는 게 좋을까요?

피코치: 제 생각을 바꾸는 거요.

이후 다양한 과제와 지속적인 대화를 통해 상기 대화에서 파악된 신념들을 논박하고, 적응적인 대안 사고를 개발하는 과정이 코칭을 통해 진행되어야 한다.

이 장의 요약

☑ 인지행동주의는 내적 갈등이든 외적 자극이든 이들은 생각이라는 인지적 과정을 통해서 행동에 영향을 미친다고 가정한다.

☑ 개인은 발달 과정에서 자신만의 인지적 도식을 발전시키며, 이러한 개인의 도식이나 신념과 관련되어 특정 상황에서 자동적으로 나타나는 생각을 자동적 사고라고 한다.

☑ 인지치료는 자동적 사고 및 기본적 가정을 수정하여 정서와 행동을 바꾸는 것이다.

☑ 현실의 경험을 왜곡시키는 인지적 왜곡에는 다양한 종류가 있다.

☑ 코칭은 사고 중심적 진행을 기본으로 하고 있기에 사고를 수정하는 인지행동적 접근을 코칭에서 사용하는 것은 자연스럽고 유용하다.

건강한 삶: 긍정심리학 관점

1. 긍정심리학의 시작

앞서 살펴본 전통적 관점은 인간의 역기능 혹은 부정적 상태에 초점을 두고 이를 이해하고 개선시키기 위해 발전된 이론들이다. 긍정심리학은 인간의 부정적 심리에 초점을 두었던 기존 심리학과는 반대로 인간의 긍정적 심리에 연구와 실무적 초점을 두어야 한다는 주장을 바탕으로 시작되었으며, 현재까지 인간의 긍정적인 심리가 무엇인가에 대한 연구가 주로 많이 수행되었다. 긍정심리적 관점은 인간의 성장 능력과 잠재력에 주목한다는 점에서 기존 심리학 이론 중 인본주의와 유사한 면이 있다. 그러나 인본주의 이론 역시 인간의 성장 욕구에 기반하여 부정적인 상태를 변화시키는 것을 목적으로 한다는 점에서는 기존의 전통적 심리학과 맥을 같이한다. 이에 반해 긍정심리학은 인간의 긍정적인 상태 자체에 대한 연구가 핵심이다.

1998년 당시 미국심리학회 회장이었던 Martin Seligman은 긍정심리학의 시대가 도래했음을 선포하였으며, 당시 활발한 연구가 이루어지고 있던

Mihaly Csikszentmihalyi의 몰입 연구, Ed Diener 중심의 주관적 안녕감 연구, Christopher Peterson의 강점과 덕목 연구의 세 가지 연구주제가 긍정심리학의 중요한 이론적 축이 되었다. Seligman과 Csikszentmihalyi(2000)는 긍정심리학의 차원을 세 가지로 제시하였는데, 첫째는 주관적 수준이다. 주관적 수준에 대한 연구는 개인이 주관적으로 경험하는 긍정적인 상태(positive state)에 대한 것으로, 행복, 주관적 만족감, 낙관주의, 희망, 웃음 등이 여기에 해당한다. 둘째는 개인적 수준이다. 이는 일시적인 긍정 상태가 아닌 비교적 오랫동안 지속되는 개인의 긍정적 특성(positive trait)에 대한 것으로, 주로 강점에 대한 연구가 여기에 해당되며, 나아가 탁월성 욕구나 창의성 등도 연구 대상이 된다. 마지막은 집단 혹은 사회적 수준이다. 이는 인간을 긍정적인 상태로 만들거나 긍정적 특성이 배양되고 발휘될 수 있는 집단, 조직, 기관, 사회(positive institutions)의 특성에 대한 연구라고 할 수 있다.

여기서는 사람들의 웰빙과 수행 및 잠재력 발휘라는 코칭의 궁극적인 목표를 달성하기 위해 코칭심리학자가 필수적으로 알고 있어야 할 행복에 대한 과학적 연구 결과와 강점에 대해서 다루기로 한다.

2. 행복

1) 행복한 삶이란 무엇인가

Seligman은 긍정심리학 초기인 2000년대 초반에 사람들이 생각하는 행복한 삶은 크게 세 가지, 즉 즐거운 삶(pleasant life), 관여된 삶(engaged life), 의미 있는 삶(meaningful life)으로 분류할 수 있다고 그의 연구 결과를 통해 밝혔다(Seligman, 2002; Seligman, Rashid, & Parks, 2006). 즐거운 삶이란 흔히 말하는 행복감과 만족감이라는 긍정 정서나 혹은 쾌락을 많이 느끼는 삶을 의미하며, 흔히 보통 사람들이 생각하는 행복이라는 개념과 가장 유사한 삶이다. 두 번째 관여된 삶이란 주로 Csikszentmihalyi의 몰입(flow)의 경험을 중심으로 하는 삶이며, 자신의 재능 및 강점과 관련된 활동과 표현에 적극적으로 관여하는 삶을 말한다. 마지막으로, 의미 있는 삶은 '자기 자신보다 더 큰 무엇인가'에 관여하는 삶으로, 대개는 타인과 지역사회, 국가, 인류의 이익을 위한 활동에 관여하는 삶을 의미한다. 이후에 Seligman은 2011년 그 동안의 심리학 연구 결과들을 반영하여 웰빙의 요소로 상기한 세 가지 이외에 관계(relationships)와 성취(accomplishment)를 추가한 PERMA 모델을 제시하였다(Positive emotion, Engagement, Relationships, Meaning, Accomplishment).

Seligman이 제시한 행복의 세 가지 차원은 마치 어떤 한 사람이 한 가지 유형의 삶을 추구하는 배타적인 개념처럼 보일 수 있으나, 이 세 가지 유형은 배타적이기보다는 행복의 원천으로서 어떤 한 사람이 세 가지 원천 모두에서 행복을 느낄 수 있는 것으로 이해하는 것이 바람직하다. 실제로 Seligman을 비롯한 행복 증진 프로그램이나 긍정 심리치료 등을 연구한 연구자들이 디자인한 개입방법은 대개 상기한 세 가지의 행복의 원천이 구현되는 활동으로 구성되어 있다. 따라서 대부분의 사람은 세 가지 모두 혹은 두 가지 이상의 원천에서 행복감을 느끼게 된다.

많은 사람이 행복으로 느끼고 추구하는 즐거운 삶에 대해서는 좀 더 정확한 이해가 필요하다. 즐거운 삶은 쾌(快)를 추구하는 삶으로, 대개 인간이 본능적으로 추구하는 생물학적 욕구나 사회적 욕구가 충족될 때 느끼는 긍정 정서 상태를 의미한다(Csikszentmihalyi, 1990). 대부분의 사람이 돈과 권력 혹은 지위를 추구하는 것은 근본적으로 돈과 권력이 인간에게 식욕, 성욕과 같은 생물학적 욕구와 사회적 인정, 인기, 칭찬, 명예 등과 같은 사회적 욕구 충족과 연합되어 있기 때문이다. 따라서 즐거운 삶은 사람들이 느끼는 행복의 상당 부분을 차지하고 있지만, 긍정 정서 중심의 쾌락을 행복으로 보기에는 분명한 한계가 존재한다.

긍정 정서로 주로 측정되는 즐거운 삶을 추구하는 것의 가장 큰 문제는 쾌락에는 내성(tolerance)이 존재한다는 것이다. 즉, 쾌감을 주는 자극을 반복적으로 접하면 인간은 동일한 쾌감을 느끼기 위해서 이전보다 점점 더 높은 수준의 자극을 필요로 한다. 예를 들면, 예전에는 소주 한 잔에 10의 쾌감을 느꼈다면, 소주를 계속 마시다 보면 내성이 증가하여 10의 쾌감을 느끼기 위해서는 세 잔, 한 병 등으로 점점 더 많은 소주를 먹어야 하는 중독이 대표적인 현상이다. 삶에서 긍정 정서나 행복감을 느끼는 것도 마찬가지이어서 인간은 새로운 변화가 와도 그 상황에 적응(adaptation)하여 다시 중립적인 상태로 회귀하는 경향이 있다(Brickman & Cambell, 1971). 직장에서도 '신혼숙취효과(honeymoon-hangover effect)가 존재하는데, Boswell과 동료들(2009)은 이직을 한 사람들을 대상으로 이전 직장에 대한 만족도와 함께 현재 직장 재직 3개월, 6개월, 1년 시점에 직무만족도를 조사하였다. 연구 결과에 의하면, 이직 후 3개월에 만족도가 가장 높았고, 그 후부터는 점차 하락하여 결국은 이전 직장에서의 직무만족도 수준으로 돌아가는 것으로 나타났다. 이처럼 만족감이나 행복감으로 경험되는 즐거운 삶을 추구하는 사람은 굴러 떨어질 돌을 끊임없이 밀어 올리는 시지프스와 같아서 현실에서는 결코 달성할 수 없는 목표를 추구하는 것이라고 할 수 있다.

직무만족도의 신혼숙취효과를 발견한 Boswell과 동료들은 직무만족도에 일종의 기준점(set point)이 존재한다고 하였는데, 이러한 기준점은 개인마다 다르다는 점에서 우리는 기준점을 결정하는 유전적 소인이 개인에게 존재할 가능성을 유추할 수 있다. 실제로 주관적 안녕감 역시 유전적 소인이 존재하는 것으로 밝혀지고 있으며(Lyubomirsky, King, & Diener, 2005; Nes, Røysamb, Tambs, Harris, & Reichborn-Kjennerud, 2006; Weiss, Bates, & Luciano, 2008), 주관적 안녕감에도 행복 기준점이 존재한다(Lykken & Tellegen, 1996). 주관적 안녕감에 대한 선행 연구들에서는 행복 기준점이 유전적 소인에 의해 결정되며, 행복의 50%를 결정한다고 밝혔다(Lyubomirsky et al., 2005; Nes et al., 2006). Weiss와 동료들(2008) 역시 쌍둥이들을 대상으로 한 연구를 통해 행복은 유전적 소인을 통해 5요인(Big Five) 성격과 관련되어 있다고 밝혔다. 이는 개인이 어떤 유전적 특징을 지녔는가에 따라 개인의 행복 기준점은 이미 결정된다는 것을 의미하며, 나머지 50% 정도가 후천적인 요인임을 의미한다. Lyubomirsky와 동료들(2005)은 [그림 7-1]에 제시된 바와 같이 행복은 50%는 유전적 요인이 결정하지만 10%는 우리를 둘러싼 환경이, 그리고 나머지 40%는 개인이 어떤 활동을 선택하고 결정하는가와 관련되어 있다고 하여 후천적 요인을 환경과 개인의 선택적 활동으로 구분하였다.

결론적으로 행복에 대한 연구들에서는 개인의 행복도는 상당 부분이 이미 선천적으로 결정되므로 주관적 안녕감으로 평가되는 행복에 과도하게 집착하거나 환상적인 목표를 잡는 것은 적절하지 못하다는 것을 보여 준다. 심지어 최근 연구에는 행복에 집착하는 사람들일수록 우울해지기 쉽다고 밝혔다(Kahriz, Bower, Glover, & Vogt, 2019). 이는 일반 사람들이 생각하는 행복이라는 것이 대부분 정서적 경험으로 정의되고 있기 때문일 수 있다. 그러나 행복의 약 40~50% 정도는 우리의 노력으로 변화가 가능한 부분이므로 과도하게 비관적일 필요도 없으며, 관계, 의미, 성취, 관여 등과 관련된 행복 증진을 위한 꾸준한 노력은 긍정적인 영향을 줄 수 있음을 기억해야 할 필요가 있다.

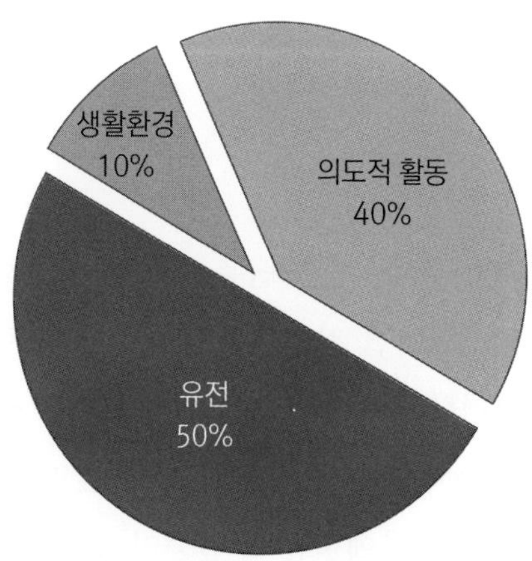

[그림 7-1] 행복을 결정하는 요인

출처: Lyubomirsky et al. (2005).

2) 행복에 영향을 미치는 인구통계학적 요인들

상기한 Lyubomirsky와 동료들(2005)의 연구에서 나타나 있듯이 생활환경적 요인이 행복에서 차지하는 부분은 그리 크지 않다. 여기서 환경적 요인은 성별, 연령, 수입 등과 같은 인구통계학적 변인을 의미하는 것으로, 많은 연구에서 일반 사람들의 생각과는 달리 인구통계학적 요인이 행복에 미치는 영향은 그리 크지 않다는 것을 보여 주었다. 이를 '웰빙의 역설'(Mroczek & Kolarz, 1998)이라고도 하는데, 이는 웰빙, 즉 사람들이 흔히 '잘 산다'고 생각하는 상태가 실제로는 행복에 그다지 크게 영향을 미치지 못한다는 것이다. 생활환경, 즉 인구통계학적인 특징을 모두 투입하여 분석하였을 때에도 개인의 행복 수준의 차이를 8~20% 정도만 설명하였다(Argyle, 1999; Diener, 1984; Diener, Sandvik, Seidlitz, & Diener, 1993; Diener, Suh, Lucas, & Smith, 1999). 한국인을 대상으로 한 연구에서는 설명량이 더욱 적었는데, 구재선과 서은국(2011)의 연구에서는 약 3%에 불과하였다. 그럼에도 사람들은 일반적으로 여전히 생활환경적 특징이 행복을 결정하는 것으로 인식하고 있으므로 코치는 각 인구학적 특성과 행복 간의 관계를 이해하고 있을 필요가 있다. 여기서는 대표적인 인구통계학적 변인인 연령, 성별, 경제적 수준, 결혼에 대해서만 기술하기로 한다.

(1) 연령

일반적으로 사람들은 청년층이 노년층보다 더 행복할 것이다, 즉, 연령이 증가할수록 행복도는 떨어질 것이라고 생각한다. 연령과 행복 간의 관계에 대한 연구에서는 이러한 일반적인 선입견과는 다소 다른 결과를 보여 준다. 노년층의 행복도는 청년층이 생각한 것보다 높았으며(Borges & Dutton, 1976), 오히려 기존 몇몇 연구에서는 노인층이 청년층보다 만족도나 행복도가 높다는 것을 밝혔다(Argyle, 1999). 주요 선진국을 대상으로 한 최근 연구들에서도 삶의 만족도가 40~50세에서 가장 낮아지고, 이후 60세 이후까지 점차 상승하다가 75세부터 약간 감소하는 U자형 패턴을 보였다(Frijters & Beatton, 2012).

그러나 한국을 대상으로 한 국내 연구들은 시대에 따라 다소 다른 결과를 보이고 있다. 2005년에 발간된 정명숙의 연구에서는 상기한 해외 연구들과 유사하게 전반적으로 삶의 만족도가 노년층이 가장 높은 것으로 나타나 이러한 연구 결과들을 지지하였다. 그러나 최근 연구에서는 한국에서 연령이 증가할수록 삶의 만족도가 떨어지는 것으로 나타났다. [그림 7-2]는 김성아와 정해식(2019)이 한국보건사회연구원에서 실시한 2017년 데이터를 기반으로 제시한 한국인의 연령에 따른 삶의 만족도 결과다. [그림 7-2]를 살펴보면, 독일 등의 국가는 기존의 연구들과 마찬가지로 퍼진 U자형을 보이고 있

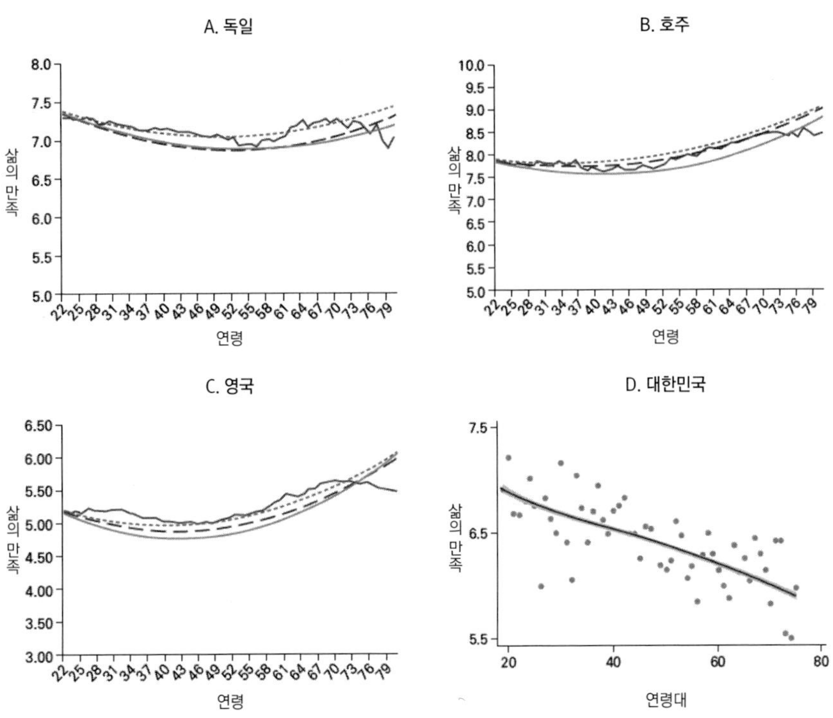

[그림 7-2] 주요국과 한국의 연령별 삶의 만족 수준

출처: 김성아, 정해식(2019).

으나 한국의 경우에는 연령이 증가하면서 삶의 만족도가 상당히 가파르게 떨어진다는 것을 알 수 있다. 이러한 결과는 2010년도에 출간된 서은국 등(2010)의 연구에서도 나타났는데, 해당 연구에서도 60세 이상 노인의 행복지수가 가장 낮은 것으로 나타났다.

일반적으로 행복 수준이 연령과 관계없이 일관되거나 혹은 노년층이 약간 높은 이유는 행복의 원천과 정서 조절의 차이, 긍정 및 부정 정서의 빈도와 강도의 차이 등을 들 수 있다. 즉, 청년층과 노년층은 서로 다른 영역에서 만족감을 느끼며(Herzog, Rogers, & Woodworth, 1982), 나이가 들어가면서 사람들은 사건이나 자극에 대한 정서적 반응성이 작아지고, 이를 조절할 수 있는 나름의 전략을 개발하기 때문에 초고령 집단을 제외하고는 노년층이 오히려 행복도가 높을 수 있다. 그러나 최근 한국인의 노년층 행복도가 낮다는 것은 상기한 바와 같은 노년층의 심리적 이득을 압도적으로 상쇄해 버리는 사회문화적·환경적 요인이 2010년도 이후에 발생했다는 것을 의미한다. 따라서 이러한 현상을 정확하게 이해하기 위해서는 심리학 이외의 다양한 분야의 연구가 필요하다.

(2) 성별

성별과 행복 간의 관계에 대한 연구들은 연구마다 약간의 차이는 있으나 성별 간 행복도의 차이는 거의 없으며, 행복에 대한 예측력도 약 1% 정도로 미미한 수준이다(Nolen-Hoeksema & Rusting, 1999). 그러나 실제 정서적 경험에서는 성별의 차이가 분명히 존재한다. 연구들은 여성이 남성에 비해 긍정 정서(Fujita, Diener, & Sandvick, 1991; Lee, Seccombe, & Shehan, 1991), 부정 정서(Nolen-Hoeksema, 1995; Nolen-Hoeksema & Rusting, 1999)를 모두 더 많이 경험한다는 것을 밝혔다. 한편, 성장지향적 관점에서는 여성이 남성보다 타인과의 긍정적 관계와 개인의 성장에서 더 높은 점수를 보이는 것으로 나타났다(Ryff & Singer, 2000, 2002).

상기 연구 결과들은 정서적 반응성이 높은 여성은 부정 정서를 많이 느낄 수도 있으나 동시에 이러한 정서성이 긍정 정서 역시 많이 느끼고, 타인과의 관계에서 강점으로 작용할 수 있어 행복에 긍정적인 영향을 미친다는 것을 보여 준다. 결론적으로 여성과 남성이 각각 삶의 영역에서 느끼는 행복도가 서로 다르고 이것이 상쇄되어 결과적으로는 성별 간 행복도의 차이가 거의 나타나지 않는다고 볼 수 있다.

(3) 경제적 수준

경제적 수준과 행복 간의 관계는 쉽게 결론을 내리기가 어렵다. 먼저 국가 간 비교와 국가 내 비교 결과가 다소 차이가 있는데, 국가 간 비교 연구들에서는 평균 수입과 주관적 만족감 간의 상관관계는 0.50에서 0.70 사이로, 상당히 높다는 것을 밝히고 있다(Diener & Biswas-Diener, 2002; Diener, Diener, & Diener, 1995). 즉, 가난한 국가보다는 부유한 국가의 국민들이 더 높은 주관적 만족감을 보였다.

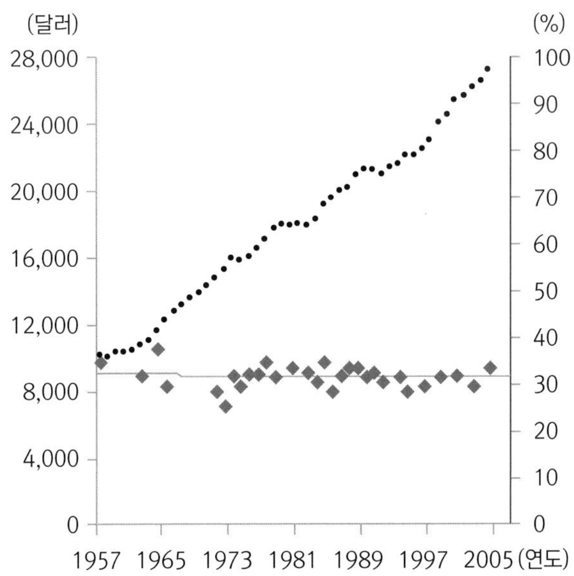

[그림 7-3] 미국인의 시대별 개인 소득과 행복 비율의 변화

출처: Meyers (2007).

이러한 국가 간 차이와 달리, 국가 내 소득과 삶의 만족도 간의 상관은 비교적 낮다. 기존 연구들에 의하면, 가난한 국가 내에서의 상관은 0.29에서 0.45 정도로 비교적 높았으나, 부유한 국가에서의 상관은 0.13 정도로 매우 적거나 유의하지 않았다(Biswas-Diener & Diener 2001; Diener & Oishi, 2000). [그림 7-3]을 살펴보면, 미국의 평균 소득은 과거 약 50년 동안 지속적으로 증가하였으나 행복하다고 응답한 사람들의 비율에는 변화가 없다는 것을 알 수 있다. 이후 연구들에서는 전반적으로 소득이 어느 정도 수준까지는 행복에 기여하지만 특정 수준을 넘어가면 소득은 행복에 크게 도움이 되지 않는다는 결과를 제시하였다.

그러나 최근 실시된 연구에서는 다소 다른 결과가 도출되었다. Kahneman과 Deaton(2010)은 미국인들을 대상으로 한 연구에서 삶의 만족도(life evaluation)와 정서적 안녕감(emotional well-being)을 나누어 조사하였는데, 두 변인에 대한 결과는 달랐다. 이 연구의 결과는 [그림 7-4]에 요약되어 있다.

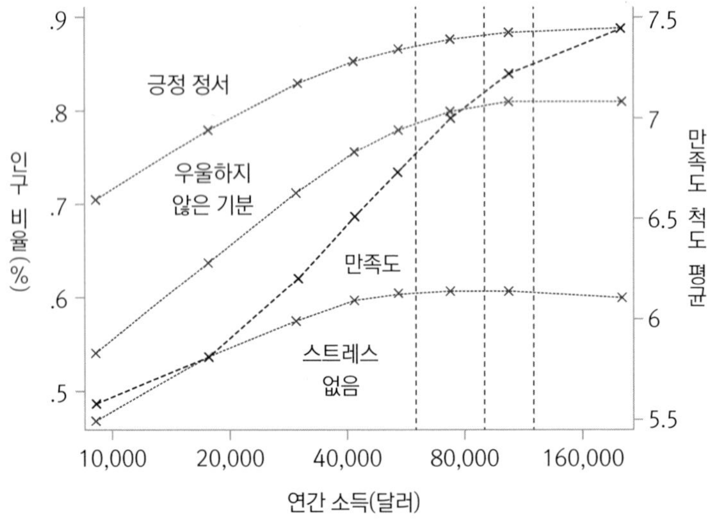

[그림 7-4] 가구당 연간 소득과 행복 및 삶의 만족도 간의 관계

출처: Kahneman & Deaton (2010).

[그림 7-4]를 살펴보면, 정서적 안녕감으로 분류되는 긍정 정서(positive affect), 우울하지 않은 기분(not in blue)에 대해서는 75,000달러 이상이 넘어가면 소득의 영향력은 사라지고, 스트레스와 소득 간의 상관은 약 40,000달러가 넘어가면 사라지는 것을 알 수 있다. 반면에 인지적 평가로 구분되는 삶의 만족도는 전 구간에서 상관이 나타났다. 이러한 결과는 정서적 안녕감은 기존의 연구와 같이 특정 수준을 넘어가면 소득이 영향을 미치지 않는다는 것을 지지하나 인지적 평가에 가까운 삶에 대한 만족도는 고소득 구간에서도 상관이 존재하는 것으로, 기존의 연구 결과와는 다소 배치된다. 이는 행복의 정의를 정서적인 것과 인지적인 것으로 나누어 연구해야 함을 강력하게 시사하는 것이며, 경제적 수준과 행복 간의 정확한 관계는 추가적인 연구가 좀 더 진행될 필요가 있다.

(4) 결혼

결혼은 인구통계학적 변인 중 가장 일관되고 강력하게 행복과 관련되어 있는 변인이다. 결혼생활을 하고 있는 사람들은 그렇지 않은 사람들보다 더 높은 행복감 또는 주관적 안녕감을 보고하며(Argyle, 1987; Berscheid & Reis, 1998; Myers, 2000), 이러한 결과는 미국뿐 아니라 유럽의 대규모 조사에서도 일관되게 확인되었다(Diener et al., 1999).

주관적인 보고뿐 아니라 객관적인 지표에서도 결혼은 인간의 삶에 긍정적인 영향을 미치는 것으로 나타났다. 기존의 연구들에서는 기혼자들은 신체적 · 정신적 건강 문제를 겪을 위험이 더 낮고, 수명도 더 긴 것으로 보고하였다(Burman & Margolin, 1992). 결혼이 행복에 유익하다는 결과에 대한 대안적 해석은 선택효과(selection effect)를 들 수 있다. 즉, 결혼을 해서 사람들이 행복한 것이 아니라 원래 행복한 사람들이 결혼을 할 가능성이 높다는 것이다. 이러한 결과를 지지하는 연구도 있으나(예를 들어, Mastekaasa, 1992), 이후 다양한 방법을 사용한 종단 연구들에서는 선택효과는 미미하며 결혼이 행복도에 긍정적인 영향을 주는 것으로 밝혔다. 특히 최근에 실시된 Grover

와 Helliwell(2019)의 영국인을 대상으로 한 연구에서는 결혼 전 개인의 만족도 수준을 통제하고도 결혼이 삶에 대한 만족감에 긍정적인 영향을 주는 인과관계가 있으며, 이 관계를 부부간의 우정이 매개한다고 밝혔다.

결혼의 긍정적 효과는 남성에게서 좀 더 크게 나타나는 것으로 보인다. 독신 남성보다 독신 여성의 행복도가 더 높지만, 기혼의 경우에는 남성과 여성 모두 비슷하거나 남성이 더 높은 행복도를 보였다(Lee, Seccombe, & Shehan, 1991). 신체적인 건강과 관련해서는 좀 더 재미있는 결과를 보이는데, 남성은 결혼의 질과 관계없이 기혼자가 미혼자보다 감염성 질환에 덜 걸리고 수명이 길었지만, 여성의 경우에는 원만한 결혼생활을 하는 경우에만 신체적 건강이 증진되었다(Burman & Margolin, 1992). 다만, 최근에는 결혼의 영향이 점차 감소하고 성별의 차이도 줄어들고 있을 가능성이 있으므로 이에 대한 지속적인 연구가 필요하다.

3) 행복에 영향을 미치는 심리적 요인들

상기한 바와 같이 행복에 미치는 영향은 심리적 혹은 성격적 요인이 인구학적 요인보다 훨씬 크고 유전적 영향을 좀 더 많이 받는다. Meehl(1975)은 "어떤 사람은 다른 사람보다 세 잔 덜 먹도록 태어난다."라며 쾌락주의의 역량이 사람마다 다르다고 지적하였는데, 이는 행복도에 미치는 유전적 영향을 강조하는 것이다. 여기서는 일반적으로 심리학에서 연구되는 주요 심리적 구인과 행복도와의 관계를 간략하게 살펴보도록 한다.

(1) 낙관주의

Peterson(2000)은 낙관주의(optimism)는 다양한 방식으로 관찰될 수 있다고 하였다. 실제로 낙관주의와 관련한 연구의 관점과 개념은 상당히 다양하다. 〈표 7-1〉에 코치가 숙지하고 있어야 할 낙관주의와 관련된 개념들을 정리하였다.

기질적 낙관주의가 미치는 긍정적인 효과에 대한 가장 대표적인 연구는 수녀를 대상으로 한 연구다(Danner, Snowdon, & Friesen, 2001). 이 연구에서는 수녀 입문 초기에 작성한 서약서에 긍정성이 높게 나타난 수녀가 그렇지 않은 수녀보다 평균적으로 10년 더 오래 사는 것으로 나타났다. 아울러 30년간 환자를 추적한 연구에서도 낙관주의와 수명 간의 관계는 유의하였다(Maruta, Colligan, Malinchoe, & Offord, 2000). 따라서 낙관주의가 높은 사람이 장수하는 경향은 비교적 분명한 것으로 보인다.

방어적 비관주의는 긍정심리학의 주된 흐름에서 다소 벗어난 개념으로, 부정적인 사고가 때로는 좋은 결과를 가져온다는 것이다. 방어적 비관주의는 대개 불안이 높고 내성적인 사람들에게서 주로 발견되며, 이러한 사람들

표 7-1 낙관주의와 관련된 개념들

개념	정의
기질적 낙관주의 (dispositional optimism)	미래에 좋은 일은 많이 일어나고, 나쁜 일은 별로 일어나지 않을 것이라는 전반적인 기대(Scheier & Carver, 1992)
낙관적 설명방식	부정적인 사건을 설명할 때 자신에게 유리한 방식으로 설명하는 특징적 방식(Peterson, 2000; Peterson & Villanova, 1988)
희망	자신의 행동과 노력으로 목표를 성취할 수 있다는 믿음으로, 의지력과 관련된 요소(Snyder, 1994)
방어적 비관주의 (defensive pessimism)	잠재적 실패에 대한 불안을 성공적 성취로 이어지도록 하는 부정적 사고(Norem & Cantor, 1986)
비현실적 낙관주의	현실적 낙관주의의 반대로, 현실과 동떨어진 정직하지 않은 낙관주의(Schneider, 2001)
긍정 착각 (positive illusion)	자신이나 미래를 객관적인 가능성보다 상당히 긍정적으로 바라보는 보통 사람들의 편향(Taylor & Brown, 1988)
우울 현실주의 (depressive realism)	약간 우울한 사람들이 우울하지 않은 사람들에 비해 자신과 삶에 대해 더 정확한 판단을 내리는 현상. '더 슬프지만 더 현명한 효과' (Taylor, 1989)

은 수행과 관련된 미래 상황을 비관적으로 보기 때문에 더욱 열심히 노력하고, 따라서 결국 높은 수행을 보이게 된다. Norem(2002)은 그의 책에서 방어적 비관주의를 측정하는 문항들을 제시하였는데, 예를 들면 "잘될 것이라고 알고 있을지라도, 나는 최악을 예상하고 그 상황에 들어간다." "이런 상황 중 하나가 발생할 것에 관해 대비하는 데 많은 시간을 보낸다." 등이다. Norem이 제시한 문항들을 살펴보면, 방어적 비관주의는 일이나 수행을 할 때 예측 불가능하거나 자신이 모르는 부분이 작용할 수 있다는 대안적 사고가 활성화된 사람들로, 비교적 낮은 확률의 위험성을 보통 사람들보다 높게 지각하여 결과적으로는 상황에 대해 완벽주의적 준비를 하려는 성향으로 나타난다. 현실을 과도하게 긍정적으로 바라보는 비현실적 낙관주의는 이에 반대되는 성향이라고 할 수 있다.

우울 현실주의는 일반 사람들에 비해 약간 우울한 사람이 자신과 삶, 세상에 대한 판단이 더 정확하다는 것을 말한다. 물론 이것은 '약간' 우울한 사람에게서만 발견되는 현상으로, 우울증이나 우울증적 성향이 강한 사람들은 상당히 부정적인 방향으로 왜곡되게 현실을 판단한다. 우울 현실주의를 지닌 사람들이 약간 우울하기에 현실적 판단을 하는 것인지, 현실을 정확히 직면하기 때문에 우울한 것인지는 분명히 밝혀져 있지는 않다. 다만, 이들은 자신과 자신을 둘러싼 환경에 대해 정확한 판단을 하기 때문에 미래에 대해 균형 잡힌 예측을 할 가능성이 높으며, 자신이 통제할 수 있는 것과 없는 것을 비교적 정확하게 변별한다. 따라서 이러한 사람들은 주변으로부터 '현명한' 사람이라는 평가를 받을 수 있다. 우울 현실주의와 대비되는 것이 긍정 착각으로, 긍정 착각은 대부분의 사람이 자신이 남들보다 더 유능하고, 미래는 좀 더 밝을 것이라는 등 실제보다 긍정적으로 인식하는 이기적 편향을 말한다.

방어적 비관주의와 우울 현실주의는 모두 긍정 정서는 희생되나 수행이나 인지적 기능은 높아진다는 공통점이 있다. 종합하면, 낙관주의는 기본적으로 긍정 정서를 느낄 수 있는 성향으로 행복감이나 신체적 건강에는 긍정적인 영향을 미치나 수행의 관점에서는 다소 다른 결과가 나타날 수 있다.

(2) 외향성

외향성은 긍정 정서와 주관적 안녕감을 예측하는 가장 강력한 개인 변인 중 하나다. 많은 연구에서 외향성과 행복 간에 높은 상관이 있다는 것을 일관되게 밝혔다. 심지어 외향성이 30년 이후의 행복도까지 예측한다는 연구결과도 존재한다(Costa & McCrae, 1986).

외향성과 행복 간의 높은 상관은 무엇 때문일까? 외향성은 근본적으로 외부 세계와 사람에 관심이 많은 것을 의미하며, 이로 인해 다양한 사회적 관계를 형성하게 된다. 초기에는 행복감에 영향을 미치는 것으로 알려진(Okun, Stock, Haring, & Witter, 1984) 대인관계의 기회가 외향적인 사람들에게 더 많기 때문에 행복도가 높다고 생각하였다. 그러나 이후의 연구에 의하면, 외향적인 사람들과 내향적인 사람들 간에 타인과 보내는 시간의 차이는 없는 것으로 나타났다(Pavot, Diener, & Fujita, 1990). 이에 Lucas와 동료들(2000)은 외향적인 사람들이 긍정 자극에 반응하여 긍정 정서를 느끼는 민감성이 높기 때문에 동일한 경험을 해도 행복감을 더 많이 느낀다고 주장하였다. 이러한 주장은 혼자서 보내는 시간에도 외향적인 사람들이 내향적인 사람들보다 더 높은 행복도를 보인다는 연구(Diener, Larsen, & Emmons, 1984)를 통해서도 간접적으로 지지된다.

(3) 통제감

통제감은 자신의 삶과 자신에게 일어나는 주요 사건들에 대해 자신이 통제할 수 있다고 믿는 신념이다. 자신이 환경을 통제할 수 있다고 믿는 것은 유기체의 건강에 매우 중요하다. 원숭이를 대상으로 한 연구(Stroebel, 1969)에서는 과열된 우리 안에 원숭이들을 넣어 놓고 특정 레버를 누르면 냉방기가 작동해서 시원해지는 것을 학습하도록 훈련시켰다. 이후에는 그 레버가 보이기는 하지만 원숭이들의 손에는 닿지 않는 곳으로 옮겨 놓은 후 원숭이들의 행동을 관찰하였다. 단지 레버를 옮겼을 뿐, 우리 안에 열이 공급되지도 않고 평상적인 온도를 유지하고 있었음에도 원숭이들은 광적인 행동을 보이기 시작하였는데, 털이 뭉치거나 몸에 반점이 생기고, 뇌의 온도가 불규칙해지면서 기운 없어 하는 등의 이상 반응을 보였다. 이러한 연구 결과는 유기체가 미래의 상황을 자신이 통제할 수 없을 것이라고 '예상'하거나 '믿는' 것 자체가 유기체의 웰빙에 영향을 준다는 것을 잘 보여 준다.

통제력에서 중요한 것은 실제 현실이 어떤가보다는 현실에 대한 믿음이다. 통제 소재(locus of control)는 삶의 주요 사건의 통제권한이 자신에게 있다고 지각하는지, 아니면 외부에 있다고 지각하는지에 따라 내적 통제 소재와 외적 통제 소재로 나뉜다. 일반적으로는 내적 통제 소재를 지닌 사람들이 외적 통제 소재를 지닌 사람들보다 각종 지표에서 긍정적인 결과를 보이는 것으로 알려졌다. Peterson(1999)은 통제 소재를 좀 더 발전시켜서 개인적 통제감(sense of personal control)이라고 명명하고는 "좋은 결과를 극대화하고 나쁜 결과는 최소화하는 방향으로 스스로 행동할 수 있다는 믿음"이라고 정의하였다. 개인적 통제감은 여러 문화권에서 주관적 안녕감과 관련된 것으로 밝혀졌는데(Diener, Oishi, Lucas, & Smith, 2003), 이는 문화권마다 실제로 개인이 자신의 삶에 통제력을 발휘할 수 있는 정도는 다를 수 있지만 같은 문화권 내에서도 개인적 통제감에 따라 행복은 달라질 수 있음을 의미한다.

지금까지 기술한 낙관주의, 외향성, 통제감 외에도 행복에 영향을 주는 심리적 변인으로는 자존감, 인간관계, 삶의 의미, 신경증 등이 있으며, 이러한 심리적 변인들에 대한 연구는 많은 부분이 상관연구다. 일부 변인에 대해서는 비교적 분명한 인과관계가 밝혀지고 있으나, 인과관계에 대해서는 여전히 추가적인 연구가 요구된다.

3. 덕목과 강점

1) 덕목과 강점이란 무엇인가

Seligman(2000)은 행복은 자신의 재능과 강점을 충분히 발현함으로써 이루어진다고 하였으며, 강점이 행복의 중요한 근원임을 제시하였다. Thomas Jefferson은 미국의 독립선언서에서 천부적 권리 중 하나로 행복추구권을 제시하였는데, 그는 "행복은 삶의 목표이며 덕목은 행복의 기반이다(Happiness is the aim of life. Virtue is the foundation of happiness)."라고 말하며 덕목에 기반을 두지 않은 쾌락주의적 행복은 진정한 의미의 행복이 아님을 지적하였다.

강점(strengths)과 덕목(virtues)은 그동안 심리학에서는 다루지 않았던 도덕적 가치와 관련된 것이다. 덕목은 "훌륭한 삶이란 무엇인가?"라는 의문에 대한 답으로 시작된 연구로, Peterson과 Seligman(2004)이 실시한 행동 가치에 대한 프로젝트(Values In Action project: VIA) 연구 결과가 그 초석이다. VIA 프로젝트에서는 동서양 고전과 종교, 철학, 문화 등에서 나타나는 덕목들을 추출하여 사람들이 긍정적이고 훌륭하다고 생각하는 인간의 강점들을 정리하였다. VIA 연구자들은 최종적으로 '사고, 정서, 행동에 나타나 있는 긍정적 특질'로 정의된 성격 강점(character strength) 24개와 이를 체계적으로 분류한 6개 덕목을 제시하였다.

긍정심리학에서 말하는 덕목의 하위 구성요소로서의 강점은 일반적으로 사용되는 강점과는 다소 다르다. Clifton과 Nelson(1992)은 강점을 재능, 지식, 기술, 노력이 합쳐진 것으로 보았는데, 이는 일반적으로 수행의 맥락에서 일컫는 강점에 대한 정의로 긍정심리학에서 말하는 강점의 정의와는 다르다. Peterson과 Seligman(2004)이 VIA 연구에서 강점으로 포함시킨 기준 10가지를 살펴보면, 특수성이나 반대어 의미 등과 같은 학문적 용어 정의를 위한 형식적 기준뿐 아니라 행복에 공헌하는가, 도덕적 가치를 지니는가, 타인에게 긍정적인 영향을 미치는가, 모범적 인물이 존재하는가 등과 같은 긍정적 가치 기준을 적용하였음을 알 수 있다. 즉, 긍정심리학의 강점은 기존의 강점과는 달리 도덕적 방향성을 지니고 있는데, 이러한 정의에 의하면 Clifton과 Nelson이 말한 것과 같은 기존의 수행 중심 강점과는 분명히 다르다는 것을 알 수 있다. 따라서 재능이나 능력, 지식 등은 긍정심리학의 강점과는 '방향성' 차원에서 구분되는 것으로, 이는 재능 그 자체는 도덕적 혹은 긍정/부정의 방향성이 없는 개념이기 때문이다. 예를 들면, 독일 나치 치하에서 선전장관을 지낸 Paul Joseph Goebbels는 모든 사람이 감탄할 정도로 선전선동 능력이 뛰어나 히틀러가 국민을 속이고 92.1%라는 경이적인 국민 지지를 받아 독재 권력을 얻도록 하고, 전쟁에 국민을 동원하는 데 뛰어난 공을 세운 사람이다. Goebbels는 대중의 마음을 조작하고 선동하는 데 필요한 재능은 매우 뛰어났으나, 이러한 능력은 반인류적으로 사용되었으므로 긍정심리학에서 말하는 지혜와 같은 덕목에는 해당되지 않는 특성이다.

Linley와 Harrington(2006)은 기존의 긍정심리학의 강점을 응용심리학의 영역에 적용하는 것에 초점을 둔 정의로 재정의하였는데, 그들은 "강점은 가치 있는 결과를 추구하는 과정에서 최적의 기능과 수행을 할 수 있도록 느끼고, 생각하고, 행동하는 자연적 역량"이라고 정의하였다. 이들은 강점은 성격과 비슷한 특성을 가지고 있어서 유전적으로 타고나기는 하지만, 동시에 환경적 영향에 의해 발달될 수도 혹은 발달이 저해될 수도 있다고 하였다. 이후 Linley(2008)는 유전적 강점을 정의하면서 타고난 것(pre-existing)이며, 진실되면서(authentic), 활력을 주는 것(energizing)이라고 하였다. 이는 긍정적인 것이기는 하지만 억지로 해서 불편하고 힘이 드는 것은 본인의 강점이 아니라는 의미이며, 강점 관련 활동을 할 때 지나치지만 않다면 개인은 자유와 활기를 느끼게 된다.

이상과 같은 강점의 정의와 특성을 통해 우리는 강점을 발휘하는 삶은 행복한 삶의 유형 중 관여하는 삶, 즉 몰입의 삶과 관련된다는 것을 알 수 있다. 즉, 자신이 타고난 강점을 발휘하는 활동을 할 경우에는 어떤 결과나 수행과 관련되어 있으면서도 억지로 하지 않기 때문에 에너지가 증가하고, 자유로우며, 시간 가는 줄 모르고 해당 활동에 몰입할 수 있다.

2) 덕목에 대한 분류체계

Peterson과 Seligman(2004)은 VIA 프로젝트를 통해 최종적으로 24개의 강점과 6개의 핵심 덕목을 제시하였다. 이는 〈표 7-2〉에 제시되어 있다.

표 7-2 성격 강점의 분류

덕목과 하위 강점	정의
1. 지혜와 지식 (wisdom & knowledge)	지식을 습득하고 사용한 것에 대한 인지적 강점
창의성(creativity)	뭔가를 할 때 새롭고 생산적인 방식으로 생각
호기심(curiosity)	현재의 모든 경험과 현상에 대해 흥미를 가짐
개방성(open-mindedness)	다양한 측면을 모두 검토하고 숙고함
학구열(love of learning)	새로운 기술, 주제, 지식을 배우고 숙달
조망(perspective)	타인에게 지혜로운 조언을 할 수 있는 능력
2. 용기(courage)	외적/내적 반대에 직면하더라도 목표 완수를 위해 의지를 발휘하는 것과 관련된 감정적 강점
진실성(authenticity)	진실을 말하고 자신을 진실된 방식으로 표현
용감성(bravery)	위협, 도전, 난관, 고통으로부터 위축되지 않음
끈기(persistence)	시작한 일을 끝냄
열정(zest)	삶에 대해 흥분과 에너지를 가지고 접근
3. 인간애(humanity)	타인을 돌보고 친밀해지는 것과 관련된 대인관계 강점
친절(kindness)	타인에게 호의를 베풀고 선한 행동을 함
사랑(love)	타인과의 친밀한 관계에 가치를 둠
사회 지능(social intelligence)	자신과 타인의 동기와 감정을 잘 파악

4. 정의(justice)		건강한 공동체 생활과 관련된 시민적 강점
	공정(fairness)	모든 사람을 공평과 정의의 개념에 따라 동등하게 대우
	리더십(leadership)	집단 활동을 조직화하고 상황을 살핌
	시민정신(citizenship)	집단이나 팀의 구성원으로서 훌륭하게 일을 함
5. 절제(temperance)		지나침으로부터 보호하는 강점
	용서(forgiveness)	잘못한 사람을 용서
	겸손(modesty)	다른 사람이 자신의 성취를 말하도록 하는 것
	신중성(prudence)	선택에 주의하고 나중에 후회할 일을 말하거나 행동하지 않는 것
	자기조절(self-regulation)	감정과 행동을 조절하는 것
6. 초월(transcendence)		더 큰 우주와의 관계를 형성하고 의미를 제공하는 것과 관련된 강점
	미와 뛰어남에 대한 감상력(appreciation of beauty and excellence)	아름다움, 뛰어남, 그리고 삶의 모든 영역에서의 숙련된 수행을 인지하고 감탄하는 것
	감사(gratitude)	좋은 점을 인식하고 감사하는 것
	희망(hope)	최고를 기대하고 이를 이루려고 노력
	유머(humor)	웃고 웃기는 것을 좋아함, 타인을 미소 짓게 함
	종교성(religiousness)	인생의 더 높은 목적과 의미에 대해 일관된 신념을 가짐

출처: Seligman, Steen, Park, & Peterson (2005).

상기한 강점과 덕목을 살펴보면, 우리가 학교를 비롯한 교육에서 바람직한 지향점으로 가르치고 격려되는 특성들임을 알 수 있다. 즉, 강점은 타고난 특성이면서 동시에 인류보편적으로 육성되고 장려되는 인간의 성장 지향점이라고 할 수 있다. 개인의 차원에서도 강점은 행복이나 삶의 만족도와 정적 상관을 지니는 것으로 나타나며, 특히 지혜와 같은 인지적 강점보다는 활력, 감사, 사랑 등과 같은 정서적 강점과 더 높은 상관을 보인다(Park,

Peterson, & Seligman, 2004, 2005).

절제가 '무엇인가를 하지 않는 역량'이라면 그 외의 다섯 가지 덕목은 모두 '무엇인가를 하는 역량'이라고 할 수 있다. 따라서 절제 덕목은 다른 덕목들이 가장 최적으로 발휘될 수 있도록 조절하는 역할을 할 수 있다. 그러나 54개국을 대상으로 한 연구에 의하면, 친절성 강점이 가장 빈번하게 나타나고 절제에 해당하는 강점들(신중성, 겸손, 자기조절)이 가장 드문 것으로 나타났다(Peterson, 2006). 이러한 현상은 앞서 언급한 대로 개인의 강점을 적극적으로 활용하는 삶이 행복과 성장에 기여하기는 하지만, 과도할 경우에는 약점으로도 작용할 가능성을 시사한다. 예를 들어, 용감성이라는 강점은 외적 난관이나 위협 등에 굴복하지 않고 자신의 목표를 달성하려고 노력하는 힘으로, 매우 훌륭한 덕목이기는 하나 이것이 절제되지 않고 사용될 경우에는 사회적 요구에 비타협적이거나 무모하고, 환경적 정보를 정확하게 탐지하지 못하는 약점으로 작용할 수도 있다. 따라서 강점을 진단할 경우에는 강점이 무엇인가뿐 아니라 활용 정도와 그 효과 및 결과 등도 평가되어야 한다.

4. 코칭에서의 긍정심리

앞서 기술한 정신역동, 행동주의, 인지행동주의를 비롯한 전통적 성격 이론들은 인간의 심리를 다양한 관점에서 조망하고 있기에 심리학자라면 반드시 숙지하고 있어야 하지만, 이들 이론들은 근본적으로 인간의 모순과 고통을 설명하고 여기서 벗어나기 위한 접근으로, 인간에 대한 전체적인 모습을 그리는 데에는 부족하다. 긍정심리는 인간이 추구하는 긍정적 지향점이 무엇인지를 설명하고 이를 획득하는 것에 대한 접근으로, 전통 심리학이 설명하지 못하는 부분을 설명하고 있다. Higgins(1997)가 말한 조절초점이론의 관점으로 말하자면, 기존의 전통적 심리학 이론은 고통이라는 부정적 결과를 피하려는 예방초점적(prevention focus) 관점이며, 긍정심리는 성장과 발전이라는 긍정적 결과를 획득하려는 향상초점적(promotion focus) 관점이라고 할 수 있다.

코칭과의 관계에서도 두 접근법은 다르다. 코칭이라는 심리적 서비스를 구성하는 요소를 크게 코칭의 목적, 코칭의 방법, 행위자(코치와 피코치)에 대한 이해라는 세 가지 요소로 나누어 본다면, 전통적 심리학 이론들은 코칭에서 코칭의 방법과 코치 혹은 피코치를 이해하는 데 활용될 수 있으나 코칭의 목적에 대한 답을 제대로 제시해 주지는 못한다. 반면에 긍정심리학은 관점 자체가 코칭과 동일하며, 코칭의 목적인 인간의 웰빙과 최적의 수행이라는 것에 대한 답을 제공한다. 따라서 긍정심리학은 코칭에서 가장 적극적으로 활용할 수 있는 심리학 이론이라고 할 수 있다.

표 7-3 코칭의 구성요소와 심리학 이론들의 활용

	코칭의 목적	코칭의 방법	행위자에 대한 이해
전통적 심리학		○	○
긍정심리학	○	○	○

긍정심리학을 직접적으로 활용하여 실시되고 있는 코칭의 범주는 크게 다음의 세 가지다.

- **행복코칭**: 개인의 행복을 높이는 것을 목적으로 하는 코칭
- **강점코칭**: 개인의 강점을 발견하고, 이를 개발하며, 나아가 강점을 활용하여 삶을 구성하는 것을 목적으로 하는 코칭
- **강점기반코칭**: 개인의 강점을 적극적으로 활용하는 것을 수단으로 특정 목적을 달성하려는 코칭. 예를 들어, 강점기반 리더십코칭, 강점기반 진로코칭

여기서는 긍정심리학의 핵심인 행복과 강점을 강화시키는 행복코칭과 강

점코칭에 대해 살펴보도록 한다.

1) 행복코칭

행복은 사람들이 매우 좋아하는 단어이며, 현대 사회에서는 사람들이 추구하는 가치이자 실제로 삶에서 중요한 결정을 내릴 때 고려하는 요인이다. 긍정심리학 초기에 행복 연구가 집중적으로 발표되고 관심이 집중되면서 행복코칭을 비롯한 행복 증진 프로그램이 우후죽순 등장하여 실시되었다. 그 중 전 세계적인 이목을 집중시킨 대표적인 프로그램은 슬라우 행복 프로그램과 Seligman의 긍정심리 프로그램이었다.

슬라우 행복 프로그램은 2005년 영국 BBC 방송국의 다큐멘터리 프로그램으로 제작되었는데, 당시 영국에서 가장 불행한 마을 중 하나라는 슬라우 지역 주민을 대상으로 3개월간 진행된 행복 증진 프로그램이었다. 이 프로젝트에 참여한 전문가들이 10가지 행복수칙을 개발하여 참가자들이 이를 3개월 동안 실천하도록 격려받았다. 당시 사용되었던 10가지 행복수칙은 다음과 같다.

- 운동하기
- 잠자기 전에 오늘 좋았던 일을 떠올리기. 특히 감사할 일 5가지 생각하기
- 대화하기: 주 1시간 이상 가족이나 친한 친구들과 대화하기
- 애완동물이나 식물 가꾸기
- TV 시청 시간을 반으로 줄이기
- 미소 짓기: 최소 하루에 한 번은 낯선 사람에게 미소 짓거나 인사하기
- 친구에게 전화하기: 오랫동안 연락을 하지 않았던 친구나 지인에게 연락하기
- 하루에 한 번 이상 크게 웃기
- 매일 자신에게 작은 선물하기

• 매일 친절 베풀기

상기한 행복수칙들을 실천한 실험집단 참가자들의 행복도는 참가 전에 비해 33% 증가하여 많은 사람의 주목을 받았고, 우리나라 방송 등에도 소개되었다. 그러나 슬라우 행복 프로그램이 종료된 후에 조사된 행복도는 프로그램 실시 전으로 다시 돌아간 것으로 밝혀졌는데, 이러한 결과는 행복을 위한 기법 중심의 프로그램의 효과가 일시적일 뿐이라는 한계점을 보여 준다. 즉, 슬라우 행복 프로그램의 참가자들은 실험 기간 동안에 실천했던 상기한 행복수칙들을 프로그램 종료 후에도 지속적으로 실천하지 못하였고, 이에 다시 이전 상태로 돌아간 것이다. Seligman 역시 긍정심리 초기에 감사하기, 친절하기 등의 유사한 기법 중심의 긍정심리 프로그램으로 구성하였으나 슬라우 행복 프로그램과 유사한 문제에 직면하고 여러 학자로부터 비판을 받으면서 나중에는 긍정심리학에서 행복이라는 단어를 삭제하고 웰빙이란 단어로 대체하기도 하였다. 따라서 기존의 행복에 대한 연구 결과를 바탕으로 한 근거 기반 코칭일지라도 일시적인 정서적 고양 효과를 주목적으로 하는 기법은 그 효과의 지속성 차원에서 충분히 검토될 필요가 있다.

이러한 연구 결과들을 바탕으로 필자는 좀 더 개인화되고 안정적인 효과를 목적으로 하는 '초점화된 행복코칭'을 제안하고자 한다.

(1) 초점화된 행복코칭(focused happiness coaching)

앞서 기술한 바대로 개인의 행복 증진을 목적으로 하는 코칭은 단순히 행복증진 기법을 사용하도록 한다고 해서 달성되지는 않으며, 피코치 개인의 고유한 특성을 기반으로 출발해야 한다. 개인의 고유한 특성을 파악할 수 있는 이론적 틀은 Seligman 중심의 행복 연구들을 통해 구조화할 수 있다.

Seligman은 행복의 세 가지 차원(즐거운 삶, 관여된 삶, 의미 있는 삶)에 기반을 두어 사람들이 흔히 행복(웰빙)을 느끼는 원천으로 긍정 정서, 관여(몰입), 관계, 의미, 성취(PERMA 모델; Seligman, 2011)를 제시하였다. PERMA 모델은

Seligman의 긍정심리 프로그램에서 적용되었으며, 실무적 혹은 실용적인 차원에서는 좋은 모델이나 학문적으로는 기존의 행복의 세 가지 차원과 이것이 구현되는 방식을 개념적으로 혼재시켰다는 문제가 있다. Seligman이 제시한 행복을 원천을 바탕으로 행복에 대한 진술을 전체적으로 종합하여 좀 더 현실적 영역으로 기술하면, 사람들은 인간관계, 직업적인 성취와 수행, 사회적 기여나 영적 활동 등을 통해 긍정 정서, 의미, 몰입을 느낀다고 할 수 있으며, 이 관계를 단순하게 도식으로 정리하면 [그림 7-5]와 같다.

일반적으로 인간관계에서는 긍정 정서를 많이 얻고, 직업과 여가 활동에서는 몰입과 관여를, 사회적 기여와 영적 활동에서는 의미를 주로 얻는 것으로 여겨지고 있으나 반드시 그런 것은 아니다. 행복의 원천 각 영역은 모두 행복의 차원에 영향을 줄 수 있다. 예를 들면, 인간관계에서도 의미와 몰입을 경험할 수 있는데 사람들은 연인과의 대화에서 몰입을 경험하기도 하고, 자녀를 양육하면서 의미를 느끼기도 한다. 따라서 특정 행복 원천과 행복의 차원 간의 단순한 매칭은 인간의 행복을 전체적으로 설명하는 데 적절하지 않다.

기존의 기법 중심의 행복 증진 프로그램은 상기 행복의 원천과 차원에서 일시적인 요인(예를 들어, 긍정 정서, 낯선 사람과의 상호작용)에 집중하였기에

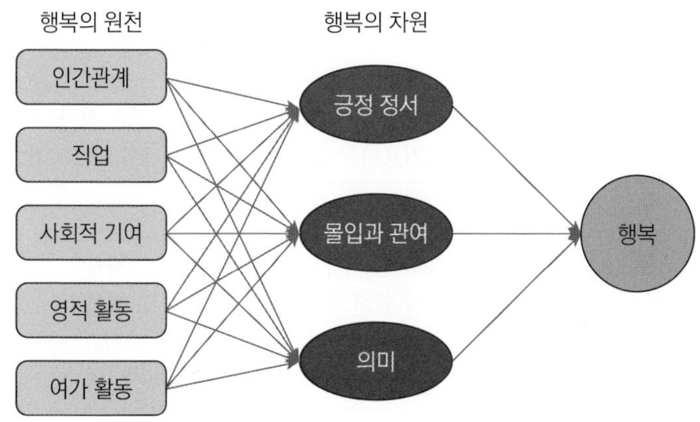

[그림 7-5] 행복의 원천과 행복의 차원

효과 지속성에 한계가 있었다. 따라서 행복코칭은 일반적인 기법이 아닌 개인에게 초점화된 접근이 필요하다. 즉, 개인의 행복을 증진시키기 위해서는 현재 개인에게 가장 의미 있는 행복의 원천과 차원을 파악하고 이를 중심으로 삶의 영역을 재구축할 필요가 있다. 여기서는 이를 초점화된 행복코칭이라고 명명하기로 한다. 초점화된 행복코칭은 다음과 같은 두 가지 목적을 지니며, 코칭의 구성과 흐름은 다음에 제시되어 있다.

초점화된 행복코칭의 목적

① 피코치의 행복의 차원과 행복의 원천을 파악하여 이를 통해 개인의 장단기 행복을 증진

② 피코치에게 자신의 행복과 관련된 요인들을 파악하고 평가할 수 있는 이론적 틀을 제공하고, 이러한 지식을 활용할 수 있도록 훈련하여 장기적으로 스스로 자신의 행복을 관리할 수 있는 셀프 코칭 역량 강화

1. 사전 측정	• 피코치의 행복도 평가 • 행복도의 인지적 평가(주관적 만족감)와 정서 평가(긍정 정서와 부정 정서)를 모두 실시 • 기타 측정도구 실시

2. 행복의 차원 탐색	• 1단계와 관련된 행복의 세 가지 차원 중 피코치가 행복으로 느끼는 차원을 탐색 • 개인에게 의미가 있는 행복의 차원은 하나의 특정 차원이라기보다는 상대적인 중요도 관점으로 평가

3. 행복의 원천 탐색	• 행복의 원천 각 하위영역별 행복도 평가 • 행복의 원천 각 하위영역별 중요도 평가 • 코칭을 통해 행복도를 증가시키고 싶은 영역의 우선순위 설정

↓

단계	내용
4. 차원과 원천 간의 관계 탐색	• 2단계에서 탐색된 행복의 차원을 3단계의 원천 영역에서 얼마나, 어떻게 느끼고 있는지를 탐색 • (필요시) 선정된 이외의 행복의 차원과 행복의 원천 간의 관계 탐색 가능
5. 원천에서 차원 증진 방법	• 선정된 행복의 원천(3단계)에서 피코치가 중시하는 행복의 차원(2단계)을 높일 수 있는 방법을 탐색 • 이 단계에서는 현재 실천 혹은 적용 가능한 방법을 중심으로 탐색(예를 들어, 업무의 의미 재해석)
6. 옵션 평가 및 실천	• 5단계에서 도출된 옵션을 평가하고 실천하는 단계
7. 원천의 재구조화	• 단계에서 탐색된 원천을 비롯하여 피코치의 주요 행복 원천의 2단계에서 탐색된 행복의 차원을 증가시킬 수 있는 장기적 전략 탐색 • 이 단계에서는 특정 원천을 근본적으로 재구조화할 수도 있고(예를 들어, 이직, 전직), 현재 원천 내에서 특정 요인을 재구조화할 수도 있음(예를 들어, 특정 업무 전환 시도) • 5단계에서 6단계를 거치지 않고 바로 7단계로 진행 가능
8. 옵션 평가 및 실천	• 7단계에서 도출된 원천의 재구조화 전략을 평가하고, 구체적으로 계획을 세워서 생활에서 실천하는 단계
9. 마무리 및 사후 측정	• 종결 및 사후 측정(사전 측정과 동일한 도구)

[그림 7-6] 초점화된 행복코칭 구성

상기 코칭의 구성은 코칭의 모델의 관점에서 기술된 것이 아니고 코칭의 내용의 관점에서 기술된 것이다. 초점화된 행복코칭은 전체적으로 Seligman의 연구 결과와 이론을 기반으로 하여 개인의 행복 관련 차원과 원천을 파악하고, 여기에 초점을 맞춰 행복 증진 전략과 전술을 도출하고, 계획하며, 실천하는 것이다. 상기한 구조는 뼈대에 해당하는 것으로, 실제 코칭을 진행하면서 코치는 피코치의 특성에 따라 다양한 방식과 도구를 준비하여 진행할 수 있다.

2) 강점코칭

강점을 파악하고 이를 활용하는 프로그램의 효과성은 Seligman과 동료들(Seligman, Steen, Park, & Peterson, 2005)의 연구에 잘 나타나 있다. 이들은 강점 활용을 행복을 향상시키는 방법으로 상정하고, 이러한 프로그램의 효과성을 검증하였다. 연구자들은 통제집단(어린 시절의 기억 쓰기)과 5개의 실험집단을 대상으로 연구를 진행하였는데, 실험집단은 ① 기존의 행복 기법(감사) 실천 집단, ② 행복 기억 및 숙고 집단, ③ 강점 인식 및 숙고 집단, ④ 강점 1개 활용 집단, ⑤ 대표 강점 5개 활용 집단으로 구성되었다. 연구 결과, ③번과 ⑤번 집단이 가장 행복 점수가 높았으며, 이 효과는 6개월 후에도 지속되는 것으로 나타났다. 단순히 감사를 실천한 집단은 한 달 후에는 통제집단보다 높은 행복 점수를 보였으나 6개월 이후에는 통제집단과 차이가 없어 앞서 기술한 슬라우 행복 프로그램의 결과와 동일한 양상을 보였다. 이 연구는 단순한 행복 기법 실천보다는 강점을 실천하는 것이 오히려 행복을 더 높인다는 것을 보여 줌으로써 강점을 발견하고 이를 실천하는 것의 중요성을 제시하였다.

강점을 발견하고 활용하는 강점코칭의 예로 선혜영, 김수연, 이미애, 탁진국(2017)이 강점 자기효능감, 긍정 정서, 자기효능감, 직무 열의, 조직 몰입에 대한 효과성을 검증한 프로그램을 〈표 7-4〉에 제시하였다.

표 7-4 강점코칭 프로그램

회기	주제	내용
1	강점코칭 이해 및 본인의 강점 이해	• 코칭 개념 및 진행방법 소개하기, 긍정적 관계 맺기, 사전 진단 • 피코치의 욕구 및 코칭 목표 파악 • 강점 소개 및 강점 활용을 통한 문제해결 방향 코칭 • 과거의 성취 경험으로 강점 추론하기 • 과제(VIA 강점 검사)
2	강점 파악 및 해석	• 강점 검사 결과에 대한 소감 및 주변 반응 나누기 • 5가지 강점을 선택한 후 자신의 활용도 나누기 • 강점과의 비교 설명, 대표 강점 기록지 기입 • 강점 기반 자신만의 별칭 만들기 • 일상/업무에서 목표 달성을 위한 강점 활용 코칭 • 과제(일상/업무에서 강점 활용방법 추가 작성)
3	강점 활용방법 이해 증진 및 약점에 대한 이해	• 일상/업무에서 코칭 목표-현실 인식 코칭 논의, 잘된 점과 잘되지 않은 점, 그 이유 • 약점을 파악하고 보완 및 개선 노력 방법 논의 • 약점이 일상/업무에서 어떤 영향을 주는지 기록지에 적고, 그에 대한 논의 • 과제(일상/업무에서 강점을 활용하여 약점을 보완할 수 있는 방법 고안 및 추가 작성)
4	강점 활용 행동 계획 수립 및 실천 방안	• 세션별 강점 활용 실행 계획 실천 및 검토 • 코칭 목표와 연계한 강점과 약점 코칭 • 코칭 목표를 돕기 위한 지원 구축 코칭 • 과제(코칭 목표-강점활용지 작성, 일상/업무에서 자신의 목표 실천)
5	행동 계획 점검 및 논의 셀프코칭 유지	• 강점 활용, 지속적인 코칭 목표, 실행 의지 확인 및 격려 • 실행할 가능성, 장애 요인, 극복 방안 등을 구분하여 셀프코칭 유지 및 존속 격려 • 사후검사 실시 • 추후검사 3개월 후 실시 안내

출처: 선혜영 등(2017).

이 장의 요약

☑ 긍정심리학은 주관적인 긍정적 상태, 개인의 긍정적 특성, 긍정적 조직에 대한 연구로 구성된다.

☑ Seligman은 사람들이 생각하는 행복한 삶은 크게 세 가지이며, 여기에는 즐거운 삶, 관여된 삶, 의미 있는 삶이 해당한다고 제시하였다.

☑ 인구통계학적 요인들이 행복에 미치는 영향은 그리 크지 않으나, 그중 결혼이 가장 큰 영향을 미친다.

☑ 인구통계학적 요인들보다 심리적 요인들이 행복에 더 큰 영향을 미치며, 대표적인 특성으로는 낙관주의, 외향성, 통제감 등이 있다.

☑ 덕목과 강점 연구는 긍정심리학의 주요한 한 축이며, 6개의 덕목과 24개 강점이 가장 대표적인 분류다.

☑ 긍정심리학 기반 코칭은 행복코칭, 강점코칭, 강점기반코칭으로 나눌 수 있다.

제3부
코칭의 목표: 변화

"행복이나 지혜를 꾸준히 유지하는 사람이 되려면 자주 변화해야 한다."

– 공자(孔子)

변화에 대한 이해

1. 행동 변화에 대한 통합적 이해

코칭이 무엇인지를 한 단어로 요약하라고 한다면 대부분의 코치는 '변화'라고 답할 것이다. 코칭은 '행동의 변화'를 최종적인 목표로 하기 때문에 인간의 변화 과정과 원동력에 대한 이해는 매우 중요하다. 코칭에서는 피코치와 함께 구체적인 목표를 설정하고 이를 달성하기 위해 다양한 상호작용을 하는데, 피코치와 합의한 목표를 달성하기 위해서는 인간의 변화와 관련된 다음의 요소를 먼저 확인해야 한다.

- **능력**: 능력은 개인이 특정 행동을 할 수 있는지의 여부를 결정하는 요소다. 능력은 개인이 비교적 안정적으로 지니고 있는 특성이며, 후천적인 노력을 통해 상당히 증가시킬 수 있으나 선천적인 요인(예를 들어, 유전, 출산 전 태내 환경)의 제약을 받는다.
- **환경**: 환경은 특정 행동을 촉진하거나 혹은 감소시키는 주변의 상황 및

환경, 기회, 위협 등을 의미한다. 환경은 크게 개인의 소속집단이나 지위, 친구, 가족 등과 같은 사회적 요소와 컴퓨터나 공간 구조 등과 같은 물리적 요소로 나눌 수 있다.

- **동기:** 동기는 개인이 특정 행동을 하고자 하는 의지와 관련된 요인으로, 동기를 정의하기는 상당히 어려우나 "행동에 에너지와 방향을 제공하는 기저 과정"(Bargh, Gollwitzer, & Oettingen, 2010)이라고 할 수 있다. 일반적으로 동기는 개시(initiation), 방향(direction), 강도(intensity), 지속성(persistence) 차원에서 평가될 수 있다(Green, 1995; Pinder, 2008).

코칭에서 특정 목표 달성과 관련되어 고객의 행동을 변화시키려면 코치는 앞의 세 가지 요소를 모두 점검하고, 평가하고, 종합하여 이해할 수 있어야 한다. 개인의 행동 변화와 관련된 전략을 세우고 문제에 접근할 때 앞의 세 가지 요소 중 가장 먼저 살펴보아야할 것은 무엇인가? 필자가 강의를 하면서 이러한 질문을 하면 학생들은 대부분 동기라고 답한다. 이는 능력, 환경, 동기 중에서 동기가 가장 변화 가능성이 높은 내적 변인이고, 동기를 행동의 출발이라고 생각하는 논리적 순서 때문일 것이다. 그러나 Mitchell(1997)에 의하면, 행동 평가나 변화를 위해서는 그 사람이 처한 환경 요인을 가장 먼저 검토하고 개선해야 하며, 이후 능력과 동기 순으로 살펴보아야 한다. 이는 인간은 상황적 요인에 상당히 취약하고, 동기로 대변되는 인간의 의지가 우리의 생각만큼 강하지 않기 때문이며, 수많은 심리학 연구가 이를 지지하고 있다.

상기한 세 가지 요소에 대해 피코치를 평가하는 방법을 예를 들어 살펴보면 〈표 8-1〉과 같다.

상기 사례에서 행동 변화를 위해 가장 먼저 살펴보고 변화를 시도해야 할 요소는 환경이다. 특히 상기 사례자는 능력과 동기 면에서는 낮은 수준이 아니지만 환경 요인이 목표 달성에 상당히 방해가 되는 방해적 환경으로 평가될 수 있다. 따라서 코칭에서는 취업 준비라는 목표를 위해 반드시 환경 개

표 8-1 코칭에서의 행동 평가 3요소 예시

코칭 사례 및 목표	• 3년간 다니던 직장을 퇴사한 후 집에서 게임만 하던 20대 청년 • 게임을 줄이고 취업 준비를 시작해서 지원서 접수하기
1. 환경	• 물리적 환경 - 피코치의 방에 컴퓨터가 설치되어 있음 - 컴퓨터 사양은 고사양으로, 게임에 적합 - 자취로 혼자 거주 • 사회적 환경 - 취업 준비를 같이하거나 도움을 얻을 수 있는 친구가 존재 - 공적 조직뿐 아니라 동호회 등 사적 소속집단의 부재
2. 능력	- 컴퓨터 관련 학과 졸업 - 영어 역량은 보통 - 고3때 집중적으로 공부하여 성적을 3등급 이상 올린 경험이 있음
3. 동기	- 코칭 의뢰는 본인이 아닌 부모님이 함 - 목표 달성 및 변화 동기는 높음 - 현재 에너지의 방향은 게임과 취업으로 나뉘어 있으나 에너지의 강도가 게임이 훨씬 강한 상태이며, 취업에 대해서는 에너지 강도 및 지속성이 약한 상태임

선을 다루고, 변화시켜야 하며, 이와 동시에 목표 달성을 위한 동기 강화 작업이 수반되어야 한다.

인간 행동의 변화에 있어서 대개 능력은 안정적이어서 단기간에 변화시키기는 어려우므로 대개 환경에 대한 개입과 동기에 대한 개입이 주로 이루어진다. 다만 환경적 개입의 경우에도 능력보다는 좀 더 가변적이기는 하지만 개인의 물리적 · 사회적 환경을 변화시키는 것에도 분명한 한계가 존재한다(물론 이 한계 내에서 이루어지는 작은 변화가 큰 효과를 내는 경우는 매우 많다). 따라서 코칭을 비롯한 심리서비스에서 많이 다루는 것은 환경적 개입과 함께 피코치의 동기 강화 작업이다. 피코치의 동기 강화 및 변화의 전략은 피코치의 변화 단계를 고려하여 과학적으로 입증된 연구 결과를 바탕으로 이루어져야 한다. 이에 여기서는 먼저 변화 단계에 대한 이론을 소개하기로 한다.

2. 변화 과정: 초이론 모델

심리학의 수많은 이론에서는 인간의 변화에 대해 다룬다. 특히 동기심리학, 임상심리학, 상담심리학 등에서 제시하는 각종 이론과 치료기법들은 궁극적으로는 개인을 지금보다 더 나은 상태로 변화시키는 것을 목적으로 하고 있다. 이들 이론들은 어떻게 하면 인간을 변화시킬 수 있는지, 즉 변화의 방법에 집중하고 있으며, 감정, 인지, 행동 등 인간의 심리적 요소 중 어떤 요소에 초점을 맞추어 변화시킬 것인가에 따라 각종 이론과 학파가 나뉜다. Prochaska와 동료들은 이러한 접근법에 의문을 품고 기존의 심리치료 이론에 모두 반영되어 있는 변화에 대한 통합적 체계를 찾고자 하였다. 이러한 시도의 결과로 개발된 초이론 모델(Transtheoretical Model: TTM; Prochaska & Diclemente, 1979, 1983)은 의도적인 행동의 변화에 대한 모델로, 개인 행동의 결과보다는 개인이 행동하는 과정에 영향을 미치는 동기와 인지적 요소에 초점을 맞추고 있다(Marcus, Rakowski, & Rossi, 1992).

TTM의 중요한 기여점은 변화에 대한 기존의 관점을 전환시켰다는 것이다. 기존의 심리치료 및 동기이론에서는 변화를 지속적인 과정이 아니라 '있거나 혹은 없는' 사건으로 전제하였다. 따라서 '변화(동기)가 없는' 사람은 몇 주 동안의 치료나 프로그램 참여 등을 통해 변화할 것으로 기대되었는데, 이러한 관점은 암묵적으로 치료 및 행동 개선 프로그램에 들어오는 사람들이 모두 동일한 변화 수준과 변화 동기를 가지고 있음을 가정하게 되고, 누구에게나 동일한 처치와 기법을 적용하는 것에 아무런 문제가 없음을 시사한다.

그러나 TTM은 변화에 대한 이러한 이분법적인 관점을 벗어나 변화는 지속적으로 일어나는 하나의 과정으로 보았으며, 때로는 퇴행도 가능한 역동적인 과정으로 보았다. 변화를 연속적 과정으로 보는 관점은 심리치료나 행동 변화 프로그램에 참여하는 개인의 변화(동기) 수준이나 단계가 각각 다르므로 각 변화 수준에 맞는 접근법을 적용해야 한다는 것을 시사한다. 따라서

TTM에서는 변화의 과정, 변화의 단계, 변화의 수준, 변화의 장단점 등에 초점을 맞추고 있다(Prochaska & Diclements, 2005). 일반적으로 TTM에서는 변화의 단계, 변화의 과정, 결정의 대차대조, 자기효능감을 다루는데, 자기효능감은 주로 변화 행동의 유지와 관련되어 있고 매우 친숙한 개념이므로 이를 제외한 세 가지 개념에 대해서만 다루도록 하겠다.

1) 변화의 단계

TTM에서는 개인이 변화하는 과정을 시간의 흐름에 따라 6단계로 나누었다. 현재는 마지막 종결(termination) 단계를 제외한 5단계가 주로 사용되고 있다. 변화의 단계(Stages of change)에서는 시간적 구분이면서도 동시에 각 단계에서 달성해야 할 과업도 제시하고 있다. 개인은 다음 단계로 나아가기 위해서는 특정 단계에서 제시된 과업을 달성해야 한다. 여기서는 Krebs, Norcross, Nicholson과 Prochaska(2018), 그리고 Prochaska와 Diclemente(1992)가 기술한 변화의 5단계를 요약하여 제시하기로 한다.

(1) 전숙고 단계(precontemplation stage)

행동 변화에 대한 의도가 전혀 없는 단계다. 이 단계에 속한 사람은 자신의 문제를 인식하지 못하지만 그 사람과 가까운 가족이나 친구 등은 이러한 무관심이 문제라는 것을 인식한다. 전숙고 단계의 사람들이 심리치료나 상담, 혹은 코칭과 같이 변화를 위한 개입 장면에 나타나는 경우는 대개 부모나 직장 상사와 같은 다른 사람들의 압력에 의한 것이다. 개인은 문제를 부인하고 변화를 위한 개입에 저항하기 쉽다. 이 단계의 사람들은 앞으로 6개월 동안 어떤 행동의 변화도 없다고 생각하는 'not ready'의 상태다. 전숙고 단계에는 개인의 특성에 따라 다양한 유형의 반응을 보일 수 있는데, Prochaska와 동료들(1994)이 제시한 전숙고자의 유형이 〈표 8-2〉에 제시되어 있다.

표 8-2 전숙고 단계의 유형

유형	특징	전형적 반응
주저하는 전숙고자	자신의 문제행동에 대해 관련 지식이 부족	"뭐가 문제라는 것인지요?"
반항적 전숙고자	자신의 문제행동에 대해 많은 지식을 가지고 있으면서 변화하지 않는 이유를 나열	"변화하지 않아도 문제가 없습니다."
포기한 전숙고자	동기 수준이 낮고 자신의 문제행동에 압도됨	"노력해 봤자 별 수 있겠습니까?"
합리화 전숙고자	자신의 문제가 타인 혹은 환경에 의한 것이라고 생각하고, 논리적으로 그 이유를 토론하려고 함	"문제는 제가 아니고 환경과 다른 사람들이에요."

*Prochaska, Norcross, & Diclemente (1994); 이희경(2014) 재인용 및 변형

(2) 숙고 단계(contemplation stage)

문제가 있다는 것을 인식하고 이를 극복하는 것에 대해 진지하게 생각하기는 하지만 아직 행동을 하겠다는 결단은 없는 단계다. 이 단계에 속한 사람은 변화의 장단점을 이해하지만 자신의 역기능적인 행동의 장점과 이 행동을 극복하는 데 드는 시간과 에너지, 노력 등 손실을 애써 찾으려고 한다. 일반적으로 사람들은 이 단계에서 지체를 많이 하게 되며, 변화에 대한 양가감정과 소망적 사고를 가진다. 이 단계의 사람들은 앞으로 6개월 이내에 행동의 변화를 시작하고자 하는 상태다.

(3) 준비 단계(preparation stage)

변화 의도와 변화 행동이 연결되는 단계다. 이 단계에 속한 사람은 한 달 이내에 행동을 취하려는 생각을 가지고 있고, 일종의 계획도 있어서 작은 행동적 변화들을 보일 수 있다. 기존의 문제행동이 다소 줄어들지만 효과적인 행동 기준까지는 아직 도달하지 못한 상태다.

(4) 실천 단계(action stage)

개인이 문제를 극복하기 위해 자신의 행동, 경험, 환경 등을 조정하는 단계다. 여기서는 행동의 변화가 관찰되고, 이를 위해 개인은 상당한 시간과 에너지를 사용해야 한다. 문제가 조정되는 것이 겉으로 드러나면서 다른 사람들의 인정을 많이 받을 수 있다. 기존에는 이 단계를 변화 과정 전체로 잘못 규정하기도 하였다. 6개월 동안에 역기능적인 행동을 성공적으로 바꾸었다면 이 단계에 해당한다고 할 수 있으며, 문제행동이 정해진 기준에 맞게 수정된다. 겉으로 드러나는 변화에 대한 노력이 이 단계의 핵심 특성이다.

(5) 유지 단계(maintenance stage)

재발 방지를 위해 노력하고 실천 단계 동안에 얻은 이점을 견고하게 다지는 단계다. 변화된 행동이 안정적으로 유지되고 재발되지 않는 것이 이 단계의 핵심 특성이다.

상기한 변화 단계의 정의에 기반하여 개인은 자신이 어떤 변화 단계에 있는지를 〈표 8-3〉의 질문을 통해 간편하게 평가할 수 있다.

표 8-3 변화 단계 평가

평가	1. 나는 내 문제를 여섯 달 전에 해결했다. 2. 나는 지난 여섯 달 사이에 문제해결을 위한 행동을 취했다. 3. 나는 다음 달 안으로 실행에 들어갈 생각이다. 4. 나는 앞으로 여섯 달 안에 행동을 취할 예정이다.
판정	전숙고 단계: 1~4번 모두 '아니다' 숙고 단계: 1~3번 모두 '아니다', 4번 '그렇다' 준비 단계: 1, 2번 '아니다, 3, 4번 '그렇다' 실천 단계: 1번 '아니다', 2~4번 모두 '그렇다' 유지 단계: 1~4번 모두 '그렇다'

출처: Prochaska et al. (1994); 이희경(2014) 재인용 변형.

2) 변화의 과정

변화의 과정(Processes of change)은 사람들이 변화하는 방법에 대한 것이다. Prochaska와 동료들은 심리치료의 이론과 기법 20여 개를 비교 및 분석하여 살펴본 연구를 통해 10개의 변화 과정을 추출하였는데(Diclemente & Prochaska, 1982, 2005), 이러한 결과는 이후의 연구에서도 반복적으로 지지되고 있다. 변화의 과정은 개인이 문제행동을 수정하려고 할 때 사용하는 외현적/내현적 활동으로 정의되는데(Krebs, Norcross, Nicholson, & Prochaska, 2018), 여기서는 Prochaska와 Velicer(1997), Krebs와 동료들(2018)이 제시한 변화의 과정을 소개하도록 한다.

(1) 의식 고양

의식 고양(consciousness raising)은 특정 문제행동에 대해 그 원인, 결과, 그리고 개선법 등에 대한 인식이 증가하는 것을 말한다. 의식 고양은 내담자가 전숙고에서 숙고 단계로 나아가도록 하는 데 도움이 되며, 변화의 이점과 변화 프로그램의 유익을 인식하게 된다. 이러한 인식의 증가를 위한 개입으로는 피드백, 교육, 직면, 해석, 미디어 캠페인 등이 있다.

(2) 감정적 각성 또는 극적 위안(dramatic relief)

감정적 각성(emotional arousal)은 바람직한 행동이 행해졌을 때 나타날 수 있는 부정 정서 해소와 그 후에 나타나는 감정을 경험하는 것을 말한다. 여기에는 더 이상 효과가 없는 관계나 행동을 제거하는 것에서 오는 슬픔, 상실감 등이나 변화하지 않는 것에서 오는 죄책감, 후회, 두려움 등을 경험하는 것을 포함한다. 사이코드라마, 역할극, 애도, 개인적 진술, 미디어 캠페인 등을 통해 이러한 경험을 할 수 있다.

(3) 자기 재평가

자기 재평가(self-reevaluation)는 건강하지 못한 행동이 있는 경우와 없는 경우 각각에 대한 자기 이미지를 인지적/정서적으로 비교 평가하는 것이다. 이 과정은 전숙고에서 숙고로 진행되는 과정에서 나타나며, "나는 소파에서 감자칩을 먹고 있는(반대는 적극적인 활동을 하고 있는) 나에 대해 어떤 생각과 느낌을 가질까?"라는 질문을 던지고 이에 대해 평가하는 것이다. 가치 명료화, 건강한 역할 모델, 이미지 기법, 결정의 대차대조표 등이 자기 재평가 촉진을 위해 사용될 수 있다.

(4) 환경 재평가

환경 재평가(environmental reevaluation)는 개인의 특정 행동이 자신의 주변 사람들에게 어떤 영향을 미치는지를 평가하는 것이다. 또한 자신이 주변 사람들에게 긍정적 혹은 부정적 역할 모델이 될 수 있음을 인식하는 것도 포함된다. 이를 위해서는 공감훈련, 문서화, 가족 개입 등이 사용될 수 있다.

(5) 자기해방

자기해방(self-liberation)은 자신에게 행동을 변화시킬 수 있는 능력이 있다는 믿음을 가지고 행동하는 것을 말하며, 숙고 단계에서 준비 단계로 진전됨에 따라 자주 사용된다. 새해 결심 선언, 공공연하게 이야기하기, 다양한 대안 행동 등이 자기해방을 촉진시킬 수 있다.

(6) 사회적 해방

사회적 해방(social liberation)은 사람들이 건강한 행동을 할 수 있도록 사회적인 장치를 하거나 상대적으로 소수인 집단에게 건강한 행동을 할 수 있도록 기회나 대안을 제공하는 것을 말한다. 이는 주로 사회정책적 측면과 관련이 있으며, 이러한 사회적 기회에 대한 접근성이 높을수록 변화가 촉진된다.

(7) 역조건 형성

역조건 형성(counterconditioning)은 문제행동을 대체하는 건강한 행동을 학습하는 것을 말하며, 고전적인 상호 억제의 방법을 학습하는 것이다. 수동성을 자기주장으로, 불안을 편안함으로, 회피를 노출로, 과잉 통제를 수용으로 대체하는 것 등이 여기에 해당한다. 이 과정은 주로 실천 단계에서 이루어진다.

(8) 자극 통제

자극 통제(stimulus control)는 문제행동을 촉발시키는 요인들(사람, 장소, 사물)을 통제하거나 피하는 것을 말하며, 주로 유지 단계에서 사용된다.

(9) 강화

강화(reinforcement)는 이전에는 유관성 관리(contingency management) 중 하나로 제시되었으며, 개인의 변화 노력에 대해 적절한 보상을 받는 것을 말한다. 강화 계약, 유무형의 강화물, 긍정적 자기진술, 집단의 인정 등이 강화 전략으로 사용될 수 있다.

(10) 지지적 관계

지지적 관계(helping relationship)는 긍정적 행동 변화에 대한 지지뿐 아니라 관심, 신뢰, 개방, 수용 등을 보이는 관계를 의미한다. 라포 형성이나 치료 동맹, 상담자나 코치의 전화, 동료 네트워크 등이 여기에 해당한다.

상기한 변화의 과정은 특정 변화 단계에 따라 더 많이 강조되어 사용된다. 변화 단계에 따라 강조되는 변화의 과정이 [그림 8-1]에 제시되어 있다.

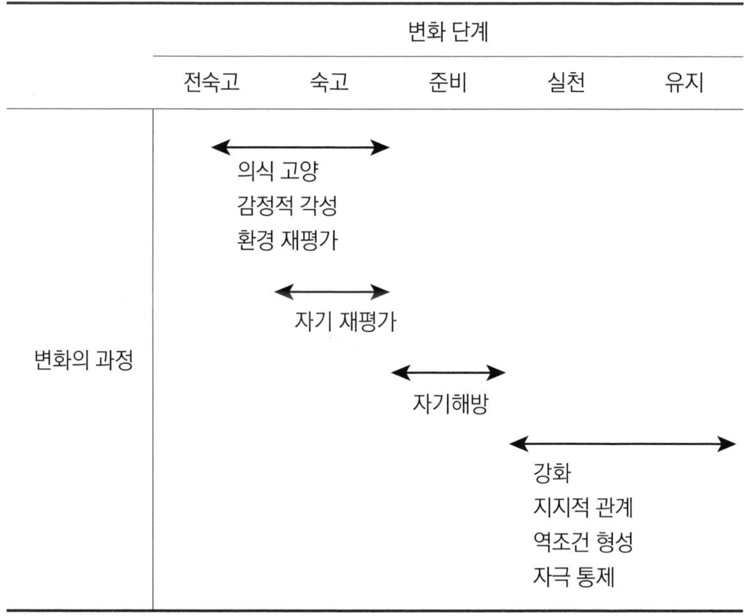

[그림 8-1] 변화 단계에서 강조되는 변화의 과정

출처: Prochaska & Velicer (1997).

3) 결정의 대차대조

결정의 대차대조(decisional balance)는 의사결정을 이득과 손실을 비교하는 '대차대조표'의 결과로 제시한 Janis와 Mann(1977)의 이론에 기반을 둔다. 이들은 의사결정에 관여하는 8개의 구인을 제시하였는데, ① 나와 관련된 도구적 이득, ② 타인과 관련된 도구적 이득, ③ 나의 승인, ④ 타인의 승인, ⑤ 나와 관련된 도구적 비용, ⑥ 타인과 관련된 도구적 비용, ⑦ 나의 비승인, ⑧ 타인의 비승인이 여기에 해당된다.

Prochaska는 각종 연구 결과를 상기한 8개의 의사결정 구인이 의사결정의 장점과 단점(pros & cons)이라는 두 요인으로 압축된다고 하였다(Prochaska, 2008). 의사결정의 장단점 평가가 변화의 단계에 따라 어떻게 변하는지를 종

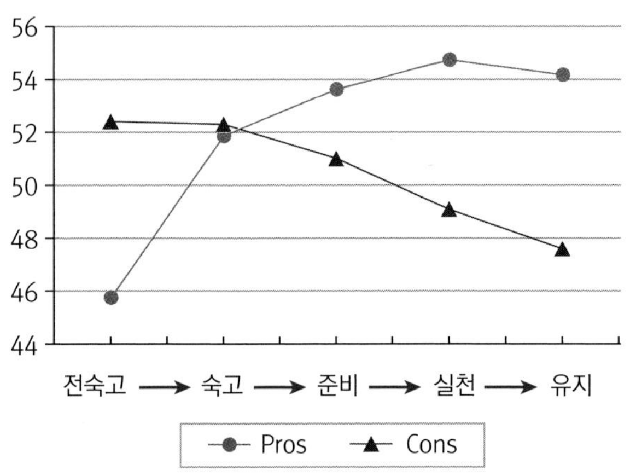

[그림 8-2] 변화 단계에 따른 변화의 장점과 단점의 변화

출처: Prochaska (2008).

단적으로 살펴본 연구 결과(Sun, Prochaska, Velicer, & Laforge, 2007)를 정리한 것이 [그림 8-2]에 제시되어 있다.

[그림 8-2]를 살펴보면, 변화에 대한 장점은 전숙고에서 숙고 단계로 넘어가면서 급격하게 상승하고 그 이후에는 완만하지만 실천 단계까지 지속적으로 상승하는 것을 볼 수 있다. 이후 유지 단계에서는 약간 떨어지기는 하나 전체적으로 변화에 대한 이득 지각은 변화 단계가 진행됨에 따라 증가한다. 반면에 변화에 대한 단점은 전숙고와 숙고 간의 차이가 거의 없이 높게 지각되다가 변화 단계가 진행됨에 따라 점점 낮게 지각된다. 이러한 결과는 변화 단계에 따라 코칭에서 어떤 부분에 초점을 둔 개입이 효과적인지에 대해 다음과 같은 합의점을 제공한다.

- **초기에는 변화에 대한 단점보다는 장점 인식이 중요하다** 앞서 기술한 대로 변화의 초기(전숙고에서 숙고)에는 변화에 대한 단점보다는 장점을 어떻게 지각하느냐가 훨씬 중요하다. 따라서 전숙고에 해당하는 고객과 함께 작업을 할 때에는 고객이 변화 행동에 대해 느끼는 단점을 줄이려고

노력하기보다는 장점을 집중적으로 다루어서 이를 높게 느끼도록 하는 전략이 효과적일 수 있다.

- **양가감정의 발생과 해결** 숙고 단계에서는 양가감정이 발생한다. [그림 8-2]를 살펴보면, 숙고 단계에서 변화 행동에 대한 지각된 장점과 단점이 비슷한 수준이라는 것을 알 수 있다. 이는 변화의 필요성도 느끼지만 변화를 하지 않으려는 욕구도 그만큼 강하게 존재하고 있음을 의미하며, 숙고 단계의 개인은 반드시 양가감정을 극복해야 한다. [그림 8-2]에서는 숙고 단계에서 준비 단계로 나아갈 때 이전 단계와는 달리 장점의 지각뿐 아니라 단점의 지각도 중요하게 작용한다는 것을 보여 준다. 따라서 숙고 단계의 개인이 양가감정을 극복하고 준비 단계로 나아가도록 하기 위해서 코치는 변화의 장점을 높게 지각하는 전략뿐 아니라 변화의 단점을 낮게 지각할 수 있도록 하는 전략도 동시에 사용하는 것이 좋다.

4) 변화를 촉진하는 코치의 효과적 행동

Prochaska와 동료들(2019)은 변화 단계에 대한 수십 년간의 연구들에 대한 메타연구를 통해 치료나 변화 결과를 향상시키는 것으로 발견된 치료자의 행동을 제시하였다. Prochaska는 임상적 심리치료자들의 행동으로 아홉 가지를 기술하였으나, 여기서는 코치에게도 적용될 수 있는 일곱 가지의 효과적 행동을 요약하여 제시하였다.

① **모든 고객을 실천 단계에 있는 것처럼 대하는 오류를 주의하라** 많은 전문가가 훌륭한 행동지향적 개입을 준비한다. 그러나 실제로 이것에 부응할 수 있는 고객은 그리 많지 않다. 따라서 행동 패러다임에서 단계 패러다임으로 생각을 전환하라.

② **현실적인 목표를 설정하라** 기한이 제한된 서비스의 경우에는 현실적인

목표를 설정해야 한다. 전숙고에서 숙고로, 한 번에 한 단계씩 전진하는 것과 같은 현실적인 목표를 설정할 필요가 있다. 이는 변화를 점진적인 과정으로 보고 고객이 앞으로 지속적으로 변화할 것이라는 관점을 내재하고 있다. 만약 어떤 고객이 전숙고에서 숙고로 변화하였다면 이는 앞으로 6개월 이내에 행동을 시작할 가능성이 거의 2배 증가한 것이나 마찬가지다.

③ **전숙고 단계의 고객을 조심스럽게 다루라** 전숙고 고객은 변화의 장점을 과소평가하고, 단점을 과대평가한다. 또한 압력을 느끼면 방어적이 되고, 코치의 수용성, 진정성, 신뢰성 등에 대해 낮은 기대를 가진다. 따라서 고객과의 관계와 변화의 과정을 전숙고 단계에 잘 맞추어 진행하라. 동기 강화 인터뷰(Miller & Rollnick, 1995)에서 제시하는 몇 회기를 적용하는 것이 좋은 전략이 될 수 있다.

④ **각 단계에 맞는 과정을 적용하라** 기존의 연구들에서는 전숙고 및 숙고가 준비 단계로 가기 위해서는 의식 고양, 자기해방, 감정적 각성 등이 효과적이고, 준비에서 실천 및 유지 단계로 가기 위해서는 역조건 형성, 자극 통제, 강화 등이 효과적이라는 것을 밝혔다. 따라서 단계에 적합한 과정을 적용하라.

⑤ **코치의 선호에 맞는 과정을 적용하려는 성향을 피하라** 일반적으로 코치나 상담자들은 자신에게 익숙하고 선호하는 기법 혹은 과정이 존재하기 마련이다. 따라서 고객의 단계가 변화했는데 이를 알아차리지 못하고 자신이 익숙한 과정을 계속 적용하는 경우가 빈번하다. 자신의 선호가 아닌 고객의 변화 단계에 민감하라.

⑥ **고객과의 관계도 단계에 맞게 설정하라** 고객과의 관계도 변화의 중요한 요인이다. 일반적으로 코치나 상담자는 고객과의 관계에서 전숙고 단계에서는 양육하는 부모, 숙고 단계에서는 서로 문답하는 교사, 실천 단계에서는 아주 숙련된 전문코치, 유지 단계에서는 컨설턴트에 준하여 관계를 설정하고 해당 역할을 담당해 주는 것이 좋다.

⑦ **변화준비도를 평가하여 활용하라** 변화준비도를 평가하는 것은 단계에 맞는 개입방법을 제공할 수 있기 때문에 셀프 변화를 위한 도구, 각종 앱, 온라인 개입 등이 특히 유용하다. 변화준비도는 Prochaska와 Prochaska(2016), 그리고 Norcross(2015)의 척도를 활용할 수 있다.

이 장의 요약

☑ 개인의 변화는 능력, 환경, 동기의 세 가지 요소를 종합적으로 확인하는 것에서 출발한다.

☑ 앞의 세 가지 중 행동 변화를 위해 점검하고 다루어야할 우선 순위는 환경, 능력, 동기 순이다.

☑ 초이론 모델은 변화의 방법보다는 개인이 변화하는 과정에 대한 이론이다.

☑ 초이론 모델에서 변화의 단계는 전숙고, 숙고, 준비, 실천, 유지 단계로 구성된다.

☑ 초이론 모델이 제시한 변화의 과정 10가지는 변화 단계 각각에 맞게 효과적으로 사용될 수 있다.

☑ 결정의 대차대조는 전숙고와 숙고 단계에서 특히 유용하게 사용될 수 있다.

수행과 관련된 동기이론

1. 기대이론

기대이론(expectancy theory)은 수행과 관련된 대표적 동기이론으로, 인간을 로봇과 같이 과도하게 이성적인 존재로 설정하였다는 비판은 존재하나 설득력 있는 모델 구성으로 현재까지도 널리 사용되고 있다. 기대이론은 기존의 Atkinson(1957, 1964)을 비롯하여 Tolman(1932) 등이 주장했던 기대-가치 이론을 작업 행동에 적용한 것이다. 기대-가치 이론은 성취 동기와 관련된 것으로, 기대와 가치라는 두 요인이 인간의 행동을 결정한다고 설명하였는데, Vroom(1964)은 이러한 주장을 발전시켜서 직장에서의 수행을 설명하는 작업동기이론으로 기대 이론을 제안하였다.

기대이론은 인간의 행동을 철저히 합리적인 인지 과정의 산물로 가정한 이론으로, 수행은 기대(expectancy), 도구성(instrumentality), 유인가(valence)의 세 가지 요소에 의해 결정된다고 제안한다. 각 요소는 다음과 같으며, [그림 9-1]에는 세 요소 간의 관계가 나타나 있다.

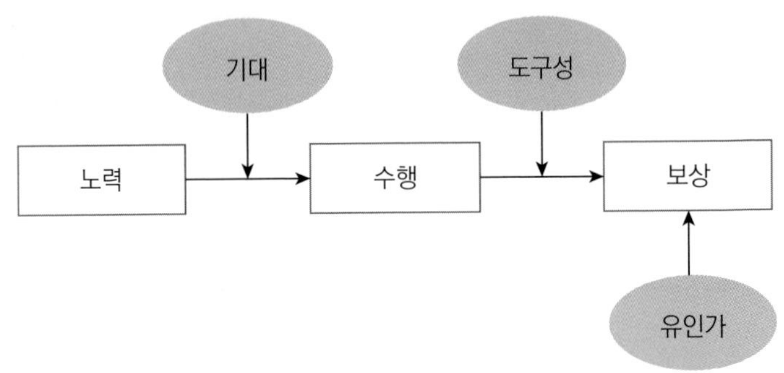

[그림 9-1] 기대이론의 구성요소와 관계

- **기대:** 개인이 특정 수준의 노력을 기울이면 특정 수준의 수행을 달성할 것이라는 믿음
- **도구성:** 개인의 수행 결과로 보상이 따를 것이라는 믿음 혹은 지각 정도
- **유인가:** 보상이 개인에게 가치 있는 정도

기대, 도구성, 유인가는 모두 개인이 주관적으로 지각하는 정도다. 다만 기대나 유인가는 행위자 개인의 능력이나 성격, 선호, 흥미 등에 대한 지각인 반면, 도구성은 보상이라는 환경적 요소가 포함되어 있다. 좀 더 정확하게는 보상에는 만족감, 보람, 즐거움 등과 같은 내적 보상도 포함되지만, 많은 경우에 금전적 대가, 칭찬과 같은 사회적 인정, 입학 및 취업, 승진 등과 같은 외적 보상이 많다. 따라서 수행과 보상 간의 관계인 도구성은 환경의 변화나 상황에 따라 달라질 수 있다. 세 요소가 개인의 행동이나 수행에 어떤 영향을 미치는지가 [그림 9-2]에 제시되어 있다.

일반적으로 우리가 기대이론을 사용할 때에는 한 개인의 노력, 즉 행동을 예측하거나 설명 혹은 강화시키는 것을 목적으로 한다. 따라서 우리의 관심은 기대이론의 세 가지 요소가 개인의 노력에 어떤 영향을 미치는지에 있다. [그림 9-2]에서 (a)는 다른 두 요소가 동일하다고 가정할 때 도구성의 변화에 따라 공부행동이 어떻게 달라지는지를 보여 준다. 도구성은 수행과 보상 간

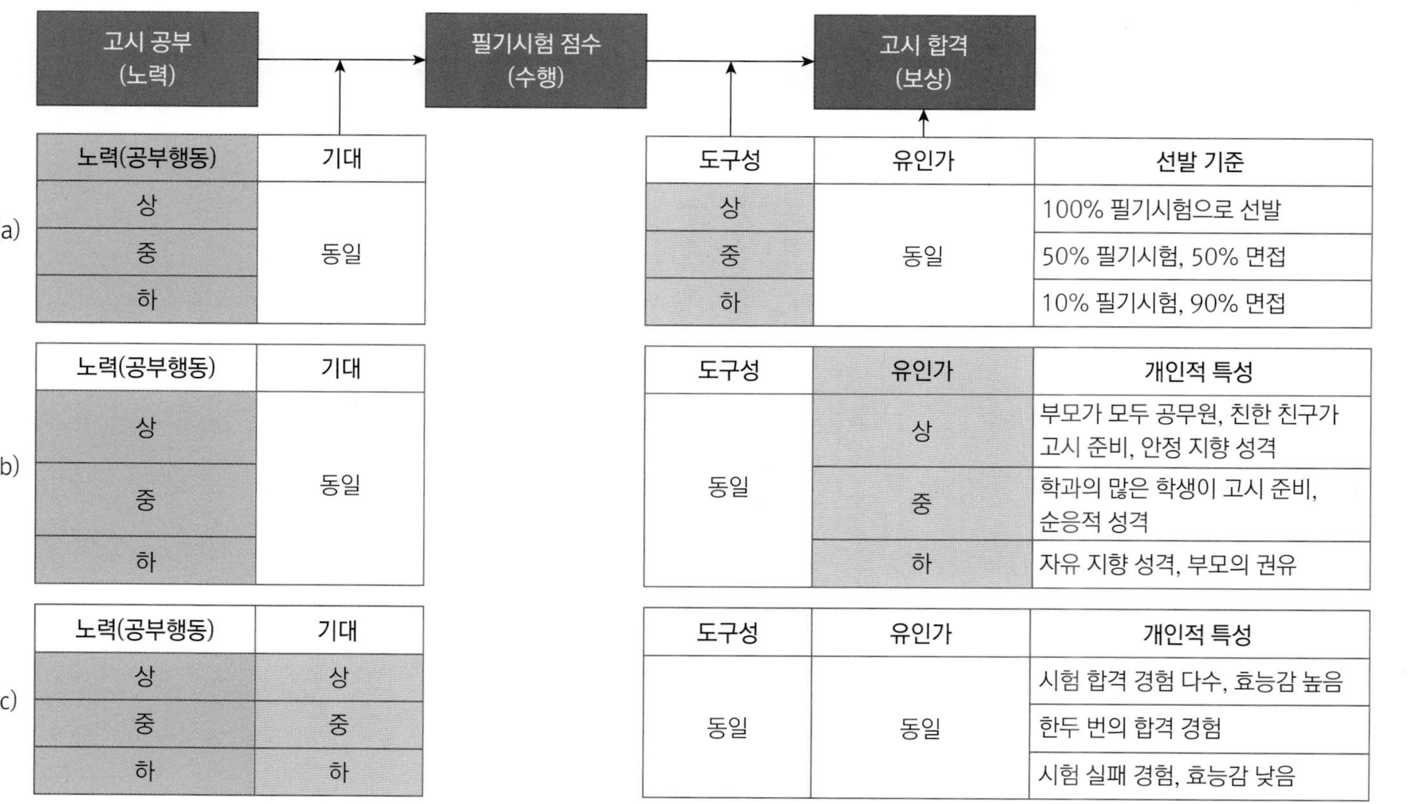

[그림 9-2] 기대이론 하위요소의 변화에 따른 행동 예측의 예

의 인과관계에 대한 믿음이므로 필기시험 점수가 고시 합격에 얼마나 반영되는지가 개인의 공부행동을 결정하게 된다. 만약 극단적인 경우로, 무작위 혹은 100% 면접으로만 선발한다면 도구성이 '0'이 되어 공부행동이라는 노력은 발생하지 않게 된다. 때로는 도구성이 낮은 경우에도 노력행동이 높을 수 있는데, 이는 그 밖의 다른 요소인 기대나 유인가가 높은 경우에 해당한다. 특히 기대보다는 유인가가 높으면 도구성이 낮은 경우에도 노력행동이 높게 나타날 수 있다. 예를 들면, 시험에 합격하는 것이 가족의 생계에 결정적이라거나 혹은 집안의 압력이 매우 강할 때 등이다. 앞서 기술한 대로 도구성은 환경적 요소로 작용하는 경우가 많다.

(b)는 다른 두 요소가 동일할 때 유인가는 다른 개인의 노력행동 예측이다. 유인가는 개인이 보상에 대해 느끼는 매력도라고 할 수 있다. 대개 특정 보상에 대한 매력도는 개인의 기질 및 성격적 성향, 흥미, 가족 및 친구 등 주변 사람들의 영향, 해당 보상이 개인과 가족의 삶에 미치는 영향, 당시의 시대적인 유행 등에 따라 달라진다. 종종 우리는 성공 확률이 낮은(기대와 도구성이 낮은) 것을 열정적으로 추구하는 사람들을 볼 수 있는데, 이런 사람들의 행동은 높은 유인가로 설명될 수 있다.

(c)는 도구성과 유인가가 동일할 때 기대가 노력행동의 주요 요소로 작용하는 경우다. 기대는 기대이론의 세 가지 요소 중 가장 개인적인 요인에 의해 형성된다. 주로 개인은 과거의 성공 혹은 실패 경험에 영향을 받는데, 과거에 성공 경험을 많이 한 사람은 기대가 높고 실패 경험을 많이 한 사람은 자신의 노력행동과 수행 간의 관계에 대한 믿음, 즉 기대가 낮다. 아울러 객관적인 자신의 능력과는 관계없이 자신의 수행에 대한 효능감이나 자존감이 낮거나 불안정하면 기대가 낮아질 수 있다.

기대이론은 인간이 상기 요소들을 객관적으로 평가하고 행동하는 합리성을 전제로 한 이론이기에 현실에서는 적용에 한계가 있을 수 있으나 이론의 간명성과 설득력으로 인해 여전히 다양한 맥락에서 사용되고 있다. 77개의 기대이론 연구들을 대상으로 메타분석을 한 연구에 의하면(Van Eerde &

Thierry, 1996), ① 업무와의 상관 측면에서는 상기 세 가지 요인을 결합한 점수(각 요인 점수의 곱)보다 구성요소 각각과 업무성과 간의 상관이 더 높았다. 이는 인간이 합리적이지 않기에 나타나는 결과로, 인간은 이 세 요소를 모두 골고루 고려하기보다는 개인의 처한 상황에서 매우 강하게 두드러지는 특정 요소에 의해 행동을 할 가능성이 높다. ② 기대이론은 개인 간 비교보다는 개인 내에서 개인이 어떤 행동에 많은 노력을 기울이는지를 예측하는 데 더 유용하다. 이는 주관적 평가의 한계로, 사람마다 반응 정도와 기저선이 다르기 때문이다. ③ 기대이론의 세 요소와 개인의 의도와 선호 간의 상관이 선택이나 수행과 같은 행동지표와의 상관보다 더 높다. 이는 기대이론의 하위 요소들이 개인의 의지와 의도를 높일 수는 있으나 실제 행동화하는 데에는 그 밖의 다른 요소들이 훨씬 더 많이 개입된다는 것을 시사한다.

1) 기대이론의 코칭 적용

① **고객의 현재 상태 평가:** 목표 행동 혹은 현재 개선이 필요한 행동에 대해 기대, 도구성, 유인가의 세 가지 차원에서 평가해 보고, 긍정적 요소와 개선이 필요한 요소를 파악한다. 다음의 워크시트를 사용할 수 있다.

② **평가에 기반한 개입:** ①번 단계에서 평가된 내용을 바탕으로 성공적 코칭을 위해 목표 행동을 조정 및 강화할 수 있다.

- **유인가가 낮은 경우:** 이는 피코치가 목표 행동을 자발적으로 설정하였다기보다는 강제적으로 목표 행동을 해야 하는 상황일 수 있으며, 이때 강제적 목표 행동을 달성하지 못하더라도 처벌이나 손실도 크게 존재하지 않는 경우다. 이 경우에 코칭은 목표 행동을 다시 검토하여 피코치에게 유인가가 있는 결과를 얻을 수 있는 목표 행동으로 조정을 하거나, 그럼에도 해당 목표 행동을 유지한다면 피코치가 유인가를 느낄 수 있는 결과에 대해 다시 논의한다. 어떤 경우도 개입이 어려운 경우에는 피코치의 동기 수준 자체가 전반적으로 낮아져 있는 상태이므로 피코치의 전반

■ **목표 행동에 대한 유인가, 도구성, 기대 평가 워크시트**

• 지시문

1. 당신이 목표 행동을 이루었을 때, 그 결과로 받게 되는 보상이 무엇인지 쓰세요(예를 들어, 승진, 보람).
2. 각 보상이 당신에게 얼마나 가치가 있는지(유인가)를 평정하세요.
3. 목표 행동이 이러한 보상을 가져올 가능성(도구성)이 얼마나 되는지 평정하세요.
4. 당신이 노력하면 이것이 목표 행동 증가로 이어질 가능성(기대)이 얼마나 되는지 평정하세요.

* 평정은 10점 척도이며, 1=매우 낮음, 10=매우 높음

2. 유인가	1. 결과	3. 도구성	4. 기대 (노력-수행)
	1.		
	2		
	3		
	4		

적 심리 상태에 대한 점검이 필요하다.

• **도구성이 낮은 경우:** 도구성이 낮은 경우에도 목표 행동을 추구하는 것은 일종의 실패 위험성이 높은 목표에 도전하는 것이라고 할 수 있으며, 도구성이 낮을수록 보상 획득에 실패할 확률은 증가한다. ① 도구성과 유인가가 모두 낮은 경우에는 (조직이나 부모 등에 의해) 강요된 목표일지라도 목표 자체를 바꾸는 것이 좋다. ② 도구성은 낮으나 유인가가 높은 경우에도 피코치가 해당 보상을 얻을 수 있는 다른 방법을 고려해 보도록 목표 행동 변화를 시도하는 것이 좋다. ③ 도구성은 낮으나 유인가와 기대가 높은 경우에는 피코치가 해당 목표 행동을 포기하는 것이 좀 더 어렵다. 피코치가 해당 목표 행동을 지속하기를 선택하는 경우에는 실

패와 성공 확률을 스스로 가늠해 보고 실패 위험에도 불구하고 해당 목표를 위해 노력한다면 얼마나 많은 시간과 자원을 투여할 수 있는지 그 한계를 피코치와 함께 설정하는 것이 좋다. 예를 들면, 영업 능력이 좋고(높은 기대) 승진을 원하지만(중상 수준의 유인가), 영업 실적을 올렸을 때 승진 가능성이 있지만 이것이 불확실한 상황이라면(중하 수준의 도구성), 영업 실적을 올리는 노력을 언제까지 해 볼 것인지, 그 이후에는 어떤 전략을 사용할 것인지 등을 함께 논의하는 것이 필요하다.

- **기대가 낮은 경우**: 기대가 낮은 경우에는 실제로 목표 행동을 하기 위해 필요한 능력이 부족한 경우와 실제 능력과 관계없이 주관적으로 낮게 지각하는 경우로 나눌 수 있다. ① 코치는 과거에 상당 기간 동안 다양한 영역에서 보인 피코치의 성공 및 실패 경험 탐색을 통해 피코치의 능력이 목표 행동에 실제로 부족한지 여부를 대략적으로 판단할 수 있다. 실제로 능력이 부족하다고 판단되는 경우에는 목표 행동의 수준이나 유형을 피코치에게 적절하게 바꾸는 작업이 필요하다. ② 반면에 현실적인 근거가 없이 혹은 현실에서는 충분한 능력이 있는 것으로 추정됨에도 불구하고 기대가 낮은 경우에는 대개 불안정한 자존감이나 자기효능감, 즉 심리적 요인과 관련되어 있다. 따라서 코치는 관련 심리적 요인을 탐색하고 이에 대한 적절한 개입을 할 필요가 있다.

2. 목표 설정과 자기 조절

목표설정이론(goal setting theory; Loke & Latham, 1990a, 1990b)은 인간의 의도적 행동을 설명하는 가장 기초적 동기 변인인 목표(Loke, 1968)의 기능과 효과 등에 대한 이론으로, 심리학자들에게 가장 인기 있는 동기 이론 중 하나다. 여기서 주목할 것은 목표설정이론이 인간의 비의도적 혹은 습관적 행동이 아닌 의도적 행동에 대한 설명을 제시한다는 점이다. 따라서 목표설정이론은 의도적인 행동의 방향, 행동 지속과 같은 인간 행동의 변화를 위해 목표가 어떻게 사용될 수 있는지를 효과적으로 보여 준다.

목표설정이론에서는 동기 유발을 효과적으로 하는 목표의 특성이나 목표 전념(goal commitment)과 같은 다양한 개념에 대한 연구가 이루어졌으며, [그림 9-3]에는 높은 수행과 관련된 핵심적 요인과 그 순환 과정이 정리되어 있다(Locke & Latham, 2002). 여기서는 높은 수행 순환 모형 중 목표의 핵심 특성과 일부 주요변인에 대해서 살펴보기로 한다.

구체적으로 각 연구들을 살펴보기 전에 목표 설정이 수행이나 성공과 같은 결과변인뿐 아니라 행복이나 삶의 만족도와도 상관이 있다는 것을 언급할 필요가 있다. 목표를 가지고 있는 사람은 목표가 없는 사람보다 높은 주관적 안녕감을 보였으며(Emmons, 1986; Omodei & Wearing, 1990), 목표를 지닌 사람의 높은 안녕감은 실제로 목표를 달성하였는지와는 크게 관련이 없었다(Emmons, 1986). 따라서 목표를 정한다는 것은 수행이나 성취뿐 아니라 개인의 삶의 만족도와 안녕감을 높이는 데 긍정적인 역할을 한다고 할 수 있다.

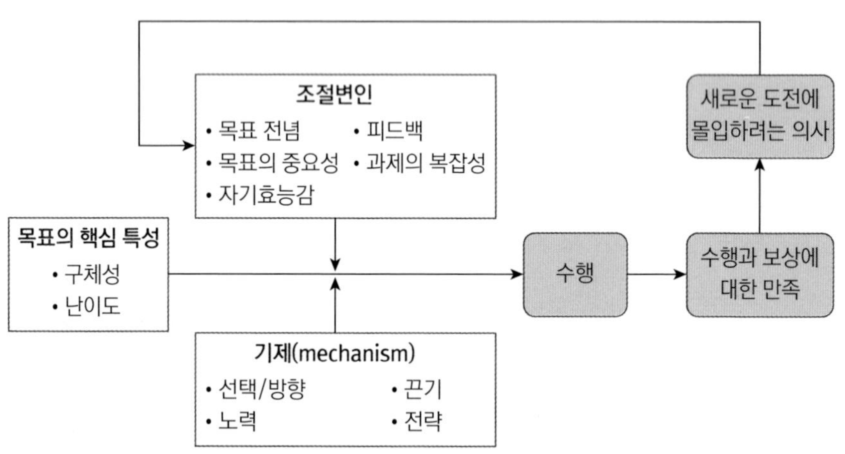

[그림 9-3] 목표설정이론과 높은 수행의 순환

출처: Locke & Latham (2002).

1) 목표의 특성

(1) 목표의 난이도

목표의 난이도(goal difficulty)는 목표를 달성하는 데 필요한 지식과 재능의 수준을 말한다(Locke, Shaw, Saari, & Latham, 1981). 목표의 난이도와 수행 간의 관계에 대한 초기 연구들에서는 목표의 난이도와 수행 간의 사이에 정적인 선형관계가 있음을 보여 주었다(예를 들어, Locke & Latham, 1990a; Wood, Mento, & Locke, 1987). 여기서 목표가 어려울수록 수행이 증가하는 이유는 쉽게 설명이 가능한데, 목표가 어려울수록 사람들은 노력을 더 많이 하게 되고, 목표를 꼭 달성하지 않더라도 쉬운 목표를 세운 사람보다는 더 높은 수행 결과물을 얻게 되기 때문이다.

그러나 목표의 난이도와 수행 간의 관계에 대해 이후 연구(Wright, Hollenbeck, Wolf, & McMahan, 1995)에서는 조금 다른 결과를 제시하였다. 이들은 대학생들의 학업성취도에 대한 연구에서 목표의 난이도와 수행 간의 관계가 정적인 선형관계가 아니라 거꾸로 된 U자 관계(inverted U-relationship)임을 밝혔다. 즉, 목표의 난이도는 중간 정도일 때 수행을 가장 높이고 너무 쉽거나 너무 어려우면 오히려 수행이 떨어진다는 것이다. 이러한 연구 결과는 목표설정이론가들에 의해서도 어느 정도 지지되고 있는데(예를 들어, Locke & Latham, 2002), 이들 역시 단순히 어려운 목표를 세우는 것이 중요한 것이 아니라 자신의 실제 능력을 넘어서지 않는 목표를 설정하는 것이 중요하다고 함으로써 최적 수준의 난이도가 존재함을 암시하였다.

이처럼 목표의 난이도 개념은 수행자의 능력과의 관계에서 설정되는 것이 중요하다. 최적의 난이도가 수행자의 기술이나 능력에 따라 달라진다는 것은 Csikszentmihalyi(1975, 1990, 1997)의 출현동기이론(emergent motivation theory)에서 제시한 플로우(flow) 모델에도 반영되어 있다. Csikszentmihalyi는 초기 이론에서 도전 수준(난이도)과 수행자의 기술(능력)이 서로 일치할 경우에 몰입의 상태인 플로우 채널이 열린다고 하였다. 즉, 수행자의 능력을 고려하여 중간 정도의 난이도가 최적인 몰입 상태를 유발한다는 것이다. 물론 Csikszentmihalyi는 이후에 자신의 이론을 수정하여 플로우는 수행자의 기술이나 능력이 중간 이상이 되어야만 발생한다고 하여 기술 수준이 너무 낮은 수행자의 경우에는 플로우를 경험할 수 없음을 지적하였다. 특히 Csikszentmihalyi(1989)는 영재 학생들은 자신의 기술과 과제의 난이도가 모두 높은 경우(플로우 채널)에 해당 과제에 대한 내적 동기가 가장 높으나, 일반 학생들은 자신의 기술이 높더라도 과제 난이도가 중간 수준인 경우(통제 채널)에 내적 동기가 가장 높은 것으로 나타났다. 이는 일반적인 경우, 목표의 난이도가 중간 정도일 때 사람들은 통제 가능하다고 느끼고, 목표 달성을 위한 내적 동기를 높게 가지게 됨을 의미한다.

상기한 목표의 난이도 연구들을 종합해 보면, 전체적으로 목표는 쉬운 것보다는 어려운 것이 좋으며, 수행자의 능력과 기술을 고려하여 일반적으로 중간 정도의 난이도를 지닌 것이 목표 달성을 위한 수행 노력을 가장 증진시킬 수 있는 것으로 보인다.

(2) 목표의 구체성

목표의 구체성(goal specificity) 효과에 대한 연구는 많지 않으나 목표가 구체적일 때 달성 가능성이 높아진다는 것은 직관적으로 쉽게 이해할 수 있으며, 연구 결과도 이를 지지한다. 예를 들면, 한 연구에서는 참가자에게 자신이 선택한 제품의 광고방법에 대한 근거 진술을 제시하도록 한 과제에서 "최선을 다하라."라는 추상적 목표 제시 집단에 비해 "적어도 네 가지 이상의 주장을 제시하라."라는 구체적 목표 제시 집단이 수행을 더 열심히 하고 계획 세우기에 더 많은 시간을 쏟는 것으로 나타났다(Earley, Wojnaroski, & Prest, 1987). 얼마나 구체적이어야 하는지에 대해서는 다음에서 제시되는 코칭모델 부분에서 다루도록 한다.

2) 조절변인

(1) 과제의 복잡성

목표의 특성과 수행 간의 관계를 조절하는 것으로 과제의 복잡성(task complexity)이 있다. 과제의 복잡성은 상기한 목표의 구체성과 관련된 것으로, 목표 설정이 수행에 미치는 효과는 과제가 복잡한 것보다는 단순한 과제에서 더 크게 나타난다는 것이다(Mone & Shalley, 1995). 목표 설정에서 과제의 복잡성의 부정적 효과는 우선 과제가 복잡할 경우에 목표를 구체적으로 세우기가 어렵기 때문이다. 예를 들면, 여러 가지 활동과 과업으로 구성되는 프로젝트는 복잡한 과제로 이에 대해 '프로젝트 성공시키기'라는 모호한 목표가 설정될 수밖에 없다. 그러나 복잡한 과제를 단순한 하위 과제로 나누어서 도안 완성이라는 과제로 분해를 하면 이에 대해 '2개 이상의 기초 도안 작성하기'라는 구체적 목표를 설정할 수 있다. 또 다른 이유로 제시되는 것은 목표를 세우는 것 자체에 인지적 자원이 소모되기 때문에(Kanfer, Ackerman, Murtha, Dugdale, & Nelson, 1994) 복잡한 과제를 수행하는 데 집중되어야 할 인지적 자원이 목표를 세우는 데 소모되고, 이것이 수행에 부정적인 영향을 미친다는 것이다. 이러한 이유로 수행을 증진시키기 위해서는 가능하면 과제는 구체적인 목표를 세울 수 있는 단순한 과제로 만드는 것이 좋다.

(2) 목표전념

목표전념(goal commitment)에 대한 정의는 학자마다 약간 다른데, 목표 달성 의도를 형성하는 과정으로 정의하는(Sheeran & Webb, 2012) 과정적 정의와 목표에 집중하여 이를 달성하려고 노력하며, 실패나 장애물이 있어도 계속하려는 것이라고 정의하는(Latham & Locke, 1991) 행동적 정의가 있다. 일반적으로 목표전념은 후자로 주로 사용되며, 이와 관련된 연구들이 많이 진행되었다.

목표전념이 수행에 미치는 영향에 대한 연구들은 다소 비일관적인데,

목표 달성에 정적 영향을 준다는 연구도 있으나(Sheeran, 2002; Wofford, Goodwin, & Premack, 1992) 많은 연구에서는 제3의 조절변인이 개입되거나 혹은 목표전념이 조절변인으로 작용하거나 혹은 매개변인으로 역할을 한다는 것을 밝혔다. 따라서 목표전념이 수행에 긍정적인 영향을 미치기 위해서는 다양한 맥락적 조건이 존재하는 것으로 보인다.

목표전념에 영향을 미치는 요인(Locke & Latham, 1990a, 2002)으로는 목표 달성의 중요성, 목표 설정 시 참여 여부, 자기효능감 등이 있다. 특히 목표 달성의 중요성은 목표를 다른 사람들에게 공개함으로써 증가될 수 있으므로 목표를 설정했을 때에는 이를 주변 사람들에게 공공연히 말하는 전략이 효과적이다. 그 밖에도 목표에 달성할 수 있는 방법이 여러 가지가 있다고 느낄 때 목표전념이 증가하고(Kruglanski, Pierro, & Sheveland, 2011), 단순히 목표가 달성된 것을 상상하는 것(indulging)보다는 현실을 파악하여(dwelling) 목표와 현실을 대비시켜 보는 작업(mental contrasting)을 하는 것이 목표전념을 높인다(Oettingen, Mayer, Thorpe, Janetzke, & Lorenz, 2005). 목표전념을 높이는 방법을 다시 간략하게 정리하면 다음과 같다.

■ 목표전념이 증가하는 경우

- 목표 달성의 중요성과 의미 증가
- 목표를 타인에게 공개
- 목표 설정 시 본인이 참여한 경우
- 자기효능감
- 목표 달성 상태에 대한 상상과 현재의 장애물 평가를 통한 심적 대비

코칭에서의 목표전념 모델 적용

Burkley와 동료들(Burkley, Anderson, Cutis, & Burkley, 2013)은 목표를 세운 이후 진행 과정에서 목표전념에 어떤 요인들이 영향을 미치는지를 제시하고, 이를 살펴보면서 조정하는 것이 목표전념을 증가시킬 수 있다고 제안하였다. 이들이 제시한 세 가지 요인은 목표 만족도(goal satisfaction), 목표 투자량(goal investment), 대안 목표(goal alternative)이고, 이에 따라 목표 추구 과정 중에 개인의 목표전념이 달라지게 된다고 하였다. 각 요소에 대한 설명과 이것이 코칭 과정에 주는 함의점은 다음과 같다.

1. 목표 만족도

목표 만족도는 목표를 추구하는 것에 대해 긍정 정서를 얼마나 느끼는지에 대한 것이다. 예상 가능하듯이, 목표를 추구하는 과정에서 긍정 정서를 느끼고 만족도가 높을수록 목표전념은 증가한다. 이를 위해서는 목표에 조금씩 다가가면서 실제로 과정적 성취가 이루어져야 하며, 과정적 성취 촉진을 위해 코칭에서 사용할 수 있는 방법은 다음과 같다.

- **실천방법 및 하위목표의 난이도 조정:** 목표를 설정한 후 이를 달성하기 위한 방법이나 하위목표를 초기에는 약간 쉬운 것으로 정하여 성공을 일찍 경험하도록 하는 것이 좋다. 또한 이후 단계에서도 난이도가 어느 정도 높으면서도 충분히 달성 가능한 하위목표나 방법을 선택하는 데 주의를 기울여야 한다.
- **보상과 피드백:** 목표 과정에서 느끼는 성취감은 목표에 대한 내적 동기와 관련된 전략이다. 이와 함께 외부에서 주어지는 보상이나 피드백도 목표 만족도에 유익하다. 보상은 물질적 보상보다는 언어적 보상이 적절하며, 이는 피드백으로 작동할 수 있다. 아울러 정확한 피드백이 가능하다면 개인이 얼마나 진전했는지와 목표와의 차이를 정확하게 인식할 수 있으므로 만족감에 긍정적 영향을 줄 수 있다.

2. 목표 투자량

목표 투자량은 목표를 추구하는 데 개인이 얼마나 자신의 자원을 투자하였는지를 의미한다. 여기서 자원은 시간, 비용, 노력 등 개인이 가용할 수 있는 모든 것이라고 할 수 있다. 목표를 추구하는 과정에 많은 자원을 투자할수록 개인은 이를 포기하기가 점점 어려워지고 목표에 대해 긍정적인 태도를 지니게 된다. 이는 행동과 태도는 불일치하기 어렵고 행동에 맞춰서 태도를 바꾼다는 인지부조화이론, 그리고 인간은 이득을 좋아하는 정도보다는 손실을 싫어하는 정도가 훨씬 강해서 일단 자산을 많이 투자하면 손실을 볼까 봐 중단하지 못한다는 매몰비용효과를 통해 예측 가능하다. 이러한 속성을 고려하여 목표전념을 높일 수 있는 방법은 다음과 같다.

- **물질적 자원 투자:** 돈을 투자하여 목표전념을 높이는 전략을 적용한 극단적인 예는 www.stickk.com과 같은 사이트다. 여기서는 개인이 설정한 목표와 신용카드를 등록하고 기한 내에 목표를 달성하지 못하면 약정한 금액이 제3자에게 전달되는 서비스를 제공한다. 이때 금액이 높을수록 개인은 목표를 달성할 가능성이 높아진다. 따라서 개인이 목표 추구 과정에서 본인이 포기하기 어려울 정도로 비용을 많이 쓰면 목표전념은 높아진다.
- **심리적 자원 투자:** 심리적 자원의 투자는 자부심, 존경, 시기심, 수치심 등과 같은 심리적 요인을 이용하여 이를 얻거나 혹은 회피하려는 동기가 강해지도록 만드는 것을 의미한다. 예를 들면, 목표를 다른 사람에게 말할 때 허물이 없는 친한 친구에게 말하는 것보다는 자신을 존경하는 자녀나 부하에게 말하는 것이 목표 달성에 훨씬 많은 심리적 관여 혹은 투자를 하게 된다. 즉, 목표 달성과 관련되어 발생하는 긍정 정서 혹은 부정 정서가 강할수록 목표전념은 높아진다.

3. 대안 목표

대안 목표는 타겟이 되는 목표를 방해하는 갈등적 목표를 말한다(Shah, Friedman, & Kruglanski, 2002). 예를 들면, 학점 올리기라는 목표를 가진 대학생이 여행 자금 마련하기라는 대안 목표를 가지고 있는 경우에 목표 달성을 위해 공부를 해야 하는 시간에 여행 자금 마련을 위해 아르바이트를 해야 할 수 있다. 따라서 두 목표는 서로 갈등관계에 있다. 일반적으로 대안 목표가 많을수록 목표전념은 떨어질 수밖에 없다. 대안 목표가 방해가 되는 경우에는 다음과 같이 조정할 수 있다.

- **우선순위 설정과 대안 목표의 조절**: 타겟 목표와 대안 목표를 비교 및 평가하여 어떤 하나를 일방적으로 희생하지 않고 조절할 수 있는 방법을 피코치와 함께 논의한다. 목표 간 갈등과 방해를 피할 수 없다면 어떤 목표가 중요한지 시급성, 중요성 등의 차원에서 평가하여 우선순위를 정하고 다른 목표를 그다음에 실천할 수 있도록 조정한다. 필요한 경우에 목표 달성의 기한과 수준 등을 조정하여 갈등을 최소화할 수 있다.

3. 내재동기와 외재동기 간의 관계

인간의 행동 변화의 원인을 분류할 때 가장 단순하게 적용할 수 있는 관점이 내재동기와 외재동기 간의 구분이다. 조직이나 학교, 가정 등에서 인간의 행동에 영향을 주기 위하여 다양한 방법이 고안되고 적용되고 있으며, 이들 방법의 대부분은 개인의 내재동기 혹은 외재동기에 영향을 주어 행동을 변화시키려는 것이라고 할 수 있다. 따라서 현실에서 많이 사용되고 있는 두 종류의 동기 전략과 그 관계에 대해 코칭심리학자는 정확한 지식을 가지고 있을 필요가 있다.

내재동기(intrinsic motivation)는 심리적 욕구, 개인적 호기심, 성장을 위한 노력 등으로부터 자발적으로 발생하는 것이며(Reeve, 2005), 반면에 외재동기(extrinsic motivation)는 어떤 외적인 이유로 특정 행동을 하게 되는 것을 말한다(Deci & Ryan, 2012). 내재동기화된 행동은 호기심, 도전감, 즐거움, 흥미,

몰입, 재미, 유능감, 통제감, 자율성 등에 기인한 행동이며, 외재동기화된 행동은 물질적/비물질적 보상을 얻기 위해서나 혹은 예상되는 처벌을 피하기 위해서 이루어지는 행동이다.

행동주의가 심리학을 지배하던 1950년대 전후에는 인간의 행동이 주로 보상과 처벌에 의해 지배된다고 생각하였으나, 이후 점차적으로 내적 동기의 중요성과 보상 및 처벌의 유해성을 지적하는 연구들이 등장하였다. 내적 동기에 대한 연구는 앞서 언급한 자기결정성이론을 제시한 Deci와 동료들에 의해 주도적으로 이루어졌으며, Deci 그룹은 주로 외적 보상이나 처벌이 내재동기를 손상시킨다는 연구 결과들을 바탕으로 외적 보상의 유해성을 주장하였다. 그러나 Cameron을 중심으로 한 학자들은 이전의 연구들에 대한 메타 분석결과를 제시하면서 Deci 그룹의 주장을 반박하였는데(Cameron, 2001; Cameron & Pierce, 1994), 그들은 보상의 유해성은 과장되어 있으며 그 효과는 제한적일 뿐이라고 주장하였다. 두 그룹의 상반된 주장은 분석방법과 관점의 차이에서 주로 기인하고 있으며, 보상과 내재동기와의 관계에 대한 논쟁은 여전히 해결되지 않고 있다. 다만 두 주장 모두가 현실의 일면을 보여주고 있어 종국에는 앞으로의 연구를 통해 상황과 맥락, 대상 등 구체적인 조절변인의 효과가 명료하게 밝혀질 것으로 보인다. 여기서는 관련된 이론들을 자세히 다루기보다는 핵심적으로 숙지해야 할 개념 중심으로 소개하고자 한다.

1) 보상의 기능

보상이 인간의 행동에 어떤 영향을 미치는지에 대해서는 인지평가이론(Deci, 1971, 1975; Deci & Ryan, 1985)이 유익한 관점을 제공한다. 인지평가이론은 기본적으로 인간은 자신의 행동을 인지적으로 평가하고 그 이유를 찾으려고 한다는 것을 전제로 하고 있으며, 이 과정에서 행동의 이유가 자신 내부에 있다고 지각할수록 그리고 유능하다고 지각할수록 내재동기가 증가한다고 하였다. 특히 연구자들은 인지평가 과정에서 보상이 어떤 영향을 미치는지를 연구하였는데, 보상은 행위에 대해 두 가지 유형의 기능을 가진다고 하였다. 첫째는 정보적 기능(informational function)으로, 보상은 행동이 적절하고 높은 수행에 해당한다는 정보를 알려 준다. 둘째는 통제적 기능(controlling function)으로, 보상은 개인의 행동을 통제하려는 목적으로 제공된다.

보상의 두 가지 기능은 보상이 인간의 내재동기에 미치는 영향을 설명하는 데 유익하다. Deci(1971)가 진행했던 유명한 'Soma 퍼즐' 실험을 살펴보자. 참가자들은 3일 동안 퍼즐 풀기 실험에 참여하였는데, 보상에 대한 아무런 언급이 주어지지 않은 통제집단에 비해 실험집단은 2일차에 1달러의 보상을 받게 된다는 것을 들었다. 그 결과, 통제집단과 달리 실험집단에서는 마지막 날 자유시간에 퍼즐을 푸는 시간이 첫날에 비해 줄어든 것으로 나타났다. 반면에 칭찬과 같은 언어적 보상을 받은 집단은 마지막 날 자유시간에 퍼즐을 자발적으로 푸는 시간이 훨씬 덜 감소하는 것으로 나타났다. 이러한 결과가 나타난 이유를 추론해 보면 같은 보상이지만 물질적 보상은 개인의 행동을 통제하려는 목적으로 평가되고, 이는 인간의 기본적 욕구인 자율성을 손상시켰으며, 결과적으로는 개인의 내적 동기를 감소시키게 된다. 반

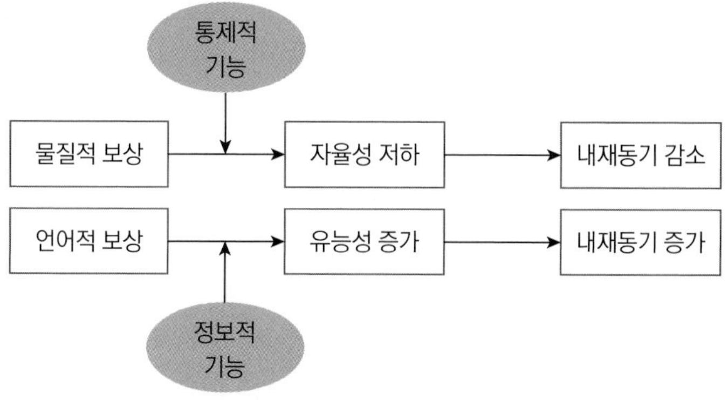

[그림 9-4] 보상의 유형이 내재동기에 영향을 미치는 기제

면에 언어적 보상은 자신의 행동에 대한 정보를 주는 것으로 평가되고, 이는 역시 인간의 기본적 욕구인 유능성을 증가시키며, 결과적으로는 내적 동기를 증가시켰을 수 있다. 물질적 보상과 언어적 보상이 내재동기에 미치는 영향을 설명한 것이 [그림 9-4]에 제시되어 있다.

2) 내재동기의 평가절하원리

내재동기의 평가절하원리(discounting principle; Kelley, 1971)는 본래 내재동기로 시작한 행동일지라도 여기에 외적 요인(보상 혹은 처벌)이 주어지면 개인의 행동 원인은 외적 요인에 귀인되고 결과적으로 내적 요인은 평가절하되는 현상을 말한다. 과정당화이론에서는 이러한 현상을 인간이 자신의 행동에 대한 원인을 찾으려는 성향이 강하기 때문에 발생한다고 설명한다(Lepper, 1973; Lepper & Greene, 1978). 즉, 내재동기로 수행하고 있던 행동에 외재동기가 주어지면 개인이 생각할 수 있는 행동의 원인이 두 가지 이상 발생하고(과정당화), 내재동기와 외재동기 간의 경쟁에서 좀 더 현저한 특성인 외재동기(보상, 위협, 마감일, 감시감독 등)가 두드러지게 인지되면서 개인의 내재동기는 약화되거나 사라지게 된다는 것이다(Deci, Koestner, & Ryan, 1999). 내재동기를 평가절하 시키는 외재동기의 강력한 영향은 역시 상기한 보상의 기능 중 통제적 기능과 관련되어 있다. 내재동기가 있던 행동에 현저하게 인식되는 외재동기가 주어지면 개인은 자신의 행동이 외적 요인에 의해 발생하고 통제되는 것으로 인식하게 되고(Greene & Lepper, 1974), 이것은 결국 자율성을 저하시키게 된다.

내재동기의 평가절하원리나 과정당화이론은 외재동기가 주어지는 시점이 매우 중요하고, 이에 따라 보상의 기능이 달라질 수 있음을 시사한다. 예를 들어, 비용을 받고 환자를 돕는 행동을 하는 경우에 행위자는 평소에 도움행동에 대한 내재동기가 있었을지라도 실제로 도움행동을 하기 전에 보상을 받기 때문에 자신의 행동의 원인을 외적 요인(비용)에 귀인하게 된다(통제적 기능). 반면에 보상을 도움행위 이후에 받게 되는 포상제도를 생각해 보자. 이 경우에는 행위자가 도움행동을 한 이후에 순차적으로 보상이 주어지므로 보상은 행동에 대한 귀인에는 아무런 영향을 미치지 않고 단지 자신의 행동이 긍정적이었음을 알리는 정보적 기능으로만 작동하게 된다. 따라서 보상과 같은 외적 동기를 제공할 때에는 그 시점 또한 주의하여 고려해야 한다. 다만 여기서 시점이란 보상이 실제로 주어지는 때를 말하는 것이 아니고 보상이 존재한다는 것을 행위자가 알게 된 때를 의미한다는 것은 주의할 필요가 있다.

3) 미니맥스 전략

미니맥스 전략(minimax strategy; Kruglanski, 1978)은 외재동기로 인한 결과 및 수행에 초점을 맞춘 것으로, 사람들이 외재동기로 수행을 할 경우에 최대의 보상을 얻기 위해 필요한 최소의 수행만을 하는 현상을 말한다. Kruglanski는 외적 동기화된 행동을 할 때에는 내적 동기화된 행동을 할 때보다 귀인분석을 더 많이 하고, 행위를 목표(보상 등 외적요인) 획득을 위한 수단으로 인식하게 된다고 하였다. 따라서 행위자는 목표 달성을 위해 필요한 행위의 측면이 무엇인지를 분석해서 최소한의 노력으로 최소한의 것들만을 수행하게 된다. 예를 들어, Lepper와 동료들(1973)이 실시한 그림그리기 연구에서 보상을 약속받은 집단의 아동들의 그림은 통제집단에 비해 그림의 수준이 상당히 떨어지는 것으로 나타났다. 또한 특정 점수 이상을 받으면 합격하는 시험의 경우에 사람들은 해당 점수를 얻을 정도로만 공부를 할 뿐 그 이상의 내용을 공부하지는 않게 된다. 이러한 현상은 외적 동기화된 경우에 행위자는 노력절약자로서 기능하며, 최소한의 수행만을 보일 가능성이 높다는 것을 시사한다. 다만 질이 중요하지 않고 단순히 양만이 중요한 과제에서는 외적 동기가 좀 더 효과적일 수 있다.

외재동기와 내재동기 간의 관계에서 상기한 바와 같이 외적 요인은 다양한 이유로 내재동기에 유해한 영향을 미칠 가능성이 있다. 그러나 이러한 관계는 기존에 내재동기가 이미 존재하는 행동에 대해서만 작동할 가능성이 있으며, 흥미와 같은 내재동기가 형성되지 않은 행동을 시작하는 데에는 외적 보상이 상당히 긍정적인 영향을 미칠 수 있음을 주의해야 한다.

이 장의 요약

☑ 기대이론은 인간의 수행은 기대, 도구성, 유인가라는 세 가지 요소에 의해 결정된다고 제안한다.

☑ 목표설정이론은 의도적인 행동의 방향, 행동 지속과 같은 인간 행동 변화를 위해 목표가 어떻게 사용될 수 있는지를 효과적으로 보여 준다.

☑ 목표설정이론에 의하면, 목표의 구체성과 난이도는 수행에 영향을 미치고, 이 관계를 목표전념, 목표의 중요성, 자기효능감, 피드백, 과제의 복잡성 등이 조절한다.

☑ 보상은 적절하게 사용되지 않으면 내재동기를 저하시킬 수 있다.

☑ 보상에는 정보적 기능과 통제적 기능이 있는데, 보상이 통제적 기능으로 사용될 때 내적 동기는 저하된다.

☑ 내재동기의 평가절하원리는 내재동기로 수행하고 있던 행동에 현저하게 인식되는 외재동기가 주어지면 내재동기가 평가절하되는 것을 말한다.

☑ 미니맥스 전략은 사람들이 외재동기로 수행을 할 경우에 최대의 보상을 얻기 위해 필요한 최소의 수행만을 하는 현상을 말한다.

제4부
코칭의 진행

"뛰어남은 훈련과 반복의 예술이다.
사람은 반복해서 행하는 것의 결정체다.
따라서 뛰어남은 곧 습관이다."

– 아리스토텔레스(Aristotle)

코칭의 기본 기술

코칭의 회기는 크게 경청, 질문, 피드백이라는 세 가지 핵심요소를 적절하게 사용하여 진행된다. 물론 그 밖의 다양한 반응기법이 존재할 수 있으나, 코칭의 회기를 효과적으로 진행하기 위해서는 앞의 세 가지 요소를 능숙하게 활용할 수 있어야 한다. 본 장에서는 경청, 질문, 피드백이라는 3대 요소에 대해 살펴보고, 대면서비스에서 숙지해야 할 기초적 반응 기술과 기타 반응기법에 대해 다룰 것이다.

1. 경청

경청은 "내담자가 전달하려고 하는 메시지를 포착하고 이해하는 능력"이다(Egan, 1999). 경청은 코칭뿐 아니라 상담에서도 상담자의 매우 중요한 능력으로 여긴다. 이는 경청이 단순히 회기의 진행을 위한 요소일 뿐 아니라 상담관계 형성에 가장 중요한 요소 중 하나이기 때문이다(Presbury,

Echterling, & McKee, 2008). 상담관계는 상담기법의 8배 이상의 상담효과를 지닌다고 보고될 정도(Mahoney, 1991)로 상담에서 중요한 것으로 간주되고 있으며, 이를 위해서는 화려한 기법보다는 경청이 중요하다고 교육되고 있다(Duncan, Hubble, & Miller, 1997). 코칭은 상담에 비해 목표 달성과 문제해결에 집중되어 있으며, 이러한 코칭 맥락에서는 코치와 피코치와의 관계 형성뿐 아니라 정확한 정보 파악을 위해서도 경청은 매우 중요하다.

1) 경청의 종류

Collins(2011)는 경청을 일상적 경청, 적극적 경청, 직관적 경청의 세 가지로 분류하였다.

(1) 일상적 경청

일상적 경청은 사람들이 일상생활을 하면서 가장 많이 하는 '듣기'다. 가장 대표적인 예가 TV나 라디오에서 나오는 뉴스를 듣는 행위다. 일상적 경청은 대인 간에도 흔히 나타나는데, 동료나 가족과 오늘 있었던 사건에 대해 이야기를 하거나 길을 묻기 위해 지나가는 사람들에게 말을 걸고 답을 듣는 것, 강의를 듣는 것 등은 모두 일상적 경청에 해당한다. 일상적 경청의 가장 큰 특징은 상대방보다는 나의 욕구에 초점이 맞추어져 있고, 나에게 필요한 정보 수집이 주요 목적이라는 것이다. 따라서 일상적 경청은 듣는 사람이 수동적이고, 상대방의 태도나 말투 등의 비언어적 특징을 파악할 수는 있으나 굳이 애써서 주목하지는 않는다.

(2) 적극적 경청

코치에 따라 코칭 시간의 80%를 경청에 할애해야 한다고 주장하기도 하는데, 현실에서, 특히 적극적인 자기주장 훈련이 부족한 한국 문화에서 코칭의 80%를 경청만 하는 것은 쉽지 않다. 적극적 경청은 단순히 듣는 것뿐 아니라 질문을 포함하고 있으며, 적절한 질문을 통해서 피코치로부터 상당히 많은 것을 들을 수 있다. 적극적 경청은 내가 아닌 상대방에 초점이 맞추어져 있고, 상대방을 이해하기 위하여 다양한 질문을 할 수 있다. 이때 질문은 상대방이 말하는 사건이나 주제를 명확하게 하기 위한 명료화 질문이 주로 이루어지고, 때로는 듣는 이가 간단한 코멘트를 할 수도 있다. 말하는 사람의 비언어적인 특성을 관찰하여 상대방의 감정이나 에너지 등을 파악할 수 있으며, 듣는 사람도 적절한 표정과 초점 맞추기 등을 통해 관심과 몰입을 적극적으로 표현하게 된다.

코칭이나 상담을 처음 배우는 초심자들은 코칭을 진행할 때 대개 일상적 경청 수준에서 머무르게 된다. 초심자들은 표면적으로는 상대방과 관련된 이슈를 이야기하고 있으나 실제적으로는 자신이 다음에 어떤 말을 해야 할지를 생각하는 데 집중되어 있는데, 이 경우에 실제적으로는 '다음 질문'이라는 자신의 욕구와 필요에 집중하고 있으므로 일상적 경청에 해당된다. 훈련과 경험을 통해 경력이 쌓이게 되면 점차 온전히 상대방에게 집중하는 적극적 경청이나 직관적 경청이 가능해진다.

적극적 경청을 위해 반드시 필요한 코치의 역량은 지적 호기심이다. 코치는 피코치의 이슈와 피코치를 정확하게 이해하고 목표를 달성하기 위해 필요한 것들에 대해 온전히 주의를 집중해야 한다.

(3) 직관적 경청

직관적 경청은 상대방이 표면적으로 진술하는 내용 이상의 것을 듣고 포착하는 것을 말한다. '직관적(intuitive)'이라는 단어는 외부에서 입력되는 감각(sensing) 정보가 코치의 내적 상태(지식, 감정, 경험, 논리 등)와 상호작용하여 감각이 주는 정보 이상의 정보를 탐지하게 만드는 것을 의미한다. 피코치가 인식하지 못하는 깊은 내적 욕구, 태도, 가치, 신념, 언어와 언어/비언어의 모순점 등을 코치는 피코치와의 상호작용을 통해 인식할 수 있다. 예를 들어, 직장 동료와 잘 지내는 것을 이슈로 찾아온 피코치와 지속적인 대화를 통해 피코치의 진정한 관심사는 상사의 인정을 받는 것이라는 것을 코치가 인식하는 것이다.

적극적 경청은 피코치의 이야기를 명료화하기 위한 질문을 주로 한다면, 직관적 경청은 피코치의 언어적/비언어적 메시지, 모순, 감정 등의 결과를 통해 느껴지는 고객의 내면화된 욕구, 의도, 신념, 동기 등에 대한 코치의 '가설적 진단'을 정교화하고 이를 확인하는 질문을 하게 된다. 적극적 경청과 직관적 경청 간의 구분이 쉬운 것은 아니며, 상호 교차하며 진행될 수 있다.

직관적 경청을 위해서는 '관찰자적 몰입' 또는 '퍼즐 맞추기 사고'가 필요하다. 이는 상담에서 말하는 치료적 거리와 다소 유사하기는 하나 목적이 다르다. 치료적 거리는 '분리된 관심'으로 표현되는 것으로, 상담자가 내담자의 고통에 함께하면서 소통하지만 경계를 유지해야 함을 의미한다(Presbury, Echterling, & McKee, 2008). 이는 상담자가 내담자에게 몰입하고 함께해야 하지만 너무 몰입되지 않도록 주의해야 한다는 의미로, 과도한 몰입으로 인한 문제를 예방하기 위한 방어적 목적(prevention-focused)을 가지고 있다.

반면에 직관적 경청을 위한 '관찰자적 몰입'은 피코치에게 몰입하면서 동시에 전체적인 관찰을 통해 가설적 진단 형성과 확인을 목적으로 활발한 인

표 10-1 일상적 경청, 적극적 경청, 직관적 경청의 차이

	일상적 경청	적극적 경청	직관적 경청
관심의 초점	듣는 이	말하는 이	말하는 이
목적	정보 수집	정보 수집, 이해	정보 수집, 이해, 진단
집중도	낮음	높음	매우 높음
비언어적 요소	주목하지 않음	적극적 관찰 및 주목	적극적 관찰 및 주목
질문	거의 없음	이해 중심 질문	이해 및 진단 중심 질문
결과	정보 취득	관심과 몰입	표면화되지 않은 요인 파악

지활동을 할 것을 코치에게 요구한다. 따라서 직관적 경청은 관찰자적 몰입이라는 향상초점화된(promotion-focused) 인지활동이라고 할 수 있다.

2) 경청의 방법

일상적인 대화에서는 우리가 상대방에게 집중하고 있다는 것을 특별히 인식시킬 필요는 없다. 그러나 코칭에서는 언어적 · 비언어적 방법을 통해서 코치의 온전한 관심을 표현할 필요가 있다.

Egan(2007)은 효과적인 경청의 요소를 다음과 같이 제시하였다.

- 수용적 · 개방적 자세
- 내담자 쪽으로 몸을 기울이기
- 적절한 시선 접촉과 침착한 태도

상기한 요소들은 크게 경청의 환경 조성과 비언어적 반응으로 요약할 수 있다.

(1) 환경 조성

올바른 경청을 위해서는 코치가 기존에 하고 있던 일이나 상황에서 벗어나 코칭 상황에 들어가야 한다. 이는 단순히 심리적인 것만을 의미하는 것은 아니다. 심리학의 많은 연구에서 사람들이 존재하는 환경적 단서가 그들의 사고와 결정에 영향을 미친다는 것을 밝혔다. 따라서 온전한 집중을 위해서는 코칭 시 코치가 기존에 있던 공간에서 벗어나 코칭을 위한 공간에 들어가는 것이 좋다. 공간의 변화는 코치가 코칭 전에 하던 일과 생각, 각종 약속, 해야 하는 일에 대한 고민 등에서 벗어나 새로운 시간과 공간에 집중하도록 돕는다. 일반적으로 약속된 시간보다 10분 정도 일찍 코칭 공간으로 들어가서 이전 내용 요약이나 축어록, 각종 기록을 살펴보면서 피코치의 삶과 이슈로 몰입할 심리적 준비를 한다.

(2) 비언어적 반응

경청에서는 비언어적 반응이 매우 중요한데, 코칭에서는 상담에 비해 비언어적 반응이 좀 더 강조된다. 코칭은 피코치에게 해결방식 도출, 장단점 분석, 메타지식의 형성 등 적극적인 사고와 참여를 요구하며, 따라서 피코치의 에너지 수준을 높게 유지할 필요가 있다. 비언어적 반응은 피코치가 안정감을 느끼면서 자신의 이슈에 집중하는 데 도움을 준다.

- **자세:** 심리학의 연구들에서는 자세가 사람의 기분, 인지, 수행 등에 영향을 준다는 것을 보여 주었다. 상담이나 심리치료에서는 이론에 따라 상담자가 의자 등받이에 기대거나 소파에 깊숙이 앉는 것을 전형적인 자세로 제시하는 경우도 있으나, 코칭에서는 의자에 기대기보다는 피코치 쪽으로 몸을 향하고 상체를 피코치 쪽으로 기울이는 것이 좋다.
- **시선 접촉:** 코치는 피코치와 시선을 자연스럽게 마주치는 것에 익숙해야 한다. 시선 접촉은 상대방의 호감과 신뢰를 얻는 가장 중요한 비언어적 방법이다. 한 연구에 의하면, 서로의 손을 바라보게 한 조건에 비해 서로의 눈을 바라보게 한 조건에서 상대방에 대한 매력과 호감도가 훨씬 높아졌다(Kellerman, Lewis, & Laird, 1989). 이러한 결과는 대면서비스에서 시선 접촉이 얼마나 중요한지를 보여 준다.
- **추임새:** 서양에 비해 한국인들은 대화 시 비언어적 반응이 적은 편이다. 고개를 끄덕이거나 "음, 그렇군요." 등의 언어적/비언어적 추임새는 상대방이 자신의 이야기에 집중하고 있고 잘 이해하고 있다는 메시지를 전달하는 기능을 한다. 따라서 코치는 과장되지 않는 선에서 적절한 추임새를 보여 피코치의 몰입을 높이도록 한다.

(3) 언어적 반응

피코치의 이야기를 듣는 동안에 코치는 피코치의 말에 대해 간단하게 코멘트를 해 줄 수 있다. 코치는 다음의 네 가지에 대해 언어적 반응을 할 수 있다.

- **사건:** 가장 쉽게 반응할 수 있는 형태로, 피코치가 길게 진술한 에피소드 등을 요약하는 것이다.
  〈예〉 "최근에 여러 가지 일로 매우 바쁘셨다는 말이군요."
  "지난주에 굉장히 특이한 경험을 하셨네요."
- **생각:** 피코치의 이야기 중에서 피코치의 생각이 반영된 내용을 요약하거나 재진술하여 반응하는 것이다.
  〈예〉 "그 일로 자신이 굉장히 성공을 추구한다는 생각이 드셨군요."
  "지난주에는 직장을 옮기는 것에 대해 다양한 각도로 생각을 해 보셨네요."
- **감정:** 피코치가 스스로 이야기하는 감정뿐 아니라 피코치가 진술하지는 않았지만 코치가 느껴지는 감정에 대해 반응할 수 있다. 공감이 여기에 포함된다.
  〈예〉 "그분만 생각하면 화가 많이 나시나 봅니다."
  "지난주에는 여러 가지 생각으로 상당히 혼란스럽고 답답하셨을 것 같네요."
  "아드님 얘기를 하실 때에는 기분이 아주 좋아 보입니다."
- **에너지:** 일반적으로 에너지는 상대방을 관찰하면서 느껴지는 것으로, 에너지에 주의를 기울이는 것이 의미가 있는 경우에는 코치가 느끼는 바를 전달할 수 있다.
  〈예〉 "오늘 따라 말씀하실 때 유난히 에너지가 넘쳐 보이네요."

3) 경청의 장애물

피코치의 이야기에 집중하거나 정확하게 이해하는 것을 방해하는 요인들은 다음과 같다. 다음의 요인은 주로 초심자들이 많이 경험하는 것이며, 코칭 훈련을 제대로 받는다면 경험이 많아질수록 줄어들거나 혹은 줄어들지 않더라도 조절이 가능할 수 있다.

- 다음 질문에 대한 고민
- 주의를 분산시키는 코치 개인의 문제 혹은 일정 등
- 섣부른 판단과 선입견
- 조언하고 싶은 욕구

2. 질문

코칭은 '질문의 예술'이다. 코치에게 요구되는 역량 중 가장 중요한 것이 질문하는 능력이라고 할 수 있는데, 안타깝게도 가장 숙련되기 어려운 역량이 질문하기 역량이다. 코칭을 배를 운항하여 목적지까지 도착하는 것으로 비유한다면, 질문은 배의 키(핸들)와 같다. 키를 어느 방향으로 돌리느냐에 따라 망망대해에 떠 있는 배가 360도 중 어떤 방향으로 나아갈지가 결정된다.

코치의 질문은 피코치가 어떤 내용을 말할 것인지를 규정한다. 특정 순간에 코치는 다양한 질문을 할 수 있는데, 이때 어떤 방향의 질문을 하느냐에 따라 그 이후의 대화의 흐름이 달라진다. 때로는 비효과적인 질문으로 코칭의 목적을 달성하는 지름길에서 벗어나 우회로 돌아갈 수도 있으며, 코칭의 목적을 달성하지 못하는 이탈이 일어나기도 한다. 비효과적인 질문은 고장나거나 업데이트가 제대로 되지 않은 내비게이션처럼 피코치를 혼란에 빠트릴 수도 있다. 따라서 코치는 '효과적 질문'에 능숙해져야 한다.

1) 질문의 형식

(1) 단순하고 명료한 질문

① 한 번에 하나의 질문(One question at a time)

유명인을 대상으로 한 TV 인터뷰나 토론 장면을 상상해 보자. 질문자는 질문 대상자에게 보통 다음과 같은 내용으로 질문을 한다. "지금부터 제가 세 가지 질문을 드리려고 합니다. 첫째는,…, 둘째는,…, 마지막으로, ……. 제가 드린 질문에 답변 부탁드립니다." 이런 질문을 받았을 경우에 노트나 메모를 하지 못한 여러분은 어떤 질문에 가장 먼저, 그리고 자세히 답변을 하겠는가? 대부분의 사람은 아마도 세 번째 질문에 가장 먼저 답변을 할 것이다. 왜냐하면 기억의 최신성 효과(recency effect)에 의해 가장 마지막에 언급된 세 번째 질문이 가장 쉽게, 빨리 기억이 나기 때문이다. 그러나 질문자의 입장에서 생각해 보자. 질문자는 세 개의 질문 중 어떤 질문에 가장 관심을 가지고 있겠는가? 당연히 첫 번째 질문이다. 따라서 한 번에 여러 개의 질문을 할 경우에 질문자의 의도와는 달리 응답자는 질문자의 핵심 이슈가 아닌 변두리 이슈에 답을 할 가능성이 높다. 결과적으로 코칭은 핵심으로 수렴되지 못하고 지엽적인 이슈로 자꾸 빠져나갈 위험이 크다.

코칭 질문의 가장 기본은 한 번에 한 가지씩만 질문하는 것이다.

② 단문장(simple sentence) **질문**

코칭은 청각 기반 의사소통이며, 청각 정보에 대한 인간의 주의의 폭은 그리 넓지 않다는 것을 기억할 필요가 있다. 인간은 대화할 때 단순히 음운을 지닌 소리만으로 인식하는 것이 아니라 대화에 포함되어 있는 의미를 기억하며, 이것이 장기기억에 저장된다. 일주일 전에 특정 가족과 나누었던 대화가 있다면 떠올려 보라. 여러분은 아마도 상대방이 말한 문장 그대로 정확하게 기억하지는 못하지만 어떤 내용을 이야기했는지는 기억할 것이다. 이는 인간이 대화를 할 때 '소리'가 아닌 '의미'를 기억한다는 점을 잘 보여 준다

(Sachs, 1967).

단문이 아닌 여러 문장이 결합된 복문으로 질문할 경우에 피코치는 정확한 이해를 위해서 주의를 끝까지 지속하고 적극적인 정보처리를 해야 한다. 또한 질문의 논리적 구조를 이해하는 주의를 기울여야 할 뿐 아니라 코치의 질문을 '의미적'으로 해석해야 한다. 이 모든 과정에는 주의 지속 실패, 논리적 이해 실패, 의미적 해석 실패와 같이 피코치가 질문을 들으면서 보일 수 있는 다양한 위험이 존재한다. 따라서 종종 의미를 왜곡하여 이해하거나 엉뚱하게 반응할 수 있다. 즉, 복문은 이해에 오류가 발생할 위험요소가 단문보다 훨씬 많다. 따라서 질문은 최대한 단문으로 간단하게 묻는 것이 좋다.

(2) 개방형 질문(open question)

코칭에서는 폐쇄형 질문(closed question)은 최대한 지양하고 개방형 질문을 사용하는 것이 원칙이다. 폐쇄형 질문은 응답자가 '예/아니오'로 답하게 되는 질문이다. 반면에 개방형 질문은 그 외의 답변을 유도하는 질문으로, 응답자가 구체적인 내용이나 설명이 포함된 답변을 하게 되는 질문이다. 즉, 주관식으로 답변을 하게 되는 질문이 개방형 질문이라고 할 수 있다.

폐쇄형 질문은 정확성이 중요한 사실관계 파악에는 필수적인 질문 형태이나 사실관계 파악보다는 응답자의 생각과 감정 등을 자극하고 풍부하게 이끌어 내는 데에는 부정적인 영향을 미친다. 이는 대부분의 폐쇄형 질문이 응답자로 하여금 수동적인 반응만을 요구하고 사고의 확산을 막기 때문이다. 아울러 사실관계 확인이나 동의 여부를 확인하는 폐쇄형 질문은 자칫 잘못하면 힐난이나 비판의 뉘앙스로 전달될 수도 있어 응답자로 하여금 방어적 태도를 취하게 할 가능성이 높다.

사람들은 개방형 질문보다는 폐쇄형 질문에 훨씬 익숙하며, 특히 윗사람이 아랫사람에게 질문을 할 때에는 폐쇄형 질문을 훨씬 많이 사용한다. 따라서 코치는 지속적인 훈련을 통해 개방형 질문을 자연스럽고 익숙하게 사용할 수 있어야 한다. 5W1H라는 육하원칙에 해당하는 의문사로 시작하는 모든 질문은 개방형 질문에 해당한다.

〈예〉 **폐쇄형 질문:** "지난주에 하기로 했던 일들은 다 하셨나요?"
개방형 질문: "지난주에 하기로 했던 일들은 어떻게 진행되고 있습니까?"

(3) '왜(why)' 질문 지양

2장에서 코칭에서 질문의 초점은 '왜'가 아닌 '어떻게'라고 설명하였는데, 이는 단순히 코칭에서는 문제의 원인 파악보다는 해결방법에 집중한다는 의미만 지니고 있는 것은 아니다. 실제로 코칭을 진행할 때에도 가능하면 '왜'로 시작하는 질문은 하지 않는 것이 좋다. 그 이유는 앞에서 설명한 폐쇄형 질문을 하지 않는 이유와 동일하다. 즉, '왜'라는 단어로 시작되는 문장은 추궁의 의미로 들리기 쉽고, 응답자는 자신이 하는 말이 변명을 하는 것처럼 느껴질 가능성이 있다. 특히 피코치가 코치보다 나이가 어리거나 직급이나 전문성에서 낮은 위치에 있을 경우에는 더욱 주의해야 한다.

물론 피코치의 이야기를 명확하게 파악하기 위해서 사건이나 행동의 이유에 대해 질문을 해야 할 때가 있다. 예를 들면, 고객이 "그때 갑자기 화가 나더라고요"라고 말할 수 있는데, 맥락상 그 이유가 분명하지 않을 때에는 보통 "왜 갑자기 화가 나셨나요?"라고 물어보는 것이 일반적이다. 그러나 코치는 이런 경우에도 가능하면 '왜'라는 단어를 사용하지 않고 질문을 하도록 연습해야 한다. 다음의 대체 가능한 질문 표현이 제시되어 있다.

피코치: 그때 갑자기 화가 나더라고요.

코치 질문1: 무슨 이유로 갑자기 화가 나셨나요?

코치 질문2: 갑자기 화가 나기 전에 어떤 일이 있었나요? 좀 더 구체적으로 말씀해 주시겠어요?

2) 질문의 내용

(1) 질문의 촉진 효과

코칭의 가장 중요한 목적 중 하나는 피코치가 스스로 해결방법을 찾는 것이며, 질문은 피코치가 스스로 해결방법을 찾도록 하는 가장 강력한 도구다.

코칭에서 질문의 목적은 크게 두 가지다. 첫째, 사실 탐색이다. 피코치가 언급한 내용이 분명하지 않거나 상황 파악을 위한 정보가 부족할 경우에 코치는 피코치가 언급한 내용과 관련된 좀 더 구체적인 사실을 질문할 수 있다. 둘째, 피코치의 사고를 촉진하는 것이다. 피코치가 스스로 해결책을 찾기 위해서는 기존의 시각에서 벗어날 수 있는 촉진제가 필요하다. 이러한 촉진제 역할을 하는 것이 코치의 질문이다. 코치의 유능성은 적절한 순간에, 적절한 방향으로 피코치의 사고를 촉진시키는 역량과 밀접한 관계를 갖고 있다.

피코치는 대개의 경우에 누구보다 오랫동안 코칭 이슈를 생각하고 고민해 왔을 가능성이 높다. 그런데도 왜 피코치는 스스로 해결책을 찾지 못하고 코치의 질문을 통해 해결책을 발견하게 되는가? 이는 인간에게는 자유로운 사고를 제약하는 고정관념(stereotype)과 심리적 고착(fixation)이라는 현상 때문이다.

심리학의 많은 연구에서 인간은 특정 대상과 상황에 대한 학습된 신념을 가지고 있음을 보여 주었다. 고정관념은 타인이나 사회로부터 학습된 것도 있고, 개인적 경험을 통해 습득된 것도 있다. 어떤 방식으로 고정관념이 형성되었든 간에 고정관념은 우리가 만나는 사람과 상황(예를 들어, 직장, 가정, 학교)에 대한 기대를 형성하게 하고, 이러한 전형적 기대와 상황구조화는 창의적 문제해결을 방해한다.

심리적 고착은 새로운 관점에서 문제를 바라보지 못하고 기존에 자신이 지니고 있던 관점에 지속적으로 머물러 있는 현상으로, 문제해결에서 심각한 장애물로 작용한다. 고착의 대표적인 예는 마음갖춤새(mental set)와 기능적 고착(functional fixation)이다(Myers, 2007).

마음갖춤새란 과거에 작동하던 마음의 자세를 가지고 문제에 접근하는 경향성을 말한다. Safren(1962)은 다음과 같은 낱자 맞추기 과제를 통해 마음갖춤새 효과를 보여 주었다.

kmli graus teews recma foefce ikrdn

상기 단어들은 모두 커피 마시기라는 서술적 지식을 구성하는 요소로 짜여진 체계화된 단어 목록이다. Safren은 이러한 체계화된 단어 목록에서 낱자를 맞추는 속도(7.4초)가 체계화되지 않은 단어 목록에서의 낱자 맞추기 속도(12.2초)보다 훨씬 빠르다는 것을 발견하였다. 이는 체계화된 목록에서는 처음 단어의 의미가 관련 단어들을 활성화시켜서 뒤에 나오는 단어들을 쉽게 인식할 수 있도록 만들기 때문이다. 이처럼 마음갖춤새 현상은 사람들이 이전의 문제와 유사한 문제를 해결할 때에는 문제해결을 촉진하는 긍정적인 영향을 미친다. 그러나 때로는 과거에는 유용하게 작용했던 마음갖춤새가 새로운 문제를 해결할 때에는 방해물이 되기 쉽다.

심리적 고착의 다른 예인 기능적 고착은 사물의 대안적 용도를 생각하지 못하고 익숙한 기능만을 생각하는 경향을 말한다. 기능적 고착의 가장 유명한 예는 Duncker(1945)의 촛불문제다. [그림 10-1]에 제시된 것처럼 책상 위에 압정이 담긴 압정 상자, 성냥, 그리고 초가 놓여 있다. 미션은 촛불을 문에 부착시키는 것이며, 해결책은 압정으로 압정 상자를 문에 부착시킨 후 촛불을 그 안에 넣어 받침대로 사용하는 것이다. 사람들은 이 문제를 쉽게 풀지 못하는데, 이는 상자를 압정을 담는 기능을 지닌 용기로만 보고 받침대로 사용하는 것을 생각하지 못하기 때문이다. 이처럼 기능적 고착은 특정 대상을 전형적인 기능과 다른 방식으로 바라보고 인식하는 사고를 제한한다.

코칭에서 질문은 상기한 고정관념, 마음갖춤새, 기능적 고착에서 피코치의 사고를 자유롭게 하는 역할을 한다. 코치는 피코치가 오랫동안 자신의 문

[그림 10-1] Duncker의 촛불

출처: Glucksberg & Weisberg (1966).

제를 고민하면서 형성한 경직된 시각과 관점에 매몰되어 있지 않으며, 따라서 피코치보다 훨씬 넓고, 다양하며, 근본적인 관점에서 이슈를 바라볼 수 있게 된다. 즉, 오염되지 않은 코치의 질문은 피코치에게 새로운 관점과 사고를 촉진시킨다.

(2) 질문의 방향

피코치가 던진 말에 대해서 코치가 할 수 있는 질문은 다양하지만, [그림 10-2]와 같이 크게 확장, 축소, 과거, 미래와 같은 네 가지 방향의 질문을 할 수 있다. 확장과 축소는 위계적 질문이며, 과거와 미래는 시간적 질문이다. 위계적 질문은 주로 이슈나 피코치의 생각과 정체성 등을 '이해'하기 위하여 제공되는 질문이고, 시간적 질문은 코칭 목표를 달성하기 위한 해결방법과 변화를 촉진시키기 위해 제공되는 질문이다.

■ **위계적 질문: 확장(추상화)과 축소(구체화)**

확장 질문과 축소 질문은 사고의 위계에 따른 질문이다. 코칭의 질문이 사고를 촉진한다는 의미 중 한 가지 축은 사고의 위계 변화에 따른 통찰 획득이다. 범주의 위계화에 대해서는 추후에 코칭 목표 설정 부분에서 좀 더 자

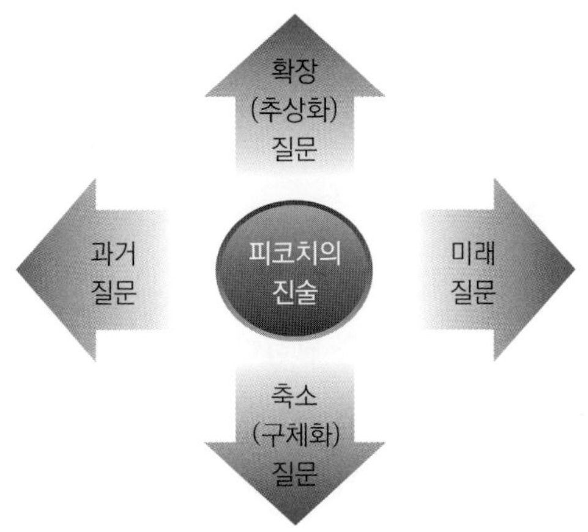

[그림 10-2] 질문의 네 가지 방향

표 10-2 코칭 질문의 방향에 대한 분류

질문의 방향 축	질문의 방향	정의	효과
위계적 질문 (Y축)	확장(추상화) 질문	피코치가 말한 위계적 수준보다 더 위 수준의 개념에 해당하는 질문	이슈에 대한 통찰 및 관점 변화
	축소(구체화) 질문	피코치가 말한 위계적 수준보다 더 아래 수준의 개념에 해당하는 질문	이슈에 대한 명료화
시간적 질문 (X축)	과거 질문	현재 시점을 기준으로 피코치가 과거에 경험했던 것에 대한 질문	문제해결 방법 탐색
	미래 질문	현재 시점을 기준으로 피코치가 미래에 발생할 사건이나 상황에 대한 질문	문제해결 방법 탐색 및 행동 변화의 동기화

세히 설명하기로 하고, 여기서는 위계적 질문의 영향을 중심으로 기술하도록 한다. [그림 10-3]에는 인생이라는 위계범주가 예시로 제시되어 있다.

일반적으로 위계적 질문은 어떤 사건이나 사람에 대해 종합적으로 이해하기 위해서 사용된다. 코칭에서는 단순한 이해에 그치지 않고, 그 과정에서 피코치가 문제에 대한 통찰을 얻고 해결책을 양적으로나 질적으로 확장할 수 있도록 돕기 위해 위계적 질문을 사용한다. 코칭에서 흔히 말하는 강력한 질문은 많은 경우에 위계적 질문에 해당한다.

① 확장(추상화) 질문

확장 질문은 피코치의 진술이 담고 있는 내용의 위계 수준보다 더 상위 단계의 개념 수준에서 질문하는 것을 말한다. 예를 들어, 피코치가 "직장을 옮겨야 할지 말지가 너무 고민이 돼요."라고 진술했다고 하자. 해당 진술은 '이직'에 대한 것으로 [그림 10-3]의 위계적 조직도에서 살펴보면 수준 3에 해당한다. 이때 코치가 확장 질문을 한다면 수준 2의 '직업'에 대한 질문을 한다. 예를 들면, "○○○ 님이 생각하는 좋은 직장(생활)이란 어떤 것인지 설명해 주시겠어요?"라고 묻는다면 코치는 '이직'이라는 수준에서 '직장생활'이라는 수준으로 한 단계 추상화시켜서 대화를 이끌어 가게 된다.

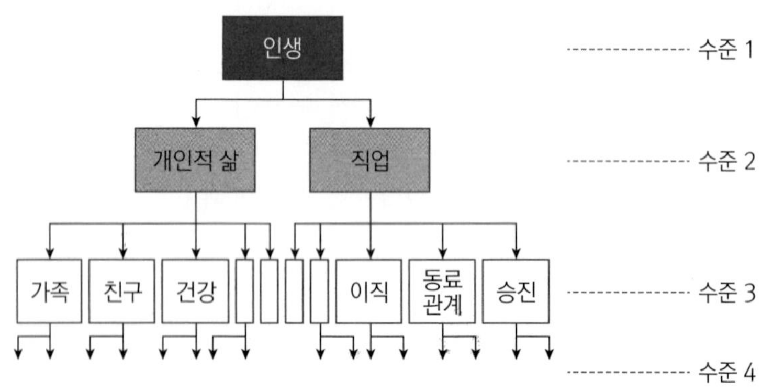

[그림 10-3] 인생(life)에 대한 위계적 조직의 예시

확장 질문은 피코치에게 이슈에 대한 통찰을 제공하고 관점을 확장시켜서 문제에 보다 근본적으로 접근할 수 있게 한다. 일반적으로 사람들은 어떤 사안을 고민할 때, 사안과 관련된 손실과 이득을 계산하거나 해결방법을 고민하는 등 피코치가 현재 머무르고 있는 사고 수준에서 생각하게 된다. 확장

질문은 피코치의 현재의 복잡한 생각줄기를 정리할 수 있는 기준이나 방향성을 확보하는 데 도움이 된다.

상기 예시를 살펴보면, 피코치는 '이직 여부'를 고민하고 있다. 이 단계에서 피코치는 아마도 현재의 직장을 계속해서 다니는 것과 이직을 하는 것이라는 두 가지 옵션의 장단점, 이익과 손실 등을 계속 분석하면서 비교하고 있을 가능성이 높다. 이러한 분석에서 장단점이 비슷한 경우, 피코치는 쉽게 결정을 내리지 못하고 고민을 하게 된다. 이때 '좋은 직장'을 묻는 확장 질문은 피코치가 선택에 있어서 만족할 만한 결과를 얻기 위해서는 어떤 기준에 가중치를 두어야 하는지를 깨닫게 해 준다. 피코치가 "선생님에게 있어서 좋은 직장이란 무엇을 의미합니까?"라는 확장 질문에 대해 "나를 발전시킬 수 있는 기회를 제공하는 직장"이라는 답변을 했다고 하자. 이 경우에 급여, 복지, 시간적 여유, 좋은 인간관계 등 여러 구체적 차원의 장단점 분석을 하면서 혼란스러워하고 있는 피코치는 확장 질문을 통해 자신에게 직장 선택의 중요한 결정 기준은 '성장 기회'라는 것을 깨닫게 된다. 즉, 확장 질문은 피코치가 현재 머무르고 있는 생각의 수준에서 벗어나 좀 더 장기적이고 거시적으로 이슈를 바라보고, 판단 기준의 가중치를 어디에 두어야 하는지를 파악할 수 있도록 돕는다.

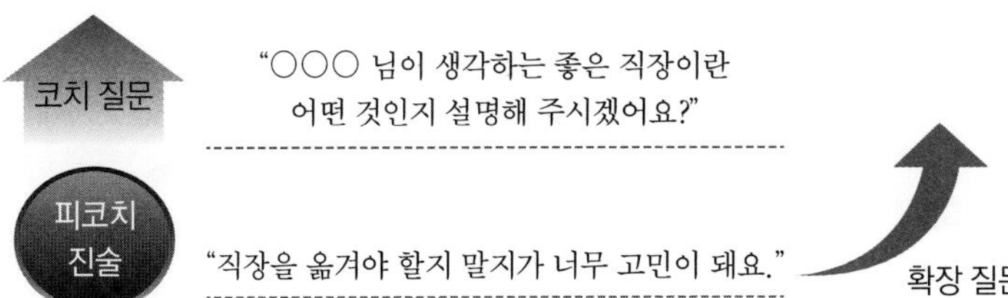

[그림 10-4] 확장 질문의 예시

② 축소(구체화) 질문

축소 질문은 피코치의 진술이 담고 있는 내용의 위계 수준보다 더 아래 단계의 개념 수준에서 질문하는 것을 말한다. 즉, 피코치의 진술 내용이나 대상을 벗어나지 않고 해당 내용에 대해 구체적으로 질문하는 것을 말하며, 대개는 육하원칙에 해당하는 명료화 질문들이 축소 질문에 해당한다. 상기한 이직의 예에서 "직장을 옮겨야 할지 말지가 너무 고민이 돼요."라는 피코치의 진술에 대해 코치가 축소 질문을 한다면 코치는 "언제부터 이직을 고민하기 시작하셨나요?" 혹은 "어떤 계기로 이직을 고민하게 되셨나요?"라고 질문할 수 있다.

축소 질문은 이슈에 대한 구체적인 상황을 파악하고, 특히 피코치가 인식하지 못한 동기 부분을 깨달을 수 있도록 한다는 점에서 강력한 질문으로 사용될 수 있다. 상기 이직의 예에서 "언제부터 이직을 고민하기 시작하셨나요?"라는 축소 질문에 대해 피코치가 3~4달 전에 상사에게 크게 혼난 이후라고 답했다고 하자(물론 실제 코칭에서는 한 번에 이런 답변을 얻기가 어려우며, 여러 번의 명료화 질문을 거친 후에 파악된다). 이 경우에 피코치가 이직을 원하는 주된 원인은 상사와의 갈등일 가능성이 있으며, 이직은 '상사와의 갈등'이라는 문제의 해결방법일 뿐 피코치가 진정으로 원하는 목적이 아닐 수 있다. 축소 질문은 피코치가 해당 이슈를 구체적으로 인식하도록 하여 상황을 정확히 파악하게 할 뿐 아니라 자신의 실제적 동기를 깨닫도록 하는 데에도 효과가 있다.

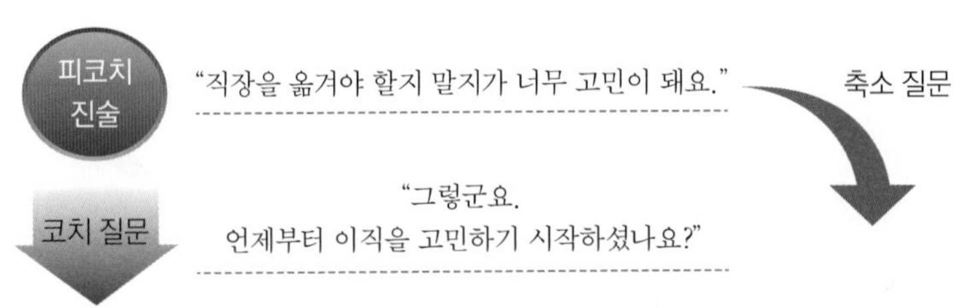

[그림 10-5] 축소 질문의 예시

■ 시간적 질문: 과거 질문과 미래 질문

과거 질문과 미래 질문은 시간을 기준으로 하는 질문이다. 시간적 질문은 주로 문제해결 방법 탐색과 행동 변화의 동기화와 같은 목표 달성 방법과 관련하여 많이 사용된다.

① 과거 질문

과거 질문은 현재를 기준으로 피코치의 과거의 경험을 묻는 질문이다. 상담이나 심리치료에서의 과거 질문은 주로 현재의 문제의 원인을 탐색하기 위해 이루어지며, 아주 먼 과거까지 거슬러 올라가곤 한다. 그러나 코칭에서 과거 질문은 주로 과거의 성공 경험을 탐색하기 위해 이루어지며, 대개는 이슈의 해결방법에 대해 논의할 때 던지는 질문이다.

과거에 성공했던 경험을 묻는 것이 효과적인 이유는 과거의 성공방법이 해당 피코치에게는 가장 잘 맞는 방법일 가능성이 높기 때문이다. 즉, 과거 성공 질문은 특정 피코치의 특성에 잘 맞는 해결방법을 탐색하는 가장 좋은 방법 중 하나로, "해결방법을 가장 잘 알고 있는 것은 자기 자신이다."라는 격언이 반영된 질문이다. 따라서 코치는 과거의 성공 경험을 묻고 이를 자세히 탐색하여 당시 성공요인이 무엇이었는지를 코칭 대화를 통해 추출해야 한다. 이것은 '성공방법'에 대한 일종의 메타지식을 형성하는 것으로, 현재의 문제해결뿐 아니라 유사한 이슈가 미래에 발생했을 때, 스스로 코칭할 수 있는 중요한 자원이 된다.

[그림 10-6] 과거 질문의 예시

② 미래 질문

미래 질문은 현재를 기준으로 피코치의 미래 감정, 생각 등을 묻는 질문으로, 피코치에게 초점화된 상상력을 요구하는 질문이다. 뇌과학 연구에 의하면, 뇌는 미래를 상상할 때 과거의 기억을 떠올릴 때와는 달리 좌측 전운동피질(left lateral premotor cortex), 좌측 설전부(left precuneus), 그리고 소뇌 우측 후엽(right posterior cerebellum) 세 부분이 더 활성화된다(Karl et al., 2007). 뇌 부위는 모두 사람의 움직임과 밀접한 관련이 있는 부분이다. 이러한 결과와 뇌가 가상과 현실을 잘 구분하지 못한다는 것을 고려해 볼 때, 미래를 상상하는 것은 상상의 내용을 실제로 하는 것과 유사한 뇌 활성화를 유발하게 되고, 결국 반복적인 상상은 해당 내용을 실제 현실에서 구현하는 것을 용이하게 한다. 따라서 미래 질문은 유형에 따라 다양한 목적으로 이루어질 수 있으나 근본적으로는 모두 피코치의 행동화 가능성을 높이는 작업이라고 할 수 있다.

코칭에서 미래 질문은 주로 목표 달성 상태에 대한 상상, 각종 미래 계획에 대한 질문, 기적 질문 등의 형태로 이루어진다. 목표 달성 상태에 대한 질문은 목표 적절성 점검과 동기 강화 등을 위해 사용되며, 구체적인 내용은 11장에서 다룰 것이다.

[그림 10-7] 미래 질문의 예시

* 기적 질문

기적 질문은 해결 중심 단기치료를 개발 및 발전시킨 Steve de Shazer와 한국인이었던 Insoo Kim Berg에 의해 시작되었다. Steve de Shazer와 Insoo Kim Berg는 유명한 밀워키 단기가족치료센터를 설립하여 어려움에 처한 가족들에게 단기해결 치료 및 코칭을 실시하였다. 이들은 자신들의 센터에서 남편과 아이들이 모두 말썽을 부려서 현실적으로 매우 어려운 처지에 있었던 한 흑인 어머니와 대화를 하다가 그녀가 사용한 '기적'이란 단어에 힌트를 얻어 기적 질문을 개발하게 되었다. Steve de Shazer와 Insoo Kim Berg는 이후 다양한 실험을 거쳐서 가장 최적의 기적 질문을 정교화하였으며, 이들이 제시한 기적 질문의 전형적인 예는 다음과 같다(Kim & Szabo, 2011).

코치: 우리가 이야기한 후에 당신은 물론 직장으로 돌아가서 일을 좀 더 하겠지요. 그리고 집에 가서 아이들을 위해 저녁을 준비하고, 숙제를 봐 주고, 목욕을 시키고, 잠을 재우는 등 평소와 같이 지냈어요. (잠시 멈춤) 그리고 밤이 되어 당신도 잠자리에 들었어요. 그런데 당신이 자는 사이에 '기적'이 일어났어요. 그 결과로 당신이 여기에 와서 이야기한 걱정과 불안이 모두 사라졌어요. 기적이 일어났으니까요. 그런데 모두가 자는 동안에 일어났기 때문에 기적이 일어났는지 아무도 몰라요. (잠시 멈춤) 자, 당신이 잠에서 깨어났을 때 무엇을 보면 '밤 사이에 기적이 일어났구나'라는 걸 알 수 있을까요?

피코치: 아마도…… 제가 좀 더 차분하고, 마음의 평화 같은 거…… 하루를 끔찍하게 생각하기보다는 무엇인가를 고대하면서 하루를 시작하게 될 거고, 침대에 계속 있으려고 하기보다는 일어나고 싶은 마음이 생길 거고…….

코치: 그럼, 그런 마음의 평화를 느끼고, 하루를 고대하면서 일어나는 상황이 된다면, 오늘 아침에는 하지 않았던 어떤 일을 하게 될까요?

피코치: 아침에 일하러 가고 싶을 거고, 사무실에 자신 있게 들어갈 거고, 모든 사람에게 아침 인사를 하겠지요.

기적 질문의 목적은 이슈에 대한 해결책을 생각하는 것이다. 인간은 의도적으로 노력하지 않는 한 모든 이슈를 자신의 관점에서 바라보며, 이것은 이슈를 다양한 관점에서 바라보고 폭넓은 해결책을 도출하는 데 방해가 된다. 기적 질문을 통해 새로운 관점에서 해결책을 생각할 수 있으며, 현실을 반영한 해결책이 도출되곤 한다.

한 가지 주의할 점은 기적 질문을 통해 최종적으로 도출해야 할 것은 '행동적 차원'의 진술이라는 것이다. 기적 질문을 받으면 대부분의 사람은 상기한 사례의 피코치처럼 "기분이 좋아요."라는 식의 감정에 대해 진술을 한다. 이러한 경우에는 상기한 사례처럼 피코치의 감정 반응을 인정하고, 이를 활용하여 행동적 차원의 진술을 할 수 있도록 추가 질문을 해야 한다. 기적 질문은 대인관계와 같은 타인과의 상호작용 개선 이슈에 대한 해결책을 도출하는 데 특히 유용하다.

3. 피드백

코칭의 마지막 핵심 기술은 피드백이다. 피드백은 객관적 자기인식이 목표 달성 및 행동 변화를 촉진한다는 자기인식 이론에 기반을 둔다(Duval & Wicklund, 1972). 자기인식은 인간의 주의(attention)가 환경이 아니라 자기 자신에게 향하도록 유도되는 상황에서 증가하며, 이때 개인은 자신이 가지고 있는 표준 및 가치관과 현재 자신의 행동을 비교하게 될 가능성이 증가한다(Silvia & Duval, 2001).

Diener와 Wallbom(1976)은 자신들의 연구에서 단순히 자신의 모습을 보여 주는 것만으로도 자기인식이 촉진되고, 이는 도덕적 행동에 영향을 미친다는 것을 보여 주었다. 그들의 실험에서 참가자들은 과제를 수행하다가 종료벨이 울리면 즉시 수행을 중지하라는 지시를 받았다. 거울 앞에서 과제를 수행한 참가자 중 종료벨이 울린 후에도 계속 수행을 하는 부정행위를 한 참가자는 10%였던 반면, 거울이 없는 곳에서 과제를 수행한 참가자 중 앞과 같은 부정행위를 한 참가자는 75%였다. 이러한 결과는 자기 자신의 모습을 상기시키는 외적인 환경이 사람들이 이상적인 행동을 하도록 하는 데 도움이 된다는 것을 지지한다.

자기인식 촉진 환경은 자기 모니터링(self-monitoring)을 촉진하는 환경이라고도 할 수 있다. 모니터링은 자신의 이상적 목표와 현재 행동을 비교하고 목표에 맞게 자신의 행동을 추적하고 감시하는 행동으로, 피드백은 수행을 촉진시키는 효과적인 모니터링 수단이다(Fishbach & Finkelstein, 2012; Kulik & Kulik, 1988).

코칭에서 피드백은 상기한 바와 같이 피코치가 자신을 모니터링하고 자기인식을 촉진하여 행동의 변화 혹은 목표 달성을 이룰 수 있도록 돕는 기능을 한다. 코칭에서는 크게 긍정적 피드백과 발전적 피드백으로 나뉜다.

1) 긍정적 피드백

긍정적 피드백은 피코치의 행동이나 특성 중 긍정적인 것 혹은 목표에 달성했거나 초과한 것을 발견하여 이에 대해 언급하는 것을 말한다.

(1) 긍정적 피드백의 종류

긍정적 피드백은 피드백이 대상으로 하는 특성의 내적 수준에 따라 칭찬, 인정, 지지[1]로 나눌 수 있다. 여기서 말하는 '내적 수준'이란 해당 특성이 전적으로 내적인 특성과 전적으로 외적인 특성을 양 끝으로 하는 수직 축에서 얼마나 내적인 방향에 위치하는 것인지를 의미하는 것이다. 내적인 것일수

1) 한 가지 주의할 점은 코칭심리에서 말하는 칭찬, 인정, 지지라는 구분은 상담이나 일반적인 대화에서 사용되는 의미와는 다소 다르다. 예를 들어, 동기 강화 상담에서는 칭찬, 인정, 지지를 모두 '인정'으로 지칭하고 언급하는 특성의 구체화 수준에 따라 분류한다(예를 들어, William & Rollnick, 2013). 본서에서는 긍정 피드백의 종류를 다른 이름으로 명확히 구분하여 코치가 이를 지식화하여 잘 활용할 수 있도록 하기 위해서 세 가지 개념을 명료하게 구분하기로 한다.

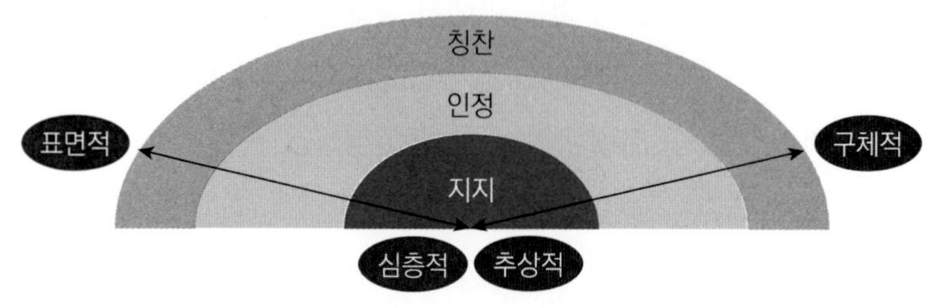

[그림 10-8] 긍정적 피드백의 종류

록 인간의 근본적인 핵심 특성에 가까운 것이며, 달리 말하면 외적인 것에 비해 변화하기가 더 어려운 특성이라고 할 수도 있다.

① 칭찬

칭찬은 우리가 가장 쉽게 할 수 있으며, 흔하게 이루어지는 긍정적 피드백이다. 사회에서 칭찬은 상대방의 긍정적인 면을 피드백해 주는 것을 포괄적으로 의미하나, 코칭에서는 명확한 학습을 위해 칭찬은 개인의 표면적 특성이나 행동에 대해 긍정적인 피드백을 주는 것으로 한정되어 지칭한다. 옷을 아름답게 입고 온 동료에게 "오늘 복장이 정말 멋지네요."라는 말을 하는 것이 대표적이 예다. 칭찬은 외모나 행동과 같이 관찰 가능한 특성에 대해 집중하고 이를 언급하므로 대개 구체적인 언어로 구체적인 특성을 언급하게 된다. 또한 쉽게 변화가 가능한 외모나 행동과 같은 표면적 특성에 대한 언급이므로, 칭찬은 같은 대상과 같은 특성에 대해 자주 제공될 수 있다.

② 인정

인정은 칭찬보다는 좀 더 심층적인 개인의 특성에 대한 긍정적 피드백이다. 코치는 피코치의 구체적인 태도와 생활방식과 같이 비교적 안정적이나 근본적이지는 않은 특성을 포착하여 긍정적인 코멘트를 제공할 수 있다. 예를 들어, 매일 저녁 조깅을 하는 사람에게 "매일 규칙적으로 조깅을 하시는

군요. 아주 건강한 생활습관을 지니셨네요."라고 말을 한다면, 이는 인정에 해당한다. '생활습관'이라는 단어는 '조깅하다'라는 단어보다 좀 더 추상적인 단어로, 심층적 특성일수록 추상적인 용어를 사용하게 된다.

인정 문장의 구조는 일반적으로 상대방의 표면적 특성('매일 조깅을 한다')을 언급한 후에 그 행동을 가능하게 하는 상대방의 삶의 태도나 생활양식, 습관 등을 피드백하는 것으로 이루어진다. 즉, 개인의 태도나 생활양식을 언급할 때에는 그 근거가 되는 표면적 행동이나 특성을 함께 이야기하는 것이 좋다. 이는 코치가 긍정적으로 생각하는 구체적인 대상이 무엇인지를 초점화 및 명료화하고, 습관적으로 하는 좋은 말이 아니라 실제 근거가 있는 인정이라는 점을 전달하는 효과가 있다.

③ 지지

지지는 가장 심층적인 개인의 특성에 대한 긍정적 피드백이다. 지지는 개인의 정체성과 근본적인 가치관, 덕목, 성품 등에 대한 피드백으로, 대개 잘 바뀌지 않고 오랫동안 지속되는 특성을 언급한다. 예를 들어, 정해진 시간보다 게임을 1시간 더 많이 한 자녀가 부모의 질문에 솔직히 답했을 경우에 "야, 그래도 우리 ○○이가 참 정직하구나."라고 말을 했다면 이는 지지에 해당한다고 할 수 있다. 지지는 피코치의 근본적인 특성을 인정하고, 표면적

표 10-3 긍정적 피드백의 특성과 예시

종류	언급되는 특성	특성의 안정성	언어적 구체성	피드백 예시
칭찬	외모, 행동 등	가변적	구체적	"상무님께서는 직원들의 말을 아주 잘 들으시던데요."
인정	태도, 생활방식 등	중간	중간	"상무님께서는 직원들의 말을 경청하는 태도가 배어 있으신 것 같네요."
지지	정체성, 가치관, 덕목, 성품 등	안정적	추상적	"상무님께서는 기본적으로 다른 사람에 대한 배려심이 많으신 분 같습니다."

행동을 비교적 변화하지 않는 안정적 특성에 귀인(attribution)하는 것이다. 즉, 지지는 표면적으로 환경에 따라 쉽게 흔들리는 깃발과 같은 행동을 근원적이고 단단한 바위와 같은 안정적 특성에 묶는 것이라고 할 수 있다. 지지는 상대방으로부터 강력하게 인정받은 '정체성과 덕목'에 부응하려는 개인의 욕구를 강화하며, 따라서 긍정적 피드백 중 가장 강력한 효과를 지닌다.

(2) 긍정적 피드백의 효과

긍정적 피드백은 여러 가지 면에서 코칭에 긍정적인 역할을 한다. 첫째, 긍정적 피드백은 피코치가 올바른 방향으로 나아가고 있다는 정보를 전달하고 자신의 변화에 대한 의식을 강화한다. 행동의 주체는 대부분의 경우에 자신의 행동에 대한 자기인식을 특별히 하지 않는다. 긍정적 피드백은 이러한 사람들의 무의식적 행동을 의식화시키고, 더욱 강화해야 할 행동과 변화가 무엇인지를 깨닫는 데 도움을 준다.

둘째, 긍정적 피드백은 피코치가 코칭에 참여하려는 동기를 강화시킨다. 일반적으로 인정하기를 비롯한 긍정적 피드백은 상담 및 심리치료를 유지하는 데 도움이 된다(Linehan et al., 2002). 긍정적 피드백은 긍정 정서를 유발시키는데, 인간 행동의 호혜성(reciprocity) 원칙에 의해 피코치는 긍정 정서를 제공한 코치와의 대화에 좀 더 협조적으로 임하게 된다.

셋째, 긍정적 피드백은 피코치의 방어성 약화에 도움을 준다. 인정하기와 같은 긍정적 피드백은 자신에게 위협이 될 가능성이 있는 정보에 대해 좀 더 개방적이 되도록 하는 효과가 있다(Klein & Harris, 2009). 인간은 새로운 상황에서는 자신을 방어하려는 성향이 자동적으로 증가하게 되는데, 이러한 성향은 자기(self)의 강도가 약할수록, 그리고 상대방 혹은 상황에 대한 정보가 없을수록 강해진다. 긍정적 피드백은 코칭이라는 현재 상황과 관계가 위협적이지 않고 우호적이라는 신호를 전달하므로 피코치의 방어성 완화에 도움이 된다.

마지막으로, 긍정적 피드백, 특히 인정과 지지는 로젠탈 효과 혹은 낙인

효과 등의 메커니즘으로 작동할 수 있다. 로젠탈 효과, 자기충족적 예언, 피그말리온 효과, 낙인효과 등은 모두 같은 기제를 설명하는 용어로, 어떤 사람에 대한 기대가 그 사람의 수행 혹은 행동에 영향을 준다는 이론이다(Rosenthal & Jacobson, 1968). 물론 로젠탈 효과에 대한 비판도 많고, 연령이 증가할수록 효과가 줄어든다는 한계점도 존재하지만 긍정적 피드백은 로젠탈 효과가 말하는 메커니즘을 통해 피코치에게 긍정적인 영향을 줄 수 있다. 즉, 코치의 긍정적 기대를 피코치가 동일시하여 피코치의 긍정적 변화를 강화시킬 수 있다.

(3) 긍정적 피드백의 활용

긍정적 피드백의 대상은 피코치의 말 또는 행동을 관찰하거나, 피코치의 보고를 통해 포착할 수 있다. 따라서 코치는 피코치의 언행을 늘 주시하여 적절한 시점에 긍정적 피드백을 제공해야 한다. 피코치의 모든 언행에 피드백을 할 필요는 없으며, 코치가 코칭의 진행에 도움이 된다고 판단이 되거나 코치가 초점을 맞추고 싶은 특성이 포착되었을 때 피드백을 제공할 수 있다.

코칭에서는 많은 경우에 단순한 긍정적 피드백에 그치지 않고 다음과 같이 '어떻게(How)' 질문을 통해 긍정적 특성에 대한 메타지식을 형성하는 작업을 함께한다.

> "상무님께서 오늘은 부하들의 말을 아주 주의 깊게 잘 들으시더라고요. 오늘은 **어떻게** 그런 변화가 가능했을까요?" [긍정적 피드백+어떻게 질문]

상기한 질문을 피코치의 행동 변화에 대한 칭찬을 제공하고, 이러한 행동 변화가 가능했던 이유를 '어떻게' 질문을 통해 묻고 있다. 긍정적 피드백이 피코치의 특정 행동 변화를 딱 집어서 초점화시키고, 이로 인해 피코치가 긍정적인 기분을 느끼게 되는 효과가 있다면 후반부의 '어떻게' 질문은 단순한 인식과 감정에서 나아가 해당 변화의 메커니즘을 분석하도록 하는 인지적인 활동을 요구한다.

자신의 행동에 대한 인지적 분석은 해당 행동이 발현될 수 있는 조건, 방법, 상황 등에 대한 지식을 도출하게 되고, 이는 해당 행동이 미래에 좀 더 쉽게 나타날 수 있도록 스스로를 조절할 수 있는 메타지식의 형태로 저장된다. 사람들은 평소에 자신의 행동이나 자신에게 발생한 사건에 대해 감정적인 반응은 쉽게 느끼나 대개는 거기서 끝나며, 이를 분석하는 메타인지적 사고까지는 나가지 않는다. 긍정적인 변화나 행동, 특성에 대한 메타인지적 분석은 일종의 방법론을 학습하고 숙지하는 것으로, 해당 행동을 지속하는 데 도움이 된다.

2) 발전적 피드백

발전적 피드백은 피코치의 목표와 아직 도달하지 못한 현재 상태와의 차이에 대해 피드백하는 것을 말한다. 연구에 의하면, 상기한 긍정적인 피드백은 일반적으로 자기효능감을 향상시키지만(Erez, 1977), 항상 수행을 증진시키는 것은 아닌 것으로 밝혀졌다(Bandura & Jourden, 1991). 목표 달성 혹은 수행 증진을 위해서는 목표와의 차이를 알려 주는 발전적 피드백이 매우 중요한 역할을 한다.

(1) 발전적 피드백의 효과

발전적 피드백은 수행을 증가시키는 데 매우 효율적인 도구다. Bandura와 Cervone(1983)은 그들의 실험에서 목표와 피드백이 사람들의 수행노력에 어떤 영향을 미치는지를 연구하였다. [그림 10-9]를 살펴보면, 목표와 함께 피드백이 주어진 집단은 아무런 처치가 주어지지 않은 처치 집단에 비해 3배, 목표만 주어진 집단에 비해서는 2배의 수행노력 증가율을 보이는 것으로 나타났다. 이는 코칭에서 단순히 목표만 설정하는 것으로는 피코치의 노력을 끌어내는 것이 충분하지 않다는 것을 보여 주는 결과로, 코칭에서도 적절한

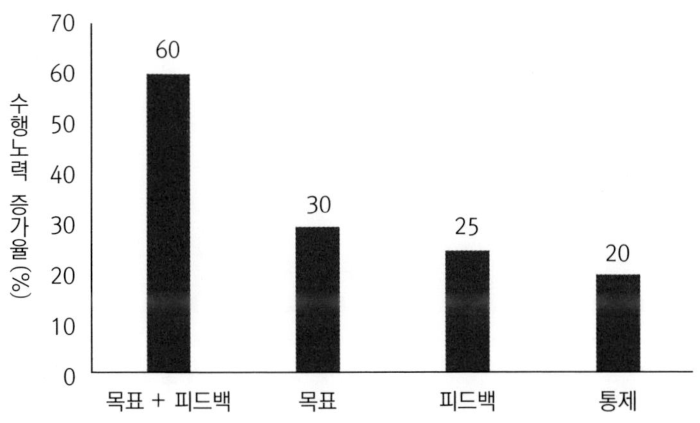

[그림 10-9] 발전적 피드백의 효과

출처: Bandura & Cervone (1983).

목표 설정뿐 아니라 적절한 피드백이 반드시 제공되어야 함을 의미한다.

(2) 발전적 피드백의 구조와 활용

피드백은 그 활용 수준에 따라 [그림 10-10]과 같이 상태 피드백, 성과 피드백, 발전 피드백의 세 가지 형태로 제공한다.

① 상태 피드백

피드백의 가장 기본 형태는 현재 상태를 그대로 알려 주는 것이다. 7월달 목표가 매출 1억 달성인 영업사원에게 7월 20일 현재 달성액이 5천만 원이라는 수치를 알려 주는 것, 혹은 다이어트를 하는 사람의 현재 몸무게를 알려 주는 것 등은 모두 상태 피드백에 해당한다. 상태 피드백은 목표 상태와 현재 상태와의 차이 정보를 제공하는 것으로, 모든 피드백에 반드시 포함되어야 할 핵심 정보다. 상태 피드백은 코치와 같은 사람이 제공할 수도 있으나 체중계나 전광판과 같이 도구를 통하거나 성적표와 같이 검사 결과에 의해 제공될 수 있다. 행위자가 동기가 높은 경우에는 상태 피드백만을 통해서

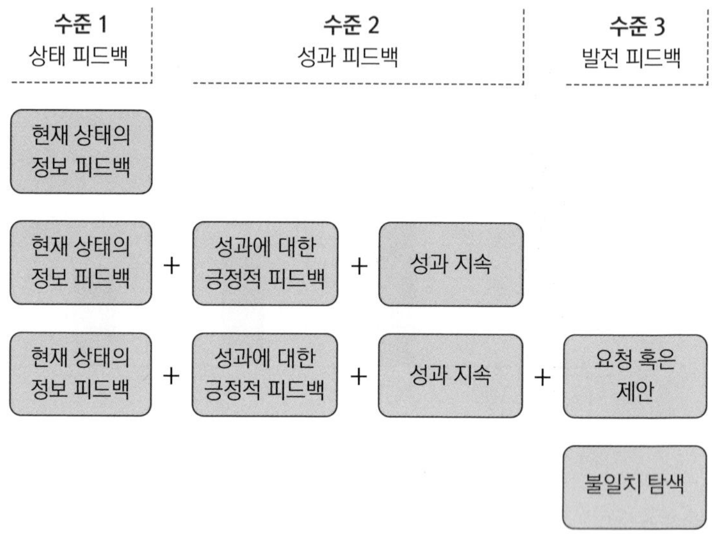

[그림 10-10] 발전적 피드백 구조

도 수행 증진이나 행동 변화가 충분히 나타날 수 있다.

② 성과 피드백

성과 피드백은 현재 상태에 대한 피드백과 함께 목표와 현재 상태의 불일치가 아닌 일치, 즉 피코치가 목표를 달성한 부분에 대해 주목하여 긍정적인 피드백을 함께 제공하는 것이다. 목표를 위해 변화를 노력하는 사람들 중 전혀 노력하지 않거나 단번에 완벽하게 목표를 달성하는 것과 같은 극단적 수행을 보이는 사람은 거의 없다. 대부분의 사람은 0%와 100% 중 어딘가의 수행을 보이는데, 이때 사람들은 대개 자신이 목표를 달성하지 못했다고 생각하고 코칭 장면에서 낙심이나 수치심, 미안함과 같은 불쾌한 정서를 가지게 된다.

이는 사람들의 마음속에 자신의 수행에 대한 평가 준거점(reference point)이 지난 회기에 설정했던 목표 수준에 형성되어 있기 때문이다. 즉, 목표를 세우는 순간 수행에 대한 인지적 평가 준거점이 '과거 상태'에서 '목표 상태'

로 변화되며, 따라서 자신의 수행에 대해서는 '과거 상태에서 얼마나 개선이 되었는가'라는 성장 프레임이 아니라 '목표에서 얼마나 떨어져 있는가'라는 미달성 프레임으로 평가를 하게 된다.

준거점을 어떻게 형성하느냐는 현재 상황에 대한 정서에 강력한 영향을 미친다(Mellers, Schwartz, Ho, & Ritov, 1997; Roese & Olson, 1995). 피코치는 목표 상태를 준거점으로 삼고 미달성 프레임으로 현재 상태를 평가하기 때문에 부정 정서를 느끼게 된다. 코칭에서 자신에 대한 부정 정서는 대개 동기를 약화시키고 자신을 '실패자'로 인식하는 장애물로 작용할 수 있다. 따라서 코치는 현재 상태를 정확하게 평가 및 피드백하되, 성과에 대한 긍정 피드백을 통해 피코치에게 자동적으로 형성되는 미달성 프레임을 성장 프레임으로 바꾸어 주어야 한다. 준거점을 과거 상태에 두는 성장 프레임은 비록 목표는 달성하지 못했지만 이전보다 목표와 가까워졌다는 것을 인식하도록 돕는다. 이러한 인식의 전환은 대견함, 뿌듯함, 자랑스러움, 희망 등과 같은 긍정 정서를 유발하고, 자신을 '성공자'로 느끼게 하여 코칭에 대한 몰입과 수행에 대한 자기효능감을 강화한다.

성과에 대한 긍정적 피드백을 제공한 후에 이러한 긍정적인 부분을 지속적으로 유지하도록 격려하는 말로 마무리를 하는 것이 좋다. 즉, 성과 피드

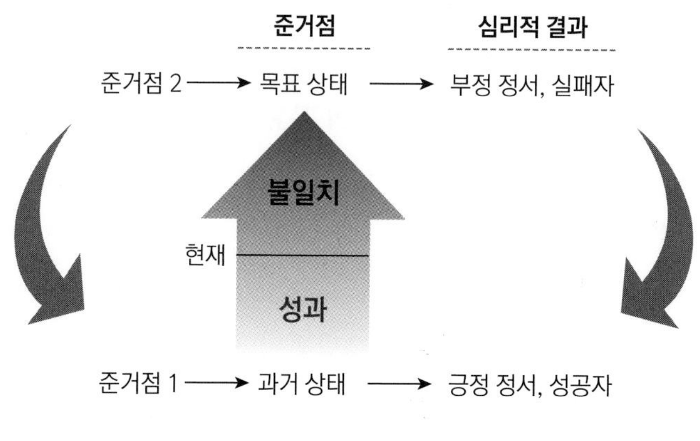

[그림 10-11] 성과 피드백의 작동기제

백은 [현재 정보+성과에 대한 피드백+성과 유지 격려] 구조로 제공하며, 다음에 예시가 제공되어 있다.

- **성과 피드백 예시:** "이번 회의에서는 상무님이 한 시간 중 25분을 말씀하셨네요. 그래도 지난번에 비하면 무려 15분이나 단축하셨습니다. 이번 회의에는 직원들이 꽤 자기 의견을 말하는 것 같더군요. 회의 분위기가 아주 좋더라고요. 이런 경청의 자세를 계속 훈련하면서 체화시키면 좋을 것 같습니다."

앞의 예시에서는 행동 차원의 변화를 피드백하였으나, 성과를 지속하도록 하는 부분에서는 태도와 습관이라는 차원으로 변화시켜서 성과 지속을 격려했다. 상기한 긍정적 피드백에서 기술한 것처럼, 심층적 차원의 요소일수록 안정적이고 정체성에 가깝다. 특정 행동을 그 기저에 있는 태도, 습관, 정체성 등과 연결시켜서 언급하는 것은 해당 행동 변화에 대해 강한 의미를 부여하여 해당 행동이 지속될 수 있도록 강화하는 효과가 있다.

③ 발전 피드백

발전 피드백은 성과 피드백의 목표와 불일치하는 부분에 대한 탐색까지 다루는 것을 말한다. 피코치가 목표를 달성하지 못하는 것에는 반드시 이유가 있다. 대개 그것은 장애물에 해당된다. 장애물을 극복하고 목표를 달성하기 위해서는 앞의 성과 피드백에 덧붙여 목표 달성을 위해 시도해 볼 수 있는 방법에 대한 아이디어를 요청하거나 또는 달성이 어려웠던 이유 혹은 극복방법에 대한 질문을 할 수 있다.

여기서 주목할 점은 발전 피드백이 기본적으로 '질문' 형식을 사용한다는 점이다. 목표 달성을 위한 또 다른 수행방법이나 미달성 원인 및 극복방법에 대한 질문과 토론은 피코치의 방어성을 낮추고, 피코치의 적극적인 참여를 유도하는 데 유익하다. 발전 피드백의 예시는 다음과 같다.

- **발전 피드백 예시:** “이번 회의에서는 상무님이 한 시간 중 25분을 말씀하셨네요. 그래도 지난번에 비하면 무려 15분이나 단축하셨습니다. 회의 분위기가 아주 좋더라고요. 이런 경청의 자세를 계속 훈련하면서 체화시키면 좋을 것 같습니다. 자, 그럼 우리가 같이 세웠던 15분 이하로 말하기 목표를 다음 회의 때 달성하기 위해서는 어떤 방법을 시도해 보면 좋을까요?

4. 주의해야 할 반응 기술

상담 및 심리치료에서 사용되는 반응 기술 중 코칭에서 특히 주의해서 사용해야 할 반응 기술은 해석과 직면이다. 직면은 주의 깊게 제공된다면 코칭에서도 매우 효과적으로 사용될 수 있으나, 해석은 특별히 필요한 경우가 아니면 사용하지 않는 것이 좋다. 다만, 단기간 내에 끝내야 하는 코칭이나 해석이 반드시 필요한 경우에는 다음의 주의사항을 유념하여 제공할 수 있다. 다음의 주의사항은 상담에서도 동일하게 적용된다.

1) 직면

직면은 피코치의 불일치나 모순에 대해 직접적으로 언급하는 것을 말한다. 직면은 인간으로서의 대표적인 불완전성과 약점인 ‘모순적 언행과 태도’에 대한 언급이므로 피코치는 부끄러움, 당황스러움, 수치심 등을 느끼기 쉬우며, 이는 방어성 증가와 변명이라는 반응을 유발하기 쉽다. 따라서 직면은 누구에게나 제공할 수 있는 것은 아니며, 다음의 조건과 주의사항을 충분히 유념하여 제공되어야 한다.

(1) 사용방법

피코치에게 불일치에 대한 직면을 사용할 수 있는 경우는 크게 다음의 두 가지가 해당된다. 직면은 불일치를 포착하여 그것만을 그대로 진술하는 것이며, 그 원인이나 결과 등에 대해서는 일절 언급하지 않는 것이 원칙이다.

① 피코치의 언어와 언어 간에 불일치가 관찰되었을 경우

피코치가 코칭의 전반부에서 혹은 이전 회기에서 말한 내용과 현재 말한 내용이 다른 경우다. 예를 들어, 이전 회기에서는 자신이 너무 소심하여 직장에서 자기주장을 잘 못하고 피해를 본다고 기술했던 피코치가 다음 회기에서는 같은 직장 동료와 3번째 말다툼을 했는데, 상대방이 '당신은 항상 자기 멋대로다'라고 말했다고 진술하는 경우다. 이때 코치는 스스로 그리는 피코치 자신의 모습과 사건에 대한 진술에서 나타나는 피코치의 모습이 서로 불일치한다는 것을 포착해야 한다. 이후 코치는 다음과 같이 직면을 제공할 수 있다.

- **직면 예시:** "아, 네, 오늘 얘기를 들으니 선생님께서 그동안 동료와 말다툼을 좀 하셨던 것 같네요. 음…… 지난번에는 선생님께서 너무 소심하여 직장에서 자기주장을 잘 못하고 늘 피해만 본다고 말씀하셨는데…… (두 가지 이야기가 좀 다른데요?)."

② 피코치의 언어와 행동(혹은 태도) 간에 불일치가 관찰되었을 경우

피코치가 언어적으로 표현하는 욕구, 목표, 평가, 인식 등과 이와 관련된 비언어적 행동이나 태도 등이 불일치하는 경우다. 예를 들어, 피코치가 운동하는 것을 목표로 하고 그 의지도 분명히 밝혔으나 실제로 운동방법 등에 대해 대화를 하려고 하면 자꾸 다른 이슈를 꺼내거나 불성실하게 답을 하는 경우다. 이에 대해서도 말과 행동의 불일치를 언급하면서 피코치의 의견을 요청할 수 있다.

상기한 두 가지 경우 외에도 피코치가 코치에게 무리한 요구를 하거나 개인적인 역동이 과도하게 발생한 경우에는 직면을 사용하여 해당 이슈를 다룰 수 있다.

(2) 직면 사용 조건

직면은 피코치의 자기인식 및 자각을 촉진하고, 이를 통해 진정한 자신의 욕구와 모습을 통찰하도록 하는 것이 궁극적 목표다. 이러한 목표 달성을 위해서는 먼저 피코치가 불일치하는 자신의 모습을 큰 저항감 없이 수용하는 것이 가장 중요하다. 따라서 직면은 다음과 같은 조건이 충족되는 상황에서 제공될 필요가 있다.

① 직면을 사용할 수 있는 조건

- **충분한 라포:** 피코치와 코치 간에 기본적인 신뢰관계가 형성되고, 호의적인 정서적 관계가 형성된 후에 직면 제공이 가능하다. 피코치가 어느 정도의 약점 노출에도 수치심을 크게 느끼지 않을 정도의 안정적 신뢰관계가 필수적이다.
- **피코치의 자아 강도:** 코치와 라포 형성이 잘 되었다고 하더라도 피코치의 자아 강도가 약하다면 피코치는 자신의 모순된 모습을 수용하기가 어렵다. 이 경우에 피코치는 모욕감이나 수치심을 느끼고, 방어를 심하게 하고, 코치를 비난할 수 있으며, 최악의 경우에는 코칭을 중단할 수도 있다. 따라서 피코치가 타인의 부정적 피드백을 받아들이는 것에 특히 예민하다면 직면사용은 주의 깊게 재고되어야 한다.
- **충분한 논의:** 직면이 제공된 후에는 반드시 이에 대한 피코치의 의견을 묻고 자신의 생각이나 감정을 충분히 이야기할 수 있도록 다양한 방법으로 대화를 촉진해야 한다. 코칭에서 직면이 필요한 상황은 대개 직면을 해야 목표 달성을 위한 장애물이 극복되기 때문이다. 따라서 다소 시간이 걸리더라도 피코치가 자신을 충분히 들여다보고 이해할 수 있도록

경청하고 질문할 필요가 있다.

2) 해석

해석은 분리된 진술이나 문제, 사건을 연결시켜서 현상에 대한 원인을 코치가 제공하는 것을 말한다. 해석은 피코치의 행동이나 진술에 나타나는 반복적 패턴이나 주제 등을 근거로 해석을 하거나 현재 사건이나 경험 혹은 느낌을 과거와 관련지어 인과관계를 설명하는 방식으로 제공된다. 상기한 직면의 불일치의 원인을 함께 언급한다면 이는 해석에 해당한다.

해석은 현재 상황(문제, 행동, 감정 등)에 대한 인과관계적 틀을 제공하여 인간의 가장 근본적인 욕구 중 하나인 '원인 파악'의 욕구를 만족시키는 효과가 있다. 그러나 동시에 해석은 다음과 같은 위험이 존재한다.

① 해석의 위험성

- **정확성의 문제:** 해석은 피코치가 제공한 다양한 재료를 바탕으로 구성된 코치의 추정일 뿐이다. 따라서 해당 이슈에 대한 정확한 원인인지를 파악하는 것은 거의 불가능하고 이를 입증할 수도 없다.
- **수용성의 문제:** 제안된 해석이 맞다고 하더라도 이를 피코치가 인정하고 수용하는가는 완전히 다른 문제다. 많은 경우에 상담자나 코치가 해석을 제공했을 때, 내담자는 이를 바로 인정 및 수용하기보다는 수동적이거나 간접적으로 거부 혹은 판단을 보류하는 태도를 보인다. 물론 이는 상담자나 코치가 얼마나 능숙하고 전문적인 방식으로 해석을 제공하느냐에 따라 매우 달라진다. 그러나 대부분의 사람은 '자신의 문제는 자신이 가장 잘 안다'고 생각하는 경향이 있어서 타인이 함부로 자신의 모습을 해석하는 것에 대한 거부감이 존재한다. 따라서 섣부른 해석은 상대방에게 (표현을 하든, 하지 않든) 거부당할 위험이 크다.
- **방어성 증가 및 신뢰도 하락:** 상기한 수용성 문제의 결과로, 피코치의 거

부감은 코칭에 대한 방어성 증가로 이어질 가능성이 있다. 또한 피코치가 동의하지 못하는 해석을 제공한 코치의 전문성에 대한 믿음을 하락시킬 가능성이 있다.

- **효과성의 문제:** 해석의 효과성은 상담과 코칭에서 다소 다르게 나타날 수 있다. 상담이나 심리치료는 '자기인식 및 통찰' 자체가 목적인 경우도 많으며, 학파나 이론에 따라서는 해석이 중요한 기법 중 하나로 작용하는 경우도 있다. 그러나 코칭에서는 대개 효과적이지 않다. 코칭에서는 원인 파악보다는 해결이 가장 중요한 목적이며, 대개의 심리적 이슈는 원인을 안다고 해서 그 원인 자체를 변화시키거나 제거할 수는 없다. 따라서 원인을 안다고 해서 코칭에서 목표로 하는 문제해결에는 크게 도움이 되지 않을 수 있다.

상기한 해석의 위험성에도 불구하고, 현재 상태에 대한 자기인식이 코칭의 목표 달성에 반드시 필요하다고 판단되는 경우에는 조심스럽게 해석을 제공할 수 있다. 다만 해석을 제공할 경우에도 반드시 가설적 형태로 제공하되 하나의 견해일 수 있음을 설명해야 한다. 아울러 이에 대한 피코치의 의견을 반드시 묻고 함께 논의해야 한다. 해석 제공 시 주의사항은 상기한 직면의 경우와 같다.

이 장의 요약

☑ 코칭의 회기는 크게 경청, 질문, 피드백이라는 세 가지 핵심요소를 코치가 적절하게 사용하여 진행된다.

☑ 경청은 일상적 경청, 적극적 경청, 직관적 경청으로 나눌 수 있다.

☑ 최적의 질문을 위해서는 바람직한 질문의 형식을 훈련해야 하고, 맥락에 맞는 질문을 할 수 있도록 질문의 방향과 내용을 숙지해야 한다.

☑ 긍정적 피드백은 대상의 내적 수준에 따라 칭찬, 인정, 지지로 나눌 수 있다.

☑ 발전적 피드백은 상태 피드백, 성과 피드백, 발전 피드백으로 나눌 수 있다.

☑ 직면과 해석은 적절히 사용하면 효과적이나 사용 조건과 방법을 잘 숙지하여 매우 주의해서 사용할 필요가 있다.

코칭의 모델과 진행

코칭이 상담이나 기타 심리서비스와 실제적으로 구분되는 형식적인 차이는 모델의 사용이다. 물론 코치나 이슈에 따라서 모델을 사용하지 않을 수 있으나, 이런 경우에도 코칭은 실제적인 문제해결과 목표 달성에 집중되어 진행된다. 코칭모델이 모든 코칭에 반드시 적용되고 있다고 할 수는 없으나 코치는 반드시 코칭모델을 숙지하고, 이를 중심으로 코칭을 진행하는 데 어려움이 없어야한다.

코칭에서 가장 일반적으로 사용되는 모델은 Whitmore가 1992년에 출간한 『Coaching for Performance』라는 책에서 제시한 GROW 모델이며, Palmer 역시 PRACTICE 모델(2007)을 제시하였다. 그 밖에도 코치에 따라서 다양한 코칭 모델을 사용하는데, 어떤 모델이든 코칭모델은 기본적으로 목표 설정과 그 목표를 실제로 달성하는 것이라는 문제해결 구조를 갖는다. 이것은 코칭의 처음과 끝이 명료하게 정해져 있음을 의미하며, 이것이 상담과의 큰 차이다.

이 장에서는 코칭에서 코칭모델을 어떻게 사용하고 적용하는지에 대해

GROW 모델을 중심으로 기술하며, 특히 가장 중요한 목표 설정에 대해 좀 더 자세히 다루도록 한다.

1. 목표 설정

코칭에서 가장 중요한 것은 목표를 제대로 설정하는 것이다. 목표 설정(Goal setting)이 쉬워 보일 수도 있으나 코칭에서 가장 어려운 작업 중 하나다. 그 이유는 코칭에서의 목표 설정은 단순히 '피코치가 원하는 것'이 아니기 때문이다. 피코치가 코칭을 받으러 올 때 생각하는 목표는 대개 코칭 목표라기보다는 '코칭 이슈(현안, 문제)'라고 할 수 있다. 물론 코칭 이슈가 코칭 목표가 되는 경우도 있으나 이는 이슈 자체가 매우 구체적인 경우에 해당하며, 대부분은 코칭 목표를 코치와 함께 다시 설정하는 작업을 진행해야 한다. 코칭의 목표를 설정할 때에는 가능하면 다음에 제시되는 SMART 기준을 고려하여 정하도록 한다. 그러나 지나치게 경직되게 해당 요소들을 모두 규정하려고 할 필요는 없으며, 상황이나 맥락, 이슈에 따라 유연하게 적용하도록 한다. SMART 원칙은 코칭 목표 설정뿐 아니라 이후의 대안 및 숙제를 정할 때에도 적용되는 원칙이기에 자세히 알아보도록 한다.

1) SMART 목표 설정

(1) 구체적(Specific) 목표

앞서 기술한 목표 설정 이론에서 목표는 추상적이기보다는 구체적인 것이 효과적이라고 하였다. 그렇다면 목표는 얼마나 구체적이어야 할까? 코칭 목표를 어떤 수준으로 설정해야 하는지를 파악하기 위해서는 인지심리학에서 연구된 범주(category)와 범주의 위계적 조직(hierarchical organization) 관점에서 코칭 이슈를 판단할 필요가 있다. 다음과 같은 상황을 살펴보자.

엄마와 어린 아들이 골목길을 지나가다가 저 멀리서 개가 지나가는 것을 보았다.

아들1: "엄마, 저게 뭐예요?"

엄마1: "저건 개야."

아들2: "그건 저도 알아요. 무슨 개예요?"

엄마2: "아, 진돗개 같은데?"

상기 대화를 살펴보면 아들의 첫 번째 열린 질문에 대해 엄마는 '진돗개' 혹은 '동물'이 아닌 '개'라고 답한다. 이처럼 사람들은 어떤 사물을 볼 때, 어떤 특정 수준에서 인식하고 기술하는 경향이 있다. 사람들이 실제 세계에 대해 표상하는 범주는 크게 세 가지의 위계적 수준으로 구분할 수 있다(Reed, 2010). 상위 범주(superordinate category), 기본 수준 범주(basic-level category), 하위 범주(subordinate category)가 여기에 해당되는데, 상기한 동물을 예로 들어보면 동물은 상위 수준이며, 개는 기본 수준, 진돗개는 하위 수준의 범주에 해당한다.

범주에 대한 연구들에서는 사람들은 앞의 세 수준 중 기본 수준 범주화로 사물을 분류할 때 가장 속도가 빠르다는 것을 밝혔다(Rosch, Mervis, Gray, Johnson, & boyes-Braem, 1976). 이는 사람들에게 가장 익숙한 사고 수준은 기본 수준이며, 이를 기준으로 필요시 상위 범주화를 하거나 하위 범주화를 한다는 것을 의미한다. 상기한 동물을 예로 들면, 사람들은 개, 새, 나비 등을 가장 익숙하게 느끼고 이를 기준으로 생각하며, 상황적 필요에 따라 상위 범주화(추상화) 혹은 하위 범주화(구체화)한다.

기본 수준 기반 사고라는 인간의 인지적 특성은 피코치가 코칭 이슈를 제기할 때에도 나타난다. 사람들은 살아가면서 구체적인 사건과 문제에 직면하며, 이를 해결하고자 코칭이나 상담에 참여한다. 그러나 실제로 코칭이나 상담을 시작하면 구체적인 사건이나 문제를 바로 제시하는 것이 아니라 이

표 11-1 피코치 진술의 위계 수준 예시

피코치 진술	진로코칭	스트레스관리코칭	위계 수준
초기 진술	"진로를 정하고 싶다."	"직장 스트레스가 심하다."	기본 수준
실제 문제	"어떤 대학과 학과에 진학해야 할지 정하고 싶다."	"상사와 관계가 좋지 않다."	하위 수준1
	-	"상사의 의견에 맞서서 싸우게 된다."	하위 수준2

를 기본 수준 혹은 그보다 상위 수준으로 격상시켜서, 즉 추상화시켜서 제시한다. 물론 체중 감량과 같이 매우 구체적으로 기술되는 코칭 이슈도 있으나 대개의 경우에 피코치는 자신의 실제 문제를 상위 범주로 추상화시켜서 진술한다. 다음에 그 예시가 제시되어 있다.

〈표 11-1〉을 보면, 피코치의 초기 진술 내에 숨어 있는 구체적인 문제를 볼 수 있다. 코칭의 목표 설정에서 가장 중요한 것은 기본 수준의 진술을 적절한 하위 수준으로 구체화하는 것이다. 코칭에 적절한 하위 수준이란 코칭 기간 내에 실제적인 행동적 변화나 문제해결 여부를 확인할 수 있는 정도의 구체적 수준이다.

〈표 11-1〉에서 진로코칭의 경우에는 피코치의 초기 진술에서 한 단계 정도 하위 수준으로 구체화하는 것이 적절하다. 그러나 스트레스관리코칭의 경우에는 피코치의 초기 진술(기본 수준)에서 어느 정도로 구체화하게 될지는 코칭 기간과 밀접한 관계가 있다. 코칭 기간이 충분하고 피코치가 동의한다면 기본 수준을 목표로 설정할 수도 있으나 대개는 하위 수준1을 전체 코칭 목표로 설정하고, 하위 수준2는 특정 회기나 수 회기 기간 동안의 세부 목표로 설정하게 된다. 그러나 코칭 기간이 아주 짧은 회기로 이미 정해져 있다면 전체 코칭 목표를 하위 수준2 정도까지 구체화하는 것이 좋다. 〈표 11-2〉에는 비교적 추상적인 기본 수준을 코칭 전체 목표로 잡은 경우의 세부 목표와 진행에 대한 사례가 제시되어 있다.

표 11-2 기본 수준을 코칭 전체 목표로 삼은 경우의 목표 설정

항목	내용
의뢰 사유(고객)	• 자존감을 높이고 싶다. • 인간관계에 자신감이 없다.
코칭 목표	• 회기 종료 시까지 자존감을 3점에서 8점으로 높이기
회기별 세부목표	• 대인관계 상황에서 나의 생각을 확실하게 표현한다. • 나에 대해 정확하게 평가하기
회기 진행	• 일상적 상황에서의 자기표현 행동 훈련 및 피드백을 통한 발전적 학습 • 자기 평가에 대한 인지적 접근
목표 달성	코칭 종료 후 자존감이 7점까지 향상된 것으로 보고

(2) 측정 가능한(Measurable) 목표

상담에서 정하는 목표와 코칭 목표의 차이점 중 가장 큰 것이 '측정 가능'일 것이다. 물론 실제로 진행되는 대개의 코칭에서는 측정이 가능하도록 목표를 구체화하지는 않지만 가능하면 목표를 측정이 가능한 방식으로 정의하도록 한다. 가장 대표적인 측정 가능한 목표가 체중 감량이다. '체중을 10kg 감량하겠다'는 목표는 수치화되어 표현되어 있기 때문에 매우 객관적으로 측정 가능한 목표다. 그러나 체중처럼 명확하게 수치화되기 어려운 목표들도 많다. 이런 경우에는 가능하면 척도 질문을 통해서 수치화하는 것이 좋다. 물론 수치화하는 것이 코칭 맥락상 부적절하거나 불필요하다는 판단이 들 경우에는 굳이 수치화를 할 필요는 없다. 그러나 코칭 종료 후 목표를 어느 정도 달성했는지, 그리고 코칭을 진행하면서 진전이나 퇴보 정도를 수치로 확인할 수 있다는 점에서 수치화는 코칭에 대한 이해와 명료화에 도움이 된다.

* 척도 질문

척도 질문(scaling question)은 내성법적인(introspective) 접근을 활용한 것으로, 설문 조사에서 흔히 사용되는 리커트(Likert) 척도와 유사한 방식으로 질적인 내용을 양적으로 표현하는 것이다. 대개 1에서 10까지의 척도를 제시하여 자신의 현재 상태가 어느 정도인지를 표현하도록 요청한다.

척도 질문을 사용할 때 주의해야 할 한 가지는 기준 점수(1점과 10점)의 정의를 명확하게 제시해야 한다는 점이다. 1점이 어떤 상태를 의미하고, 10점은 어떤 상태를 의미하는지를 정확하게 말해 주고 피코치가 잘 이해했는지 확인한다. 다음에 올바른 예와 잘못된 예가 제시되어 있다.

잘못된 사용: "자기주장을 잘하는 것을 목표로 말씀하셨는데요, 현재 직장 내에서 자기주장 정도를 1점에서 10점으로 표현해 본다면 어느 정도일까요?"

올바른 사용: "자기주장을 잘하는 것을 목표로 말씀하셨는데요, 현재 직장 내에서 자기주장 정도를 수치로 표현해 보려고 합니다. 1점에서 10점 척도로 표현해 볼 건데, 1점은 자기주장을 전혀 하지 못하는 것이고요, 10점은 자기주장을 하는 데 전혀 어려움이 없는 상태를 의미합니다. 지금은 1점과 10점 중 어느 정도에 해당할까요?"

척도 질문은 코칭의 모든 단계에서 사용할 수 있으며, 적절하게 사용하면 매우 효과적이다. 다음에 척도 질문의 사용 예시가 제시되어 있다(Kim & Szabo, 2011).

- 1에서 10의 점수에서 1점은 직장 내에서 자기주장을 분명히 하기로 결정하는 데 필요한 자신감이 전혀 없다는 것을 의미하고, 10은 대단히 많다는 것을 의미합니다. 당신은 지금 1과 10 사이에서 어디에 있나요?
- 무엇을 보면 당신이 6에 있다는 것을 알 수 있나요?

- 6에는 얼마나 오랫동안 있었나요?
- 6에 있으니 당신의 어떤 것들이 이전과 다른가요?
- 당신의 가장 친한 친구는 당신이 6에 있다는 것을 무엇을 보고 알 수 있을까요?
- 만약 당신이 7로 올라간다면, 그때 당신은 지금 하지 않는 어떤 행동을 하고 있을까요?
- 1과 10 사이에서 10은 당신이 자신에 대해 가장 큰 자부심을 느끼는 것을 의미한다면, 당신은 지금 10에 얼마나 가깝다고 이야기할 수 있나요?
- 당신은 자신이 원하는 사람이 되기 위해 얼마나 열심히 노력하나요? 10은 당신이 그렇게 되기 위해 필요한 일은 무엇이든지 할 작정이라는 것을 의미하고, 1은 아무것도 하지 않고 어떤 일이 일어나는지 기다려 보는 것을 의미한다고 합시다. 당신은 현재 몇 점에 와 있나요?
- 당신은 자신이 맡은 과업을 완성할 가능성이 얼마나 있다고 생각하나요? 이번에는 10은 가능성이 대단히 많은 것을 의미하고, 1은 가능성이 거의 없는 것을 의미합니다.
- 어떻게 마이너는 2는 아니죠?
- 당신은 자신의 어떤 점을 알기에 자신이 언젠가는 10에 도달할 것이라고 알 수 있나요?

(3) 상호 동의(Agreed), 현실적(Realistic), 기한이 있는(Time-bound) 목표

코칭 목표는 피코치와 코치가 모두 동의할 수 있는 현실적인 것이어야 한다. 코칭 이슈는 피코치가 제안하지만 이를 목표화하는 과정에서 피코치의 의견만을 절대적으로 수용하는 것은 바람직하지 않을 뿐 아니라 현실적으로도 불가능하다. 피코치의 이슈는 심리학 기반 코칭이라는 장면에 맞게 조정되어야 한다. 코치는 피코치가 제기하는 이슈와 목표를 다음과 같은 관점에서 점검할 필요가 있다.

① 심리적 건강에 부합하는 목표인가

코칭의 목표는 심리적 건강에 대한 심리학적 연구 결과를 바탕으로 인간의 '건강한 상태'에 부합하거나 혹은 기여하는 목표인가가 평가되어야 한다. 인간이 심리적으로 건강하다는 것에 대한 연구는 2부에서 기술하였다. 코치는 피코치가 초기에 제시한 목표가 심리학에서 제시하는 심리적 건강에 부합한지 평가한 후, 여기에 부합하지 않을 경우에는 피코치와 함께 목표를 조정해야 한다.

예를 들어, 직장에서 동료나 상사에게 자기주장을 잘하지 못하고 각종 부당한 대우를 참아 온 피코치가 코칭 목표를 '직장 내에서 화를 잘 참고 조절하기'라고 제시했다고 가정해 보자. 이러한 목표는 언뜻 보기에는 건강하고 문제가 없어 보이지만, 자신의 요구(demand)와 환경의 요구가 상반될 경우에 어느 한쪽의 요구를 일방적으로 누르는 것은 심리학에서는 건강한 것으로 보지 않는다. 따라서 코치는 피코치의 초기 목표를 건강한 코칭 목표로 바꾸는 작업을 진행해야 한다.

② 현실적으로 달성 가능한 목표인가

현실적으로 달성 가능한가라는 판단은 크게 노력-목표 달성 가능성 차원과 시간 차원이라는 두 가지 하위 차원에서 검토할 수 있는데, 시간 차원은 이후 기한 설정 부분에서 설명하기로 한다.

목표의 현실적 달성 가능성을 판단하는 중요한 기준은 개인의 노력과 목표 달성 간에 얼마나 인과적 관계가 있는가다. 이는 개인이 노력을 함으로써 원하는 목표를 성취할 수 있는 가능성이라고도 할 수 있으며(노력-목표 달성 가능성), 앞서 설명한 기대이론의 기대에 해당한다. 노력-목표 달성 가능성은 0%와 100% 사이에 있는 연속적 차원이며, 가능성이 낮다 혹은 높다로 표현될 수 있지 극단적인 0%와 100%는 현실에서는 거의 존재하지 않는다. 노력-목표 달성 가능성은 목표 달성을 위해 개인의 노력 이외의 변인이 얼마나 작동하는가의 관점에서 평가하는 것이 도움이 된다.

부모 코칭이나 상담에서 흔히 접할 수 있는 '아이의 성적을 올리고 싶다'와 같은 '제3자의 변화 목표'는 노력-목표 달성 가능성이 낮은 목표의 대표적인 예다. 아이의 성적에 영향을 미치는 요인은 부모의 노력뿐 아니라 지능, 학교생활, 학원, 친구관계, 아이의 정서적 안정성, 아이의 진로 선호 등 다양한 요인에 의해 결정된다. 따라서 이러한 목표는 코치 목표로 적절하지 않으며, 실패하기 매우 쉬운 목표이므로 반드시 노력-목표 달성 가능성이 높은 목표로 변화시켜야 한다.

〈제3자의 변화 목표가 이슈인 코칭 다루기〉

심리서비스 현장에서는 '남편을 변화시키고 싶다' '자녀가 공부를 하도록 만들고 싶다' 등과 같이 피코치 자신이 아닌 제3자를 변화시키는 것을 코칭 이슈로 가져오는 고객이 적지 않다. 이러한 이슈는 현실적인 달성 가능성이 낮기 때문에 코칭 목표가 될 수 없다.

이러한 이슈에 대해서는 크게 두 가지 진행방법이 있는데, 첫째는 제3자를 코칭 장면으로 들어올 수 있도록 권유하는 것이다. 즉, 남편의 변화를 목표로 제시한 경우에는 남편이 직접 코칭을 받는 것을 권할 수 있다. 둘째, 제3자가 직접 코칭을 받을 수 없거나 고객이 이를 원치 않을 경우에 코치는 이슈를 고객의 것으로 바꾸어 코칭 목표를 설정한다. 이러한 경우에 다음과 같은 프로토콜을 사용하여 목표를 피코치 자신의 것으로 전환시킬 수 있다.

① 이슈에 대한 공감과 존중
⬇

피코치가 바꾸기 원하는 제3자는 대개 피코치에게 매우 중요하거나 의미 있는 대상이다. 따라서 해당 이슈 역시 피코치에게 매우 중요하고, 때로는 절박한 목표인 경우가 많다. 따라서 코치는 해당 이슈에 대해 현재 상황 중심으로 듣고 피코치의 노력과 고민에 공감과 존중을 진심으로 표현하는 것이 필요하다. 이때 주의할 점은 불필요하게 과거의 상처나 어려움 등에 대해

	초점을 맞추거나 과도하게 사적인 이야기까지 들춰내지 않도록 조심한다.
② 목표 적합성 피드백 ⬇	목표 전환을 위해서는 먼저 피코치가 제안한 이슈가 코칭 목표로는 적절하지 않음을 피코치에게 먼저 설명해야 한다. 코칭은 피코치 자신이 노력하여 해결할 수 있는 문제나 이슈만 가능하며, 코칭에 직접적으로 참여하지 않는 사람을 코칭을 통해 변화시킨다는 목적 달성은 코칭에 적절하지 않다는 것을 차분하고 정확하게 설명한다.
③ 전환 질문 ⬇	제3자에 대한 목표를 자신의 목표로 전환시키기 위한 질문을 한다. 전환 질문은 대개 추상화 질문에 해당하며, 흔히 사용되는 질문은 다음과 같다. – (이유) "선생님께서는 무엇 때문에 그런 목표를 생각하게 되셨을까요?" – (영향) "그것이 선생님 자신에게 어떤 영향을 미칩니까?" – (의미) "그것을 달성하는 것이 선생님에게는 어떤 의미가 있나요?" – (목적) "선생님께서 이를 통해 궁극적으로 얻고자 하는 것은 무엇인지요?" 예를 들어 보자. 고객이 자신의 아들이 숙제를 제대로 했으면 좋겠다는 이슈를 제시했을 경우에 코치는 "선생님은 아들이 숙제를 제대로 했으면 좋겠다고 말씀하셨는데, 아들이 숙제를 제대로 하지 않는 것이 선생님에게 어떤 영향을 미치나요?"와 같이 질문할 수 있다. 전환 질문은 적절한 코칭 목표가 도출될 때까지 다양하게 제시하고 고객과 토론할 수 있다.

④ 적합한 목표 선정 ③의 전환 질문에 대한 답변에서 도출된 여러 가지 이슈 중 적합한 코칭 목표를 설정한다. 앞의 예에서 피코치가 "아이가 숙제를 제대로 하지 않아서 제가 너무 스트레스를 받아요."라고 제시한 경우에 코치는 아이의 숙제 문제를 피코치의 스트레스 문제로 이슈를 전환시키고, 이와 관련된 코칭 목표를 설정할 수 있다.

③ 시간을 고려한 목표인가

목표를 현실적으로 달성 가능한 것으로 설정하기 위해서는 반드시 시간을 고려해야 한다. 시간은 앞에서 설명한 목표의 현실성 평가에 있어 매우 중요한 요소인데, 예를 들어 9개월 내에 10kg의 몸무게를 감량하는 것은 비교적 현실적이라고 판단할 수 있으나 1개월에 10kg을 감량하겠다는 목표는 현실적이지 않다.

목표 설정 시 시간을 고려할 때 주의할 점은 '목표 달성에는 기간이 얼마나 걸리는가?'라는 관점이 아니라 '특정 기간 내에 달성 가능한 목표는 무엇인가?'라는 관점에서 목표를 설정해야 한다는 것이다. 이는 계획세우기 오류(planning fallacy)를 피하기 위한 것으로, 계획세우기 오류란 사람들이 어떤 목표나 과제를 달성하는 데 요구되는 시간이나 자원, 노력 등을 과소 추정하여 매우 낙관적인 계획을 세우는 경향을 말한다(Buehler, Griffin, & Peetz, 2010). Buehler, Griffin과 Ross(1994)는 계획세우기 오류에 대한 최초의 연구 중 하나를 진행하였다. 연구자들은 자신의 논문 관련 프로젝트를 진행하고 있는 학부생들에게 프로젝트를 마무리하는 데 얼마나 시간이 걸릴지(최초 추정), 그리고 모든 세부계획이 다 어긋났다고 가정했을 때 프로젝트 마무리에 얼마나 시간이 걸릴지(최악의 상황 추정)를 추정하도록 요청한 후, 이 추정치를 실제로 프로젝트를 마무리하는 데 걸린 시간과 비교하였다.

[그림 11-1]을 살펴보면 30%의 학생만이 자신의 최초 추정 시간 내에 과

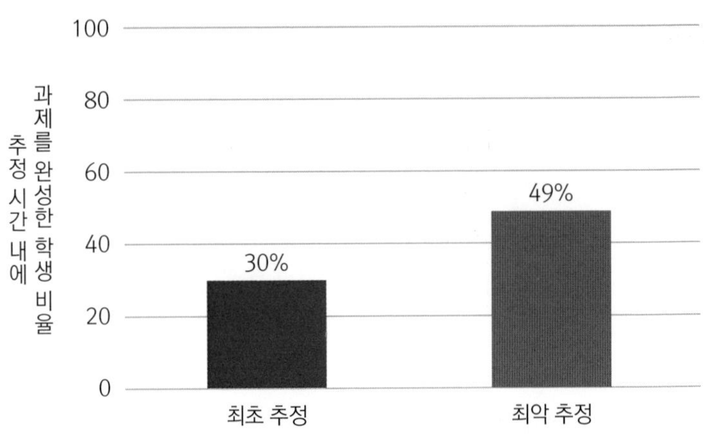

[그림 11-1] 계획세우기 오류

출처: Buehler et al. (1994).

제를 마무리한 것을 알 수 있다. 심지어 최악의 경우를 상상하여 추정하도록 했을 때에도 49%의 학생만이 추정 시간 내에 과제를 마무리하였다. 이는 많은 사람이 목표 달성을 위한 계획을 세울 때 무리한 계획을 세울 가능성이 높다는 것을 의미한다. 한 가지 재미있는 사실은 Buehler와 동료들(1994)의 연구에서 사람들이 자신의 과제 마무리 시간 추정보다는 다른 사람의 과제 마무리 시간을 훨씬 더 정확하게 추정했으며, 장애물을 예측할 가능성이 5배 높은 것으로 나타났다. 이러한 발견은 코칭의 목표 설정에서 피코치가 제안하는 기한은 대개의 경우에 조정이 필요하고, 이때 코치는 정확한 기한 설정에 긍정적인 역할을 할 수 있다는 것을 의미한다.

상기한 연구에서는 계획세우기 오류를 줄이는 방법은 목표를 세우고 기한을 정하는 것이 아니라 현실적으로 가능한 기한을 정하고 거기에 맞게 목표를 세우는 '시간 중심 목표 설정'을 하는 것임을 경험적으로 보여 주었다. 시간을 가장 먼저 고려하게 되면 시간변인이 인지 과정에서 중요한 기준점으로 작용하게 되므로 시간 단위당 성취할 수 있는 과제를 구체적으로 생각하게 하는 효과가 있다. 결과적으로 초기 목표는 주어진 시간에 맞게 하위 목표로 분할되며, 따라서 코칭 목표가 달성될 가능성은 증가하게 된다. 이러한 시간 중심 목표 설정과 회기 진행은 상담과 큰 차이점이며, 회기의 명료화, 코칭의 효과성 평가, 성공 가능성 증가에 기여하는 요인이다.

2) 목표 설정의 과정

SMART는 목표 설정 과정에서 고려할 만한 기준이나 여기에 부합하는 적절한 목표를 코치가 피코치와 함께 도출해 내는 것은 그리 쉽지 않은 작업이다. 다음의 사례는 이희경(2014)이 제시한 사례를 변형한 것으로, 목표 설정 과정에 대한 이해를 돕기 위해 코칭 목표와 특정 회기 목표를 설정하는 과정을 축약해서 제시하였다.

코치: ○○님의 코칭 이슈는 '좋은 리더되기'인데, ○○님이 생각하는 좋은 리더는 어떤 모습인지 좀 더 구체적으로 말씀해 주시겠어요?

피코치: 내가 직접 문제를 풀어 주기보다는 부하 직원들이 스스로 문제를 풀 수 있도록 이끌어 주는 리더, 부하 직원이 말할 때 경청해서 쓸만한 것을 찾아내어 그걸 키워 주는 리더, 회의시간에 자신의 의견이 정답이 아니더라도 자신있게 말할 수 있는 분위기를 조성하는 리더… 이 정도인 것 같은데요.

코치: 세 가지를 말씀하셨는데, 앞의 것은 문제해결력 향상이고, 뒤의 두 모습은 모두 부하 직원과의 소통 이슈인 것 같습니다. 또 다른 것이 있을까요?

피코치: 부하 직원 한 명 한 명이 잘하는 것이 무엇인지를 파악해서 그 점을 더 활용할 수 있는 업무를 맡기는 것도 있겠네요.

코치: 강점 파악과 활용이네요. 또 다른 것이 있습니까?

피코치: …… 현재로서는 이 정도입니다.

코치: 좋은 리더의 구체적 모습을 세 가지로 말씀하셨습니다. 부하의 문제해결력 향상, 소통방식 개선, 강점 파악과 활용이네요. 저희가 앞으로 5번을 만나게 되는데, 말씀하신 세 가지 중에서 어떤 것부터 시작하면 좋을까요?

피코치: 문제해결력은 시간이 오래 걸릴 것 같고…… 이번 코칭에서는 소통방식 개선이 좋을 것 같습니다. **(코칭 목표의 구체화)**

코치: 그러면 말씀하신 코칭의 목표를 한 문장으로 표현해 볼까요?

피코치: 음…… '부하 직원이 적극적으로 자신의 의견을 개진할 수 있는 분위기 조성하기'가 어떨까요? **(목표 문장 진술)**

코치: 좋습니다.

코치: 부하 직원이 ○○ 님에게 적극적으로 의견을 개진하는 상황이 실제로 벌어진다면 ○○ 님은 어떤 기분이 들까요?

피코치: 그렇게 된다면 정말 좋겠습니다. 제가 소통하는 리더에 한발 더 다가가는 것이라고 봅니다. **(목표 적합성 확인)**

앞의 축어록을 살펴보면, 코치는 가장 먼저 코칭 이슈를 구체화하여 주어진 기간 내에 가능한 목표를 설정할 수 있도록 질문을 던진다. 구체화 단계에서 코치가 주로 사용할 수 있는 질문과 반응은 다음과 같다.

- **코칭 목표의 구체화 질문**

- "좀 더 구체적으로 말씀해 주시겠어요?"
- "그 밖에 다른 것들이 있을까요?"
- "이와 관련하여 또 다른 측면이 있을까요?"
- "그중 어떤 것을 우리가 함께 목표로 정하면 좋을까요?"
- "지금까지 여러 가지 말씀을 해 주셨는데, 선생님께서는 코칭이 끝난 후에 어떤 목표를 달성하면 코칭을 잘했다는 만족감을 느끼실까요?"

- **주요 반응기법**

- 요약과 명료화

코칭 목표가 구체화되면 고객에게 목표를 한 문장으로 진술해 달라고 요청하는 것이 좋다. 이 과정은 여러 가지 긍정적인 효과가 있는데, 우선 한 문장으로 생각을 정리하려면 꽤 많은 인지적 노력을 기울여야 하기 때문에 자신의 목표를 명료하게 인식하는 데 도움이 된다. 즉, 자신이 생각하는 주제 중 핵심이 무엇인지를 스스로 파악하고 정리하는 효과가 있다. 아울러 목표를 단순한 문장으로 명료하게 말하는 것은 코칭 내내 목표를 각인시키고 쉽게 기억할 수 있도록 한다. 이때 주의할 점은 대부분의 사람은 상기 사례와 같이 한 번에 깔끔하게 목표를 한 문장으로 말하지 못한다는 것이다. 따라서 피코치의 이해 수준에 따라서 코치가 요구하는 것이 무엇인지 명확하게 설명하고, 격려해야 하며, 피코치가 잘 이해를 하지 못하는 경우에는 예문을 제공할 수 있다.

목표 설정 후 실제로 목표가 달성되었을 경우에 기분에 대해 묻는 것은 목표 적합성을 확인하기 위함이다. 코칭 목표 설정은 기본적으로 논리적 · 인지적 과정이다. 따라서 논리적으로 합리적이라고 판단되는 목표가 설정되었다고 해서 그 목표를 피코치가 실제로 원하는지, 즉 목표에 대해 피코치가 긍정 정서를 느끼는지는 또 다른 문제다. 변화에는 정서가 매우 중요한 역할을 하므로 피코치의 목표는 정서적으로도 긍정적이어야 한다. 실제로 목표가 달성된 경우를 상상해 보았을 때, 피코치가 그리 유쾌해하지 않거나 좋아하지 않는 경우에는 그 원인을 탐색해서 이를 제거하거나 혹은 목표를 재조정할 필요가 있다.

〈접근 목표(approach goal)와 회피 목표(avoidance goal)〉

목표의 관점에서 적용된 접근-회피 이론(Ford, 1992)은 목표를 유인가에 따라 분류한 것이다. 접근-회피 이론은 쾌락주의적 관점에 기반을 둔 동기이론으로, 사람들은 쾌(pleasure) 혹은 보상에 대해서는 접근하고 불쾌 혹은 처벌에 대해서는 회피한다는 인간 행동의 기본적 동기 체계를 설명한다. 예를 들면, 사람들은 좋아하는 사람을 보면 그 사람에게 '접근'하지만 싫어하는 사람을 보면 '회피'하게 된다.

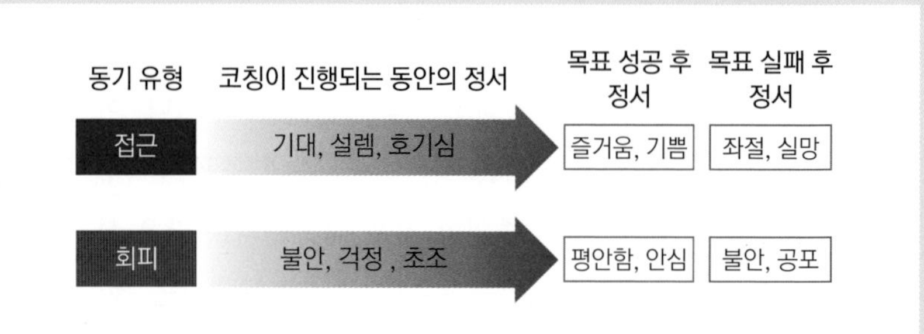

[그림 11-2] 코칭에서의 접근/회피 목표에 따른 고객의 정서

목표의 관점에서 보면 목표를 보상이나 이득의 관점에서 설정하면 접근 목표이며, 처벌이나 손실의 관점에서 목표를 설정하면 회피 목표라고 할 수 있다. 예를 들면, '승진하기'는 접근 목표인 반면에 '해고당하지 않기'는 회피 목표다. 기존의 연구에 의하면, 접근 목표를 추구하는 사람들이 회피 목표를 추구하는 사람들보다 심리적 안녕감이 더 높다(Elliot, Sheldon, & Church, 1997). 또한 목표를 달성해 가는 과정과 목표 달성 후에 경험하는 정서도 달라질 수밖에 없다. 회피 목표를 추구할 때에는 목표를 달성할 때까지는 안전하지 않기 때문에 불안이나 걱정, 초조함 등의 정서를 지니게 되며, 목표 달성 후에는 평안함 혹은 안도감을 느낀다. 반면에 접근 목표를 추구할 때에는 목표를 달성할 때까지는 기대 혹은 설렘, 호기심 등을 느끼게 되며, 목표 달성 후에는 기쁨을 경험하게 된다.

코칭에서는 일반적으로 회피 목표보다는 접근 목표를 설정할 것을 권장한다. 상기한 바대로 접근 목표가 회피 목표보다 긍정 정서나 심리적 안녕감 증대와 관련되어 있기 때문이다. 따라서 코칭을 하는 기간 동안에 피코치가 일상에서는 많이 경험하지 못하는 긍정 정서를 경험함으로써 활력과 동기 강화를 얻을 수 있다. 아울러 '○○하지 않기'라는 회피 목표는 ○○이라는 부정적 결과나 상태가 코칭을 진행하면서 계속 상기되어 부정적인 자아 이미지가 반복적으로 피코치에게 각인될 수 있다. 부정 단어의 반복 노출은 피코치의 유능성 지각에 부정적인 영향을 주어 피코치의 목표 달성 행동에 방해가 될 수 있다. 따라서 가능하면 코칭 목표는 접근 목표로 바꾸는 것이 좋다.

그러나 모든 코칭에서 회피 목표를 접근 목표로 바꿔야 하는 것은 아니다. 회피 목표를 유지해야 하는 첫 번째 경우는 접근 목표로 회피 목표 이슈를 해결할 수 없는 경우다. 예를 들면, '담배 피우지 않기(담배 끊기)'라는 회피 목표를 접근 목표로 바꾸어 보라. 가능한 접근 목표는 '건강 증진하기' 정도일 것이다. 그러나 건강 증진이라는 목표를 설정할 경우에는 가능한 방법이 너무 많아서 담배 피우지 않기라는 본래의 이슈가 해결될 가능성이 매우 낮다. 따라서 접근 목표로 바꿀 경우에 피코치의 본래 관심사를 다룰 수 없게 될 때에는 접근 목표로 바꾸지 않는다. 둘째는 전환된 접근 목표를 피코치가 정서적으로 수용하지 못하는 경우다. 예를 들어, '직장동료 A와 갈등 줄이기'라는 회피 목표는 '직장동료 A와 좋은 관계 형성하기'와 같은 접근 목표로 바꿀 수 있다. 이 경우에는 코칭을 통해 접근 목표를 달성할 가능성도 있다. 그러나 피코치가 A에게 너무 시달려서 좋은 관계를 유지하고 싶어 하지 않고 나쁜 사람이라고 생각할 경우에는 해당 목표를 코칭 목표로 설정할 수 없다.

코칭 목표는 가능하면 접근 목표로 기술되는 것이 좋으나 이는 절대적 규칙은 아니며, 상황과 이슈에 맞게 적용해야 한다.

2. 현실 파악

현실(Reality) 파악은 독립되어 진행되기보다는 전략 및 방법 탐색과 함께 진행하는 것이 바람직하다. 이 부분이 상담과 상당한 차이를 보이는 지점이다. 상담에서는 목표나 대안과 큰 관련이 없더라도 피코치가 처한 상황과 개인의 특성에 대해 매우 자세히 탐색을 한다. 그러나 코칭에서의 현실 파악은 대안 탐색과 목표 달성에 필요한 탐색에 국한한다. 따라서 현실 파악 질문은 코칭 목표 달성을 위한 대안 설정과 목표 달성이 그 목표다.

1) 현실 파악의 대상과 진행

현실 파악의 대상은 크게 상황적 요인과 개인적 요인이다. 상황(situation)과 개인(individual)은 피코치의 이슈를 형성하는 두 가지 축이며, 목표 달성의 자원이 될 수도 있고 반대로 장애물이 될 수도 있다. 따라서 상황과 개인의 특성을 탐색하는 것은 최적의 해결방법을 찾는 데 필수적인 과정이다.

현실 탐색에 적절한 질문 예시와 주요 반응기법은 다음과 같다.

- **질문 예시**

- "현재 상황에 대해 좀 더 자세히 설명해 주실 수 있을까요?"
- "그것이 지금 어떤 영향을 미치고 있나요?"
- "그 일(사람)에 대해 어떻게 느끼시나요?"
- "이것과 관련되어 본인의 강점은 무엇이라고 생각하십니까?"
- "이것과 관련되어 방해물은 어떤 것이 있을까요?

- **주요 반응기법**

- 명료화
- 반영
- 공감

어떤 정보를 파악할지는 코칭의 진행에 따라 다르겠지만 코치는 상황/개인 요인과 자원/제약 요인을 염두에 두고 대안 설정과 목표 달성을 위해 필요한 정보를 파악하도록 한다. 대부분의 심리검사도 현실 파악, 그중에서도 개인에 대한 파악을 목적으로 실시되며, 코치는 육하원칙을 비롯한 명료화 질문을 주로 사용하여 정보를 파악하게 된다.

코칭의 유형에 따라 현실 파악 단계에서 파악되는 정보의 양과 종류는 달라질 수 있다. 예를 들어, 강점 코칭이라고 한다면 피코치의 강점을 깊이 파

표 11-3 체중 감량 사례에서의 현실 탐색 정보

	상황	개인
자원	집 근처의 피트니스 센터 위치	아침형 생활 습관
제약(장애물)	퇴근길에 좋아하는 분식집 위치	운동을 싫어함

표 11-4 상사와의 관계 개선 사례에서의 현실 탐색 정보

	상황	개인
자원	같은 프로젝트에 배정	성실성이 높음
제약	업무가 과중함	상사에 대한 반감

악하고 이를 활용하는 것을 중점으로 두기 때문에 강점을 파악하는 현실 파악 단계가 크게 강조될 수 있다. 그러나 체중 감량과 같이 매우 구체적인 이슈에서는 현실 파악 단계가 크게 강조되지 않을 수 있다.

〈표 11-3〉의 '체중 감량'과 〈표 11-4〉의 '상사와의 관계 개선'이라는 목표를 향해 진행되는 코칭의 현실 탐색 정보 분류를 제시하였다.

실제로 코칭을 진행할 때 상기한 바대로 기록을 할 필요는 없으나 코치는 현실 파악 질문을 할 때 앞과 같은 프레임을 염두에 두고 질문하는 것이 코칭의 초점을 유지하는 데 도움이 된다.

3. 대안 설정

대안(Options) 설정은 목표를 달성하기 위해 가장 효과적인 방법이 무엇인지를 정하는 것이다. 코치에 따라 대안을 중간 목표와 비슷한 개념으로 사용하기도 한다. 예를 들어, Collins(2011)는 목표 설정을 〈표 11-5〉와 같이 진행할 것을 제안하였다.

Collins의 대안적 중간 목표들은 GROW 모델에서의 대안과 유사하면서도

표 11-5 Collins의 목표 설정 단계

단계	내용
1단계	최종 결과나 바라는 결과를 명확히 하고 이에 동의한다.
2단계	종이에 적어 본다. 기록한 것은 나중에 수정할 수 있다.
3단계	바라는 결과를 염두에 두고 시작하라. 그런 다음 거꾸로 일부 가능한 중간 목표에 대해 서로 브레인스토밍하라.
4단계	앞으로 추구할 대안적인 중간 목표들에 합의하라. 각 목표를 SMART 목표 도식에 대입한다.
5단계	가장 현실적인 것부터 최종적인 결과에 이르기까지 우선순위를 결정하고, 합의한 목표들을 정리하라.
6단계	언제 각 목표를 달성할 수 있을지를 분명하게 보여 주는 표지를 적어 본다. 가장 가까이 보이는 목표부터 적어 보라. 다른 목표들은 최종 목표에 다가갈 때 떠오를 수 있다.
7단계	이 목록을 종이에 적어 본다.

출처: Collins (2011).

혼동되는 면이 있다. 두 접근법의 차이는 문제해결 방법의 차이라고 볼 수 있다. 인지심리학자인 Reed(2000)는 문제해결의 일반적 전략으로 수단-목적 분석, 하위목표 설정, 유추, 그리고 다이아그램 기법을 제시하였다. 코칭이 궁극적으로는 문제해결 과정이라고 할 때, 다이아그램 기법을 제외한 세 가지 방법은 코칭에 그대로 적용된다. 유추는 이전 문제에서 성공적으로 작동했던 방법을 유추해서 비슷한 새로운 문제에도 적용하는 것으로, 코칭에서는 대안 도출 과정에서 흔히 사용되는 과거의 성공적 문제해결 경험을 묻고 그 방법을 현재의 문제에 적용하려는 시도가 해당된다. 또한 GROW 모델은 기본적으로 수단-목적 분석법에 따른 문제해결 접근인 반면, Collins의 위계적 목표 설정은 하위목표 설정에 따른 문제해결 접근이다.

목표체계이론(goal system theory; Shah & Kruglanski, 2000)은 상기한 Reed(2010)의 문제해결 전략 중 수단-목적 분석과 하위목표 설정 방법을 통합하여 목표의 위계를 제시하였다. 목표체계이론에 의하면, 다중목표는 하나의 상위목표에 포함되어 있으며 하나의 하위목표에는 다양한 목표 수단이 존재한다. 즉, 목표체계이론에서는 **목표 수단 → 하위목표 → 상위목표**로 목표의 위계를 설정하였으며, 나아가 하나의 하위목표에 대한 생각은 다른 하위목표에 대한 생각을 촉진하는 효과를 가지고 있다고 제안하였다. 이러한 상호 연결성은 다양한 목표 수단 간에도 존재한다. 따라서 하나의 수단을 실행하고 이루어 내면 다른 수단도 자발적으로 생각해 내고 실행할 가능성이 높아진다.

실제로 목표를 상위목표(혹은 원격 목표)와 하위목표(혹은 근접 목표)로 나누는 것의 효과성은 이미 Hull(1932)의 실험을 통해서도 지지되었다. Hull은 미로 안 목표 지점에 치즈 조각을 놓고 쥐를 달리게 하였는데, 쥐의 달리는 속도는 목표 지점에 가까워질수록 높았다. 이는 유기체가 목표가 가까울수록 노력을 증가시킨다는 것을 의미하며, 근접 목표의 효과는 이후 다양한 연구에서도 지지되었다(Bandural & Schunk, 1981; Latham & Seijts, 1999).

코칭에서는 GROW 모델이 주로 사용되므로 중간 목표와 수단 모두를 대안 설정 단계에 포괄하기도 한다. 실무적으로는 최종 목표를 달성하는 단계별 목표를 일련의 순차적 단계로 설정하는 Collins의 접근법은 장기 코칭, 특히 라이프 코칭에 적합하다. 일반적인 단기 코칭에서는 대안적 중간 목표라는 틀보다는 목표를 달성하기 위한 대안, 즉 목표 달성 방법이라는 틀로 진행하는 것이 적합하다.

1) 대안 도출의 전제

코칭에서 대안을 도출할 때 코치가 기억해야 할 가장 중요한 명제는 '고객이 최선의 방법을 알고 있다'라는 것이다. 코치와 피코치가 상호 동의한 목표를 설정한 후 코치와 피코치는 각각 목표 달성을 위한 방법과 전략을 자연스럽게 떠올리게 된다. 특히 코치는 자신이 전문가라는 생각을 가지고 있기 때문에 무의식적으로 자신이 생각하는 방법이 피코치의 방법보다 더 효과적일 것이라는 생각을 갖기 쉽다. 그러나 가장 효과적인 대안이 무엇인지는 피코치만이 판단할 수 있다. 이는 피코치만이 자신이 처한 상황과 제약을 정확하게 알고 있기 때문이다. 앞서 설명한 동기이론에서 목표 달성이나 수행에서 가장 중요하게 살펴보아야 할 것은 상황적 특성이라고 언급하였다. 아무리 좋은 방법도 피코치가 처한 독특한 현실에 맞지 않는다면 소용이 없다. 따라서 모든 전략이나 방법의 현실적 효과성을 판단할 수 있는 근거는 오로지 피코치만이 가지고 있으며, 코치는 이를 항상 기억해야 한다.

그렇다면 코치가 생각하는 대안은 무의미한 것인가? 그렇지 않다. 코치, 특히 문제해결과 심리서비스에 경험이 많고 심리학적 훈련을 받은 코치는 대개 효과적인 대안과 방법을 일반 사람들보다 쉽게 떠올릴 수 있다. 따라서 코치가 생각하는 방법과 대안은 상호 논의할 가치가 있다. 코치는 자신의 아이디어를 제안할 수 있는데(물론 피코치가 도출하도록 하는 것이 가장 좋다), 다만 코치는 가설적인 태도로 아이디어를 제안하고 이에 대해 피코치가 자신의 의견을 솔직하게 말할 수 있도록 다양한 관점에서 질문하고 점검해야 한다. 이 과정은 피코치뿐 아니라 코치의 사고 확장을 가져오는 창의적인 과정으로, 피코치에게 특화된 해결책을 찾을 수 있는 기회가 된다.

2) 대안 도출의 방법

대안을 달성하기 위한 방법은 다양하다. 다양한 방법을 생각해 내고 그중 최적의 방법을 도출하는 것은 목표를 설정하는 것만큼이나 중요하다. 대안 도출 단계에서는 코치와 피코치가 최적의 전략과 계획을 세우기 위해 얼마든지 창의적인 질문과 대화를 할 수 있다. 다음은 일반적으로 대안 도출에 사용되는 접근이다.

(1) 브레인스토밍

브레인스토밍은 특정 사안에 대한 아이디어를 자유롭게 내놓는 활동을 의미한다. 브레인스토밍의 원칙은 제안된 아이디어에 대해 비판을 하지 않는 것이다. 따라서 코치는 피코치가 제안하는 방법에 대해 평가를 할 필요는 없으며, 간단히 요약한 후에 “또 다른 것이 있을까요?”라는 추가 질문을 사용해서 자유로운 사고를 촉진할 필요가 있다. 브레인스토밍을 위해 사용 가능한 질문 예시는 다음과 같다.

- **질문 예시**

- 목표를 달성하기 위해 우리가 시도해 볼 수 있는 것은 어떤 것들이 있을까요?
- 현재 상황을 변화시키기 위해 할 수 있는 것은 무엇이 있을까요?
- 70세의 지혜로운 당신이 현재의 당신에게 조언을 한다면 어떤 조언을 할까요?

(2) 과거 성공 경험

목표 달성을 위한 방법으로 코치는 피코치에게 과거 성공 경험을 물을 수 있다. 대개 사람들은 구체적인 상황과 맥락이 다를 뿐 비슷한 문제를 반복적으로 경험하는 경향이 있다. 따라서 현재의 목표 달성을 위해 혹은 문제를 해결하기 위해 과거에 지금과 유사한 경험이 있었는지, 그리고 그때는 어떻게 문제를 해결했는지 등을 탐색한다. 특히 과거에 성공했던 방식은 피코치가 익숙하게 잘 실행할 수 있는 방식일 가능성이 높으므로 해당 경험을 묻고 그때 성공했던 방법을 현재 어떻게 적용할 수 있을지 논의하는 과정이 도움이 된다.

- **질문 예시**

- 지금 겪고 있는 문제와 비슷한 문제를 과거에도 경험한 적이 있다면 그때 경험을 말씀해 주시겠습니까?
- 그때는 어떻게 그 문제를 해결하셨나요?
- 당시의 성공 요인은 무엇이었다고 생각하십니까?

– 지금 상황에 당시의 방법을 적용해 본다면 어떻게 적용할 수 있을까요?

(3) 주변 사람들의 성공 경험

자신의 성공 경험이 없을 경우에는 주변 사람들의 성공 경험을 물어볼 수 있다. 즉, 자신이 현재 겪고 있는 문제와 유사한 문제를 경험했던 사례나 주변 사람들의 성공 사례 등을 묻고 그들이 어떻게 해결했는지를 생각해 보도록 요청한다. 질문은 앞의 본인 성공 경험 질문에 준하여 진행한다.

3) 대안의 평가

피코치와 코치가 목표 달성을 위한 대안들을 도출하였다면, 도출된 대안이 얼마나 적절한지를 평가해야 한다. 이것은 ① 여러 가지 대안 중 우선순위나 최적의 것을 선정하기 위해, ② 도출된 한 가지 대안이 실제 목표 달성에 적절한지를 파악하기 위해 필요하다. ①의 경우에 〈표 11-6〉에 제시된 평가의 기준을 피코치에게도 제시하고, 도출된 대안을 각각의 평가 기준 차원에서 평가하면서 최적의 방법을 선정한다. ②의 경우에는 〈표 11-6〉의 평가 기준을 피코치에게 모두 설명하고 평가할 필요는 없으며, 코치가 질문을 통해 특정 평가 기준 차원에서 해당 대안이 적절한지를 피코치가 생각해 보고 더 발전된 대안을 도출할 수 있도록 촉진하는 방식으로 진행할 수 있다. 대안을 평가하기 위해 사용할 수 있는 대표적인 기준은 〈표 11-6〉과 같다.

표 11-6 대안의 평가 기준

평가 기준	정의
시급성	해당 방법이 목표 달성을 위해 얼마나 빨리 시행되어야 하는가?
효과성	해당 방법은 목표 달성에 얼마나 효과가 있는가?
현실성	해당 방법을 현실에서 실행하는 것이 얼마나 용이한가?
선호성	해당 방법을 피코치가 얼마나 좋아하는가?

〈표 11-6〉의 기준들 중 일반적인 상황에서는 어떤 기준에 따라 대안을 선정하는 것이 가장 적절할까? 대부분의 사람은 선호성과 효과성을 중요한 기준으로 삼는다. 즉, 피코치가 좋아하는 방법이나 효과가 큰 방법을 선택하는 성향이 강하다. 그러나 코칭의 철학과 목표 달성을 위한 전략적 차원에서 본다면 현실성 기준을 가장 우선적으로 고려하는 것이 좋다.

현실성 차원에서 대안을 우선적으로 평가해야 하는 이유는 코칭에서는 성공 경험과 이를 통한 학습이 매우 중요하며, 현실적으로 실현 가능한 방법이 가장 성공 가능성이 높기 때문이다. 코칭은 대개의 경우에 기한이 정해져 있거나 3개월 이하의 단기 혹은 중기 코칭이 대부분이다. 따라서 짧은 기간 내에 피코치가 제기한 이슈를 근원적으로 해결하는 것은 매우 어렵고, 이를 목표로 하는 것이 그리 바람직하지도 않다. 코칭은 피코치가 스스로 목표를 달성하고 문제를 해결할 수 있도록 역량을 강화시키는 것이 가장 이상적인 진행 방식이다. 즉, 피코치의 문제해결 학습을 통한 자발적 변화가 코칭의 궁극적 목적이라고 할 수 있다. 따라서 피코치는 코칭 기간 중 성공을 경험하고, 이를 통해 메타지식을 형성하는 것이 매우 중요하다.

코칭 기간 중 작은 성공이라도 경험하는 것은 목표 달성에 대한 자신감을 높이고, 코칭에 대한 긍정 정서 형성 및 동기부여의 역할을 한다. 이뿐 아니라 작은 성공은 실제 현실에서도 피코치에게 긍정적인 영향을 유발할 수 있다. 성공의 연쇄 효과는 '마태복음 효과(Matthew effect)'로 알려져 있다. 마태복음 효과란 본래 Robert Merton이라는 사회학자가 '가진 사람은 더 받아 넉넉하게 되겠지만, 못 가진 사람은 그 가진 것마저 빼앗길 것이다'라는 마태복음의 구절을 따서 명명한 것으로, 초기에 경제력이나 사회적 지위를 얻은 사람이 더 많은 경제력과 사회적 지위를 얻을 가능성이 크다는 것을 의미한다. 이러한 현상은 40만 명의 연구자와 스포츠선수 2만 명을 대상으로 한 과학적 연구 결과(Peterson, Jung, Yang, & Stanley, 2011)를 통해서 입증되었는데, 해당 연구에서는 초기에 성공을 경험한 사람들이 이후에 더욱 좋은 성과를 낸다는 것을 수리적 모델링을 통해 밝혔다. 즉, 성공은 그 자체로도 의미가 있을 뿐 아니라 성공이라는 '사건'이 다음 성공을 더욱 촉진시킨다는 것이다. 코칭에서도 피코치의 문제와 이슈를 완전히 해결하는 것보다도 목표 달성과 관련된 성공을 경험하는 것이 매우 중요하며, 따라서 현실적으로 수행하는 것이 쉬워서 과제를 성공할 가능성 역시 높은 현실적인 대안부터 시작하는 것이 좋다.

4. 실행 의지와 마무리

1) 실행 의지 다지기

실행 의지(Will) 단계는 대안을 설정한 후에 구체적인 계획을 수립하고, 장애물 등을 논의하는 단계다. 구체적인 계획 수립 단계를 학자에 따라 Option 단계에 포함하기도 하고(이희경, 2014) 다음 단계인 will/wrap-Up 단계에 포함시키기도 한다(탁진국, 2019; Whitmore, 1992). 실제 코칭에서의 흐름이나 구조적 논리성에서는 Option 단계에 속하는 것이 적절하나 본서에서는 본 모델 제안자의 제안에 따라 마지막 단계에서 다루기로 한다.

대안 설정 단계에서 우리가 최적의 대안을 고객과 함께 설정하고, 이를 실천할 의도를 고객이 충분히 가지고 있다고 하더라도 이것이 바로 행동으로 연결되기는 어렵다. 많은 연구에서 의도와 실제 행동 간의 상관은 생각보다 상당히 낮으며, 행동의 20~30%만을 설명한다고 밝혔다(FifeSchaw, Sheeran, & Norman, 2007). 실행 의지 단계에서는 이러한 '의도-행동 괴리'(Sheeran, 2002)를 좁히기 위해 다양한 작업을 한다. 이러한 작업 대부분은 심리학의 많은 연구를 통해 효과가 있는 것으로 입증된 과학적 방법이다. 여기서는 대안을 성공시키기 위한 방법으로 대안 정교화, 촉진방법 설정, 장애물 점검을 다루도록 한다.

(1) 대안 정교화

대안 정교화 작업은 설정된 대안을 실천하기 용이하도록 세부적 특징을 설정하고 구체적인 절차를 점검하는 과정이다. 기존의 연구들에 의하면, 의도-행동 괴리를 줄이는 가장 대표적인 방법은 구체화다.

대안 정교화는 Gollwitzer와 Sheeran(2006)이 정의한 실행 의도(implementation intention)에 기반을 둔다. 실행 의도란 특정 상황에서 수행할 정확한 행동을 규정한 '만일-그렇다면(if-then)' 계획을 의미한다. 예를 들면, '만일 오늘이 화요일이면 나는 영어학원에 간다'라는 계획을 세웠다면, 이는 실행 의도에 해당한다. 실행 의도는 목표 행동의 실현 가능성을 높이는 것으로 많은 연구를 통해 밝혀졌다. 한 연구에서는 매달 유방암 검진을 받는 계획을 실천하는 데 실행 의도가 어떤 영향을 미치는지 살펴보았는데, 해당 목표를 세우고 하겠다는 의도(목표 의도)만 가진 여성은 53%, 실행 의도를 세운 여성은 100%가 다음 달에 검사를 받은 것으로 나타났다(Orbell, Hodgkins, & Sheeran, 1997). 그 밖에도 많은 연구에서 실행 의도는 목표 행동을 시작하는 데, 이를 지속하는 데, 그리고 낡은 습관을 중단하는 데 도움을 준다고 밝혔다(Burkley & Burkley, 2018).

이처럼 목표 행동을 언제, 어디서, 어떻게 할 것인지 등의 실행 의도로 규정하면 실제로 행동으로 나타낼 가능성이 증가하는데, 이는 목표 행동을 의식적으로 노력하지 않더라도 방법과 관련된 상황적 단서(예를 들어, 시간, 요일, 장소)가 목표 행동을 기억에서 쉽게 떠올리게 만들기 때문이다. 따라서 대안은 다양한 차원에서 정교화 및 구체화될 필요가 있으며, 이때 목표 설정에서 사용했던 SMART를 기준으로 사용할 수 있다. 예를 들어, 건강코칭에서 첫 번째 대안으로 '일주일에 3회 운동하기'를 설정하였다면 이러한 대안은 '월, 수, 금 3일 오후 7~8시까지 집 근처의 피트니스 센터에서 운동하기'라는 정교화 작업이 이루어져야 실천 가능성이 증가한다. 아울러 계획의 실천 가능성도 반드시 확인하는 것이 좋다. 대안 정교화를 위해 사용할 수 있는 질문 예시는 다음과 같다.

• **질문 예시**

- 말씀하신 것을 언제(요일, 시간) 실행하면 가장 좋을까요?
- 어디서 실행할 수 있을까요?
- 어떤 것부터 시작할지 순서대로 말씀해 주시겠어요?
- 현재 계획한 것을 실천할 가능성은 몇 %라고 생각되십니까?

(2) 촉진방법 설정

대안 정교화와 함께 몇 가지 촉진방법을 설정하는 것이 목표 행동의 실천에 도움이 된다. 다음에 제시한 촉진방법의 효과 메커니즘은 행동 주체인 피코치의 책임감 증가다. 다시 말해, 촉진 방법은 그 자체로는 실천 행동과 직접적인 관련이 있지는 않으나 해당 방법을 통해 피코치는 책임감이나 부담감을 느끼게 되고, 이로 인해 목표 행동의 실천이 강화된다. 다음에 몇 가지 촉진방법을 제시하였다.

① 기록

목표 행동에 대한 부담을 스스로 느끼게 되는 가장 단순한 방법은 계획을 기록하는 것이다. 기록은 목표를 더욱 실제적이고, 선명하게 느끼도록 만들고, 목표를 더욱 자각할 수 있도록 하며, 우선순위 조정과 목표 달성에 필요한 과정에 주의를 기울이도록 돕는다(Briñol, Gascó, Petty, & Horcajo, 2013). 목표 행동 실천 계획은 코칭 시간(특히 청소년의 경우), 혹은 과제로 집에서 작성하도록 하여 잘 보이는 곳에 부착하도록 하는 것이 좋다.

② 타인에게 말하기

심리학의 고전적 연구인 Pallak과 Cummings(1976)의 연구에서 에너지 낭비를 줄이겠다고 공개적으로 서명한 사람들이 개인적으로만 서명한 사람들보다 에너지 낭비를 줄이는 활동을 더 잘 실천하는 것으로 나타났다. 또한 최근에는 트위터에 체중 감량 목표 등을 게시한 사람들이 트위터를 사용하지 않은 사람들보다 체중을 더 많이 감량한 것으로 연구되었다(McGrievy & Tate, 2013). 상기 연구들은 자신의 생각이나 계획을 공공연하게 타인에게 이야기하면 이를 행동으로 실천할 가능성이 높아진다는 것을 보여 준다.

타인에게 말하기가 효과적인 이유는 행동화 실패 시 발생하는 비용의 차이 때문이다. 혼자서만 계획을 세웠을 경우에는 계획을 지키지 않더라도 자신에 대한 약간의 실망 등과 같은 심리적 비용 이외에는 현실적 비용을 크게 치루지 않는다. 그러나 타인이 계획을 알고 있을 경우에는 계획을 실천하지 않았을 때, 심리적 비용뿐 아니라 사회적 이미지 손상, 이유 설명, 타인으로부터 부정적 피드백 듣기 등과 같은 현실적인 비용을 치르게 된다. 아울러 타인이 지속적으로 계획에 대해 묻거나 피드백을 줄 수 있어 실제적인 촉진자 역할을 하는 효과도 있다. 대상은 가족이나 가까운 친구와 같이 피코치를 장기적으로 가까이에서 관찰하고 격려하며 책임감을 부여해 주는 사람이 적합하다.

• 질문 예시

- 세운 계획을 주변 사람들에게 이야기하면 좀 더 효과적으로 실천할 수 있을 것 같군요. 누구에게 이야기하면 좋을까요?

③ 코치에게 알리기

실제로 계획을 실천한 후 코치에게 실천 여부를 알리도록 하는 것도 도움이 된다. 코치에게 결과를 알려 준다는 것은 일종의 약속이므로 피코치는 이 약속을 지키는 것에 대한 부담감을 느끼게 된다. 다만 이 방법은 사람에 따라서는 '강요'로 느껴지면서 자발적 의지를 오히려 떨어뜨릴 가능성도 있으므로 코칭 시간에 이 방법을 사용하는 것이 적절한지 피코치의 특징을 잘 관찰하여 적용할 필요가 있다.

• 질문 예시

- 이 계획을 성공적으로 실행했다는 것을 제가 어떻게 알 수 있을까요?
- 제가 도와드려야 할 것이 있다면 무엇이 있을까요?

(3) 장애물 점검: 멘탈 시뮬레이션의 활용

실천 계획을 세울 때 피코치는 '자신이 할 수 있는 방법'에 주의가 집중되어 있기 때문에 실천 행동과 관련된 주변 환경이나 방해 요소와 같은 '외적 요소'에는 상대적으로 주의를 주지 못한다. 그러나 인간의 행동은 생각보다 상황 및 물리적 환경이라는 외적 요인에 영향을 상당히 많이 받는다. 따라서 아무리 현실적인 좋은 계획을 세웠어도 환경적 혹은 외부적 장애물을 고려하지 않으면 실패할 가능성이 높다.

장애물 점검에 가장 효과적인 방법은 멘탈 시뮬레이션(mental simulation)을 실시하는 것이다. 멘탈 시뮬레이션은 목표와 관련된 특정 측면을 마음속으로 상상, 즉 시뮬레이션하는 것을 의미한다. 멘탈 시뮬레이션에는 결과 시뮬레이션과 과정 시뮬레이션 두 종류가 있다. 결과 시뮬레이션은 자기계발 프로그램에서 흔히 사용하는 것으로, 자신이 세운 목표를 달성했을 때를 상상하도록 하는 것이다. 예를 들어, 다이어트를 통한 10kg 감량을 목표로 하는 사람이 체중이 감량된 후의 날씬한 모습을 상상한다면 이는 결과 시뮬레이션에 해당한다. 과정 시뮬레이션은 목표를 달성해 가는 과정을 상상하도록 하는 것으로, 다이어트를 하는 동안에 운동을 하고, 식단을 짜고, 식재료를 고르고, 몸무게를 확인하는 등의 과정을 상상하게 한다.

일반적으로 변화나 목표 달성을 목적으로 하는 프로그램에서는 결과 시뮬레이션을 많이 사용한다. 그러나 과연 결과 시뮬레이션이 목표 달성에 효과적인가? 일반적인 상식과는 달리 연구 결과는 이를 지지하지 않는다. 한 연구(Taylor, Pham, Rivkin, & Armor, 1998)에서는 중간고사를 앞두고 있는 학생들을 결과 시뮬레이션 집단(시험 후 A가 적힌 성적을 확인), 과정 시뮬레이션 집단(도서관에서의 공부 등), 통제 집단으로 나누어 학생들이 실제로 중간고사 기간에 공부한 시간과 점수를 종속변인으로 측정하였다. 그 결과는 [그림 11-3]에 제시되어 있다. [그림 11-3]을 살펴보면 과정 시뮬레이션 집단이 공부하는 시간과 성적 모두에서 가장 높은 수행을 보였다. 여기서 주목할 점은 결과 시뮬레이션 집단이 통제 집단보다 공부 시간과 성적 모두에서 낮은 수행을 보였다는 점이다. 이는 결과 시뮬레이션이 단순히 효과가 없는 정도가 아니라 오히려 아무것도 하지 않는 것보다 더 유해할 수 있음을 시사한다. 즉, 흔히 많이 사용하는 변화된 혹은 목표를 달성한 자신의 모습이나 관련 이미지(예를 들어, 날씬한 사람의 모습, '합격'이라는 글씨)를 책상 앞에 붙여 놓는 것과 같은 방법은 목표 달성에 효과적이지 않으며, 차라리 달성 과정에서

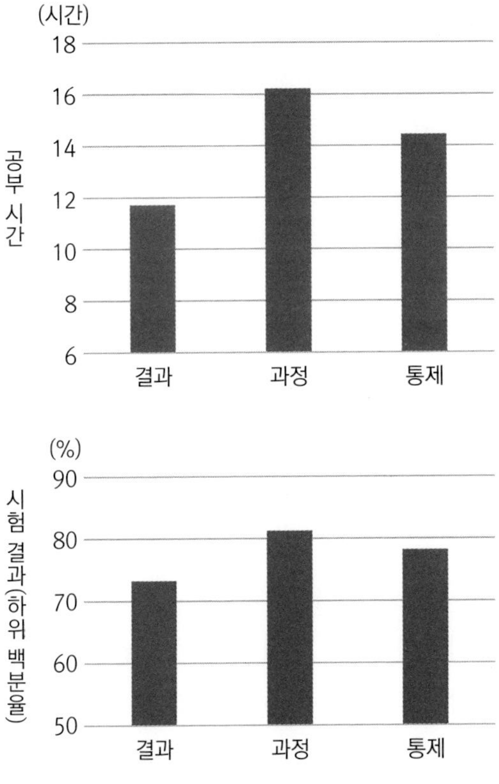

[그림 11-3] 과정 시뮬레이션의 효과성

출처: Taylor, Pham, Rivkin, & Armor (1998).

실행해야 할 행동이나 관련 물건 이미지(예를 들어, 운동하는 모습, 공부하는 모습)를 붙여 놓는 것이 목표 달성을 촉진한다.

과정 시뮬레이션이 효과적인 이유는 크게 두 가지다. 우선 과정 시뮬레이션을 통해 사람들은 자신의 모습, 노력하는 행동, 그리고 환경을 연합시키게 된다. 목표 달성을 위한 계획을 실천하는 자신의 모습을 상상하는 것은 사람들이 일상적으로 지니고 있는 자신의 '행동 목록'에 계획을 실천하는 행동을 포함시킨다는 것을 의미한다. 가용성 휴리스틱(availability heuristic)을 통해 유추할 수 있듯이, 사람들은 흔히 쉽게 머릿속에 떠오르는 행동을 실제 행동화할 가능성이 높다. 과정 시뮬레이션은 계획 실천 행동이 쉽게 머릿속에 떠오르도록 가용성을 높이는 과정으로, 이를 통해 실제 행동으로 나타날 가능성도 높아진다.

둘째, 과정 시뮬레이션의 효과성은 계획 실천 시 경험할 수 있는 장애물을 사전에 예측하게 한다는 점에 기인한다. 사람들은 나 몰라 효과(what-the-hell effect)에 취약하다. 즉, 일반적으로 사람들은 계획의 작은 한 부분에서 실패하면 전체를 망쳤다고 생각하고 계획 전체를 포기하는 경향이 있다(Cochran & Tesser, 1996). 따라서 사전에 우리가 쉽게 부딪힐 수 있는 장애물, 특히 계획 실천의 초기에 만날 수 있는 장애물을 파악하고, 이에 대처할 수 있는 대안을 마련하는 것은 성공적 실천에 매우 중요하다. 과정 시뮬레이션은 실제 행동 과정을 구체적으로 머릿속으로 그려 봄으로써 행동 과정에서 만날 수 있는 물리적 · 환경적 · 사회적 · 심리적 방해 요인을 쉽게 파악할 수 있다.

코치는 정교화한 행동 계획을 실제 생활에서 실천하는 상황을 상상하도록 요청하는 과정 시뮬레이션을 실시하고, 이때 발생할 수 있는 장애물을 묻는다. 피코치가 파악한 장애물을 모두 정리한 후 이를 극복하기 위한 방법을 함께 논의하여 피코치가 장애물에 대해 심리적 안정감을 갖고, 성공에 대한 자신감을 가질 수 있도록 돕는다. 다음에는 장애물 점검에서 사용할 수 있는 대표적인 질문이 제시되어 있다.

• **질문 예시**

- 우리가 함께 세운 계획을 실천하는 장면을 상상해 보겠습니다(이후 구체화된 상황을 기술하면서 피코치가 상상한 것을 이야기하도록 함).
- 계획한 행동을 실천하는 데 우리가 짚고 넘어가야 할 장애물이 있다면 어떤 것이 있을까요?
- 그 장애물을 어떻게 극복할 수 있을까요?
- 이 계획 중에 좀 더 보강해야 할 부분이 있다면 어떤 것입니까?

2) 마무리

장애물 점검까지 모두 마무리되면, 코칭을 마무리(Wrap up)한다. 마무리는 특별한 형식은 없으나 아래 질문 예시와 같은 요약 과정을 거치는 것이 좋다. 한 회기 동안에 진행된 것들과 실천 계획, 느낀 점 등을 언어로 기술하고, 이를 바탕으로 현재 어느 지점에 있는지를 명료화하여 해당 회기에서 얻은 것들에 대한 메타지식을 형성하는 것은 다음 회기의 순조로운 진행에 도움이 된다. 사용할 수 있는 질문 예시는 다음과 같다.

• **질문(요청) 예시**

- 오늘 진행되었던 코칭을 요약해 주시겠습니까?
- 그 밖에 특별히 느낀 점이나 인상 깊었던 점이 있다면 함께 나누어 주시겠습니까?
- 오늘 대화를 통해 혹시 생각이 정리되는 것이 있으면 말씀 부탁드립니다.

〈RE-GROW 모델〉

RE-GROW 모델은 GROW에 검토(review) 및 평가(evaluation) 과정을 더한 것으로, 다회기 코칭에 적용된다. 다회기 코칭의 경우에는 대개 이전 회기에서 합의되었던 구체적인 실행 과제가 존재한다. 따라서 다음 회기에서 과제 실행을 점검하고 복기하는 과정을 실시하게 된다.

과제 점검은 완전한 성공이든 혹은 부분적 성공이든 그 원인을 명확하게 파악하고(메타지식의 형성), 이를 더욱 발전시키도록 강화하거나 부족한 부분을 극복할 수 있도록 하는 것이 중요하다. 과제 점검에서 한 가지 주의해야 할 것은 코치는 언제나 발전적 관점을 견지해야 한다는 점이다. 보통 과제를 완벽하게 실천하거나 혹은 반대로 과제를 전혀 하지 않는 사람은 거의 없으며, 대부분의 사람은 부분적으로 수행한다. 피코치는 '부분적 성공'을 '목표 달성 실패'라고 생각하는 오류에 빠지기 쉽기 때문에 코치는 언제나 완수되지 않은 부분보다는 완수된 부분에 먼저 주의를 주어야 한다. 예를 들어, 과제의 20% 정도만 수행을 해 왔을 경우에 코치는 미수행한 80%에 먼저 주의를 기울이고 이에 대해 다루기보다는 수행한 20%에 집중하여 이에 대한 긍정적 피드백과 격려를 제공하고, 성공 요인을 간단하게라도 다루는 것이 좋다. 검토 및 평가 단계에서 사용할 수 있는 질문의 예는 다음과 같다.

질문 예시

- 지난주에 우리가 함께 계획했던 것은 어떻게 실행되고 있습니까?
- 그 부분은 어떻게 성공(혹은 잘 실천)할 수 있었을까요?
- 계획한 것을 실행했을 때 느낌이 어떠했습니까?
- 선생님의 변화된 행동에 대해 주변 사람들이 어떻게 반응했나요?
- 실천에 어려움이 있었다면 무엇입니까?
- 계획을 실천하는 데 어떤 장애물이 있었습니까?
- 우리가 좀 더 성공적으로 계획을 실천하기 위해서 수정할 것은 무엇일까요?

이 장의 요약

☑ 코칭에서 가장 일반적으로 사용되는 모델은 GROW 모델이다.

☑ 목표 설정(G)은 코칭에서 가장 중요한 부분으로, 가능하면 SMART 기준을 고려하여 설정하는 것이 좋지만 사례에 따라 유연하게 적용한다.

☑ 현실 파악(R)의 대상은 크게 상황적 요인과 개인적 요인을 파악해야 하며, 목표 달성의 자원이 될 수도 있고 장애물이 될 수도 있다.

☑ 대안 설정(O)은 목표를 달성하기 위해 가장 효과적인 방법이 무엇인지를 도출하는 것이며, 다양한 방법으로 최적의 대안을 설정하도록 한다.

☑ 실행 의지와 마무리(W)는 대안을 설정한 후에 구체적인 계획을 수립하고, 장애물을 논의하는 과정으로, 대안 정교화, 촉진방법 설정, 장애물 점검 등이 해당된다.

☑ 다회기 코칭에서는 이전 회기의 과제를 검토 및 평가하는 RE-GROW 모델을 적용한다.

코칭심리의 수련과 미래

1. 코칭심리사의 현황과 수련 과정

코칭심리사 제도는 2015년도에 한국직업능력개발원에 공식적으로 등록되며 시작되었다. 초기에는 코칭심리사 1급과 2급으로 구성되었으나 2018년에 코칭심리사 3급이 승인되면서 현재와 같이 3단계로 이루어진 자격증으로 정착되었다. 1급과 2급은 개별적으로 수련을 등록하여 진행하는 과정이고, 3급은 주로 기관에 소속되어 심리학이나 코칭 관련 업무를 하는 사람이 좀 더 양질의 수행을 낼 수 있도록 돕기 위한 과정이다. 2020년 현재까지 코칭심리사 1급은 23명, 2급은 12명이 배출되었으며, 1급 수련생은 179명, 2급 수련생은 449명에 이르고 있다.

코칭심리사 자격증을 취득하기 위해서는 일반적으로 [그림 12-1]과 같은 과정을 거친다. 전체적인 과정은 모두 동일하나 1급, 2급, 3급 자격증의 종류에 따라 구체적인 수련 내역이 달라지므로 한국코칭심리학회 홈페이지에 제공된 관련 내용을 반드시 확인해야 한다.

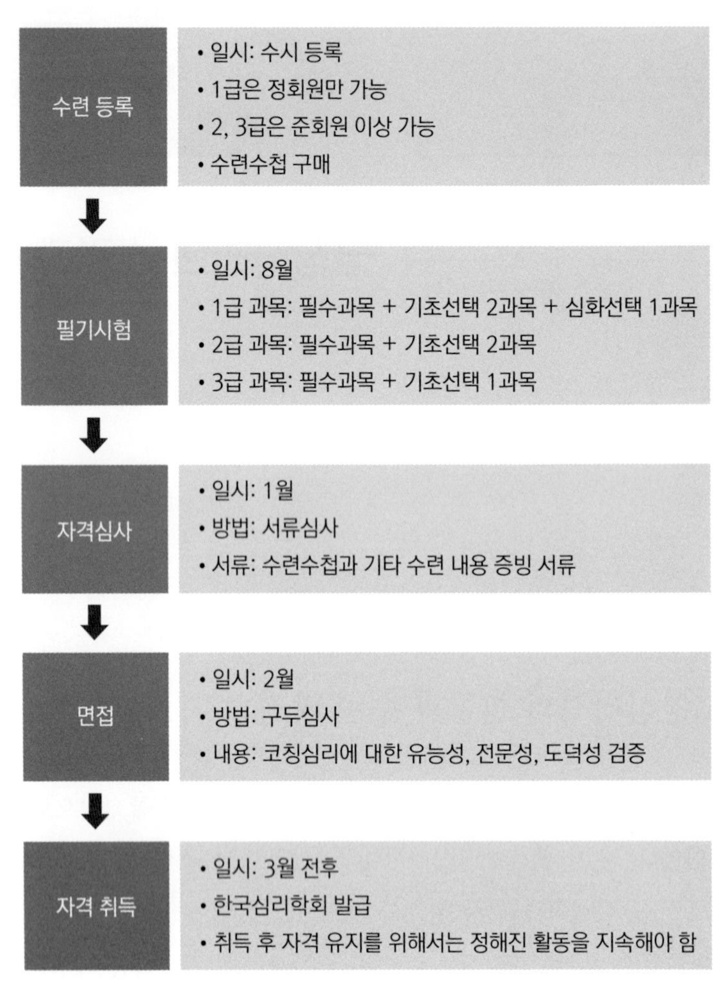

[그림 12-1] 코칭심리사 자격 취득 과정

2. 슈퍼비전

1) 슈퍼비전의 목적과 기능

슈퍼비전은 임상심리와 상담심리 분야에서 시작된 것으로, 상담에서의 슈퍼비전은 슈퍼바이저가 상담자의 직업적 활동을 평가하고, 적절한 직업적 행동을 습득하도록 돕는 계속적인 교육과정으로 정의되고 있다(Harts, 1982). 그 외에도 슈퍼비전에 대한 정의는 매우 다양한데, 기존의 정의들을 바탕으로 한국코칭심리학회 슈퍼비전 연구회에서는 코칭 슈퍼비전을 다음과 같이 정의하였다(2014).

> 코칭심리 슈퍼비전은 슈퍼바이저가 슈퍼바이지(코치)로 하여금 코칭에 대한 심리학적 이해를 토대로 효과적인 개입을 활용하도록 돕는 공식적이고 구조화된 상호작용을 말한다.

앞의 정의에는 주로 코치가 고객을 효과적으로 도울 수 있도록 지원하는 것을 코칭 슈퍼비전의 핵심으로 제시하였으나, 상담 및 심리치료, 사회복지 등의 영역에서 진행되는 슈퍼비전의 기능은 이보다 좀 더 광범위하다.

- **슈퍼비전의 목적과 기능**(Kadushin, 1992; Passmore, 2014에서 재인용)

① **교육**: 성찰을 격려하고, 작업을 탐색하며, 과정에 대한 새로운 사고, 힌트, 기술과 지식을 제공함으로써 지식, 기술, 태도의 발달과 상급화를 확증하는 것을 말한다.

② **지지**: 역할의 책임을 끝까지 수행하도록 하는 실제적이고 심리적인 지지를 제공한다. 코칭은 하나의 부담스러운 과정으로, 업무에서 오는 스트레스와 압력은 잠재적으로 코칭 수행에 영향을 미치고, 극단적인 상황에서는 탈진에 이르기도 한다. 슈퍼바이저의 역할은 코치가 압력을 관리하고 필요한 정서적 지원을 공급받도록 지원하는 것이다.

③ **행정과 관리**: 적절한 업무 수준, 정책의 준수, 최선의 수행발달과 유지, 슈퍼바이저는 최선의 수행과 코치의 존재 가치 영역에서 지지와 안내를 제공한다. 여기에는 기준, 윤리, 경계의 측면이 포함된다.

- **슈퍼비전의 기능**(Hawkins & Smith, 2006; Passmore, 2014에서 재인용)

① **발달적 기능**: 슈퍼바이지의 수행에 대한 성찰을 통한 기술, 이해력, 능력의 발달에 관한 것이다.

② **자원공급적 기능**: 슈퍼바이지가 고객의 업무의 정서적 강도에 대한 자신의 반작용을 자각하고 다루도록 돕는 것이다.

③ **질적 기능**: 슈퍼바이지의 업무에 대해 그 작업이 적절하고 윤리적인지 확증해 줌으로써 질적인 조절을 하도록 한다.

상기한 슈퍼비전의 목적과 기능을 살펴보면, 상담 및 심리치료 영역에서의 슈퍼비전은 크게 슈퍼바이지의 업무 역량 향상을 위한 교육, 정서 자원 고갈을 막기 위한 정서적 지지, 슈퍼바이지의 업무 활동이 법적 · 윤리적 · 학문적 기준에서 적절한지를 판단하는 평가 등을 제공한다는 것을 알 수 있다. 이러한 기존의 슈퍼비전 기능을 바탕으로 한국코칭심리학회 슈퍼비전 연구회(2014)에서는 슈퍼비전의 주요 기능을 다음과 같이 세 가지로 제시하였다.

- **슈퍼비전의 기능**(한국코칭심리학회 슈퍼비전 연구회, 2014)

① **발달적 기능**: 슈퍼바이지의 자기 이해를 높이고, 코칭 수행에 필요한 지식과 기술을 보완하여 전문적 성장을 돕는다.

② **전문성 기능**: 코칭 고객에게 질적으로 최상의 서비스를 제공하도록 돕고, 윤리적 기준과 법적 기준을 준수하도록 지도 및 감독한다.

③ **평가적 기능**: 코칭 고객의 욕구 파악, 목표 수립과 개입 및 성과 평가의 적절성 등을 평가한다.

2) 슈퍼비전의 주체

코칭심리사 수련과정을 감독하는 슈퍼바이저는 수련생의 수련 기간 동안에 코칭심리사 1급 자격을 유지하고 있는 사람만이 맡을 수 있다. 수련생은 현재 한국코칭심리학회 홈페이지에 공개된 슈퍼바이저 중 본인이 원하는 슈퍼바이저에게 연락하여 상호 합의하에 슈퍼비전을 받을 수 있다.

3) 슈퍼비전을 위한 사례 보고서 구성

슈퍼비전을 받기 위해 슈퍼바이지는 사례 보고서를 작성하게 된다. 사례 보고서에는 코치가 자신의 사례에서 파악한 객관적인 정보뿐 아니라 본인이 통합적으로 이해하고 분석한 내용도 포함되어야 한다. 다음에 사례 보고서에 포함되어야 할 요소를 제시하였다.

(1) 고객에 대한 인구통계학적 정보

• 이름(가명 또는 부분 이름)	• 나이	• 성별
• 직업	• 종교	• 학력
• 결혼 상태	• 가족	• 기타

한 개인을 이해할 때 인구통계학적 정보는 매우 중요하다. 인구통계학적 특성은 해당 집단이 어떤 심리적 특성, 행동적 패턴, 사회적 관계 등을 가졌는지에 대한 평균 정보를 제공한다. 예를 들면, '두 명의 청소년 자녀를 둔 50대 직장인 남성'이라는 인구통계학적인 정보만 알아도 우리는 그 사람이 어떤 생활 패턴을 지니고, 어떤 고민과 문제를 가지고 있으며, 어떤 인간관계를 가지고 있을지에 대한 대략적인 그림을 그릴 수 있다. 일반적으로 이러한 '평균적인 특성'에서 벗어나는 행동이나 특성이 보고된다면, 이것은 그 사람의 독특성으로 간주되어야 한다. 코치는 이러한 정보를 흘려듣기보다는 주목하여 듣고, 그 이면에 있는 보고되지 않은 생활 환경이나 심리적 특성 등이 코칭 이슈나 목표와 관련되는지를 예민하게 검토하여야 한다. 예를 들어, '남편과의 갈등 해소'를 목표로 코칭을 받던 50대 여성이 코칭 중 혼자서

PC방을 자주 가는 것으로 보고되었다면, 이는 앞에서 언급한 개인의 독특성에 해당한다. 왜냐하면 일반적으로 50대 여성이 PC방을 혼자서 가는 경우는 매우 드물게 관찰되는 일이기 때문이다. 따라서 코치는 인구통계학적 정보를 정확하게 파악하고, 이를 피코치 이해에 활용하여야 한다.

(2) 코칭 회기 개요

- 전체 기간 및 총 회기 수
- 각 회기별 일시, 시간, 장소

코칭 회기 개요는 코칭의 전체 길이와 회기 간 간격의 규칙성과 장소의 적합성 등을 파악하기 위해 정확하게 기술되어야 한다.

(3) 코칭 이슈 및 주제

- 접수면접 혹은 첫 회기에서 진술한 코칭 사유 및 이슈

코칭 이슈를 기록할 때에는 가능하면 피코치가 처음 진술한 그대로 직접 인용 형식으로 적는 것이 좋다. 대개 피코치들은 처음에는 매우 간단하게 방문 사유를 진술하는데, 다시 한번 구체적으로 물으면 상황이나 욕구, 소망 등을 좀 더 길게 진술한다. 이러한 경우에 첫 진술은 직접 인용문으로 기술하되, 이후 구체적인 내용에 대한 것은 코치가 간략하게 정리하여 기술한다.

(4) 코칭 목표

- 전체 목표: 고객과 합의된 코칭의 목표
- 회기별 목표: 회기별 목표가 뚜렷이 존재할 경우에 회기별 목표 기술

초기의 코칭 이슈는 코칭 회기를 통해 구체적인 목표로 전환된다. 코칭 목표는 가능하면 한 문장으로 간략하고 명료하게 진술되어야 한다. 일반적으로 전체 목표를 기술하지만 회기별 목표가 명료하게 설정되거나 혹은 사전에 지정된 구조화된 코칭의 경우에는 회기별 목표도 명료하게 기술한다.

(5) 코칭 전략

- 사례 구성: 코치가 보는 사례에 대한 관점 및 논리적 구성
- 코칭 전략: 사례 구성 결과로 도출된 코칭 전략 및 활용된 심리학적 이론 등

사례 구성(case formulation)은 코치가 피코치 사례를 심리학적 추론을 통해 재구성하는 것을 의미한다. 여기서 재구성이란 피코치가 자신에 대해 기술한 것을 그대로 수용하여 스토리를 구성하는 것이 아니라 전문가인 코치가 피코치의 진술, 언행, 상황 등을 종합적으로 고려하여 이를 심리학적 구성 개념과 이론 등에서 제시하는 관점을 통해 통합적 · 논리적으로 구성하는 것을 말한다. 이 작업은 피코치의 의식적 인식뿐 아니라 무의식적 혹은 상황적 특성까지 모두 고려하여 코치가 새로운 해석을 내리는 것이며, 이를 통해 피코치의 현재에 대한 이해와 미래 행동에 대한 예측이 어느 정도 가능하다.

초기의 사례 구성을 통해 코치는 피코치에게 가장 효과적인 전략을 선택하여 코칭을 진행하게 된다. 코칭 전략을 선택할 때 가장 중요하게 고려해야 할 것은 시간적 제약이다. 코칭 기간이 짧을수록 코칭은 단순한 행동 변화나 문제해결에 초점을 맞춘 전략이 필요하다. 그 밖에도 코칭 전략은 대개 다양한 심리학 이론 중 어떤 접근법을 주로 사용할 것인지, 정서는 얼마나 다룰 필요가 있는지, 피코치의 어떤 점을 집중적으로 다룰 것인지 등을 결정하는 기준이 된다.

(6) 고객 평가

- 코칭 적합성 평가(의학적 관점): 이슈와 고객이 코칭에 적합한가
- 심리검사 및 피코치 평가: 언어, 행동, 사고, 정서, 습관 등에 대한 평가 및 분석
- 피코치 자원: 심리적 · 가정적 · 사회적 · 대인관계적 자원 평가
- 피코치의 약점 및 장애물

① 코칭 적합성 평가

코칭 적합성은 의학적 관점에서의 적합성을 의미한다. 코치는 피코치가 정신의학적 관점에서 정상 범주에 포함되는지를 판단해야 한다. 대부분의 경우에 코칭에서 만나게 되는 피코치들은 정신과적 문제가 없다. 그러나 간혹 직업적 · 가정적 영역에서 어느 정도 사회적 기능을 유지하고 있는 사람들 중에도 일시적으로 심리적 불안정성이 급격히 올라갈 수 있으므로 코치는 피코치의 심리적 불안정성이 병리적 수준인지, 병리적 수준이 아니더라도 코치가 다룰 수 있는 수준인지를 판단하여야 한다. 피코치의 상태가 코치가 다룰 수 없는 수준이라는 판단이 들면 정신건강 전문가에게 사례를 전이해야 한다. 물론 정신건강에 어려움이 있는 사람들에게 코칭을 전혀 제공할 수 없는 것은 아니다. 최근에는 우울증이나 공격성의 문제가 있는 사람들을 대상으로 진행한 코칭이 효과적이었음을 보고하는 연구들도 있다. 그러나 이러한 경우에는 피코치가 정신건강 전문가의 관리 및 감독, 치료 등을 유지하는 상태에서 코칭을 받는 것이 바람직하다.

② 심리검사 및 피코치 평가

피코치 평가는 심리검사 결과와 코치의 평가로 나뉜다. 심리검사가 실시되었을 경우에는 그 결과를 간략하게 제시한다(필요시 보고서 전체 첨부). 코치의 평가는 코칭을 진행하면서 코치가 관찰한 언어, 행동, 정서, 습관, 사고 등을 통해 기존의 성격 이론 및 기타 심리학 개념을 활용하여 피코치의 특성을 기술하는 것이다.

③ 피코치 자원

자원은 성격이나 인지적 특성 등과 같은 심리적 자원, 가족 구성원 및 지지도, 직업 및 사회적 영향력과 관련된 사회적 자원, 친구나 소속 모임, 지역사회의 지지와 같은 대인관계적 자원 등을 평가하여 기록한다. 이때 자원은 피코치가 코칭 목표를 달성하는 데 도움이 되는지의 관점으로 평가한다.

④ 피코치의 약점 및 장애물

약점 및 장애물 역시 피코치가 목표를 달성하는 것을 방해하는 약점 및 장애물을 의미한다. 자원과 마찬가지로 심리적 장애물과 환경적 장애물 모두가 해당될 수 있다.

(7) 회기별 요약

• 각 회기별로 다음의 사항을 요약한다. ① 목표(또는 주제) ② 내용 요약 ③ 금주 실행 과제 ④ 코칭 성과와 한계

각 회기별로 진행된 코칭의 내용을 요약한다. 상기한 요소 외에도 심리검사 결과 등 필요한 내용을 추가할 수 있다.

(8) 코칭 평가

• 전체 평가 ① 목표 달성 정도 % 평가 ② 코칭에 대한 코치의 만족도 척도 평가 • 성과 • 한계

코칭 전체를 평가한다. 코칭의 전체 목표를 얼마나 달성했는지를 100%를 기준으로 평가하고, 코치의 만족도를 10점 척도로 평가한다. 이러한 평가를 바탕으로 슈퍼바이저는 슈퍼바이지와의 코칭 대화를 통해 사례에 대한 통찰을 촉진할 수 있다. 마지막에는 코칭의 성과와 한계를 종합적으로 기록한다.

(9) 코치의 소감 및 개선점

코치의 소감 및 개선점은 코치로서 코칭을 하는 동안에 느꼈던 감정, 생각, 깨달음, 아쉬움 등을 자유롭게 기술하고, 본 코칭 경험을 통해 코치로서 어떤 성장을 하였는지, 그리고 아쉬웠던 부분은 어떻게 개선해 나갈 것인지 등에 대해 작성한다.

(10) 축어록

코칭 전체 중 구체적인 슈퍼비전을 받고 싶은 회기를 선정하여 축어록을 작성한다. 축어록은 처음부터 끝까지 코치와 피코치의 말을 모두 적어야 하며, 한숨이나 침묵 등과 같은 비언어적인 행동도 모두 기록하도록 한다.

3. 코칭심리(사)의 미래

1) 코칭심리의 발전 가능성

(1) 면대면 심리서비스로서의 심리학 기반 코칭(P2A)

심리학자가 어떤 대상의 변화와 성장을 위해 서비스를 제공할 수 있는 방법은 크게 두 가지로 나눌 수 있다. [그림 12-2]를 살펴보면 심리학적 서비스 과정에는 세 개의 주체가 있다고 할 수 있다. 서비스 제공자인 심리학자(Psychologist), 그리고 변화 목표 대상인 행위자(Actor), 그리고 행위자에게 강력한 영향을 미칠 수 있는 영향력자(Influencer)다. 여기서 영향력자는 행

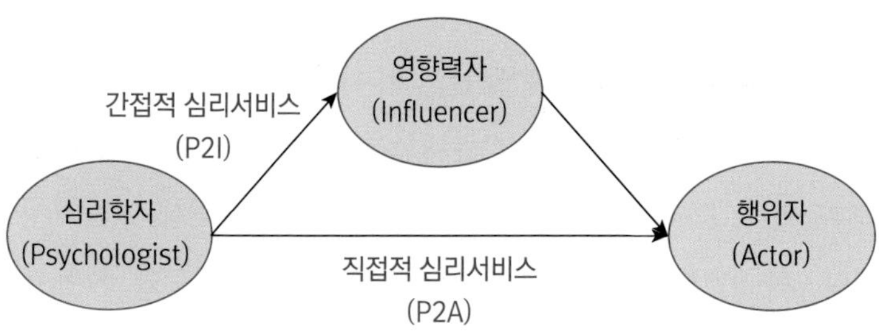

[그림 12-2] 심리학적 서비스의 유형

위자가 학생인 경우에는 교사, 부하 직원인 경우에는 상사, 아동인 경우에는 부모가 될 수 있다. 기존의 심리치료, 상담, 코칭 등은 심리학자가 행위자를 직접 대면하여 심리서비스를 제공하는 P2A 서비스라고 할 수 있다.

P2A 서비스로서 코칭심리학의 역사는 다른 심리학 분야에 비해 매우 짧다. 비즈니스 분야에서 코칭이 본격적으로 시작된 것이 1990년대이고, 심리학에 코칭심리가 들어온 것은 호주 시드니 대학교에 석사과정이 개설된 2000년도를 기준으로 약 20년 정도에 불과하다. 짧은 역사에 비해 코칭은 대중적으로는 매우 많이 퍼져 있는데, 그 이유는 코칭이라는 심리서비스가 지니는 다음과 같은 특징에 기인한 것으로 보인다.

① 심리적 대면서비스로서 코칭의 잠재력

- **목표 및 문제해결을 위한 상호작용:** 코칭은 인접 분야인 상담에 비해 대인간 상호작용의 목적이 매우 분명하고 구체적이다. 즉, 코칭을 통해 얻으려는 목표가 분명하게 설정되고, 문제해결에 집중하기 때문에 성공과 실패를 명확하게 평가할 수 있고, 피코치가 스스로 설정한 목표뿐 아니라 외부에서 주어지는 목표를 달성하기 위한 서비스로서도 유용하다. 특히 기업이나 조직은 직원들의 특정 '역량' 개발을 목적으로 하는 경우가 많은데, 이때 목표 및 문제해결 중심의 코칭은 이러한 조직의 요구를 정확하게 반영하여 서비스를 제공할 수 있는 좋은 도구가 된다.

- **일반인을 대상으로 한 서비스:** 지금까지의 심리서비스는 주로 심리적 문제를 지닌 사람을 대상으로 하였는데, 사실 이러한 사람의 숫자는 전체 인구에서 매우 적은 비율로만 존재한다. 소수의 특수한 사람을 주된 대상으로 하다 보니 기존의 심리치료나 상담은 일반인들이 받기에는 다소 꺼리는 심리서비스였다. 그러나 코칭은 건강하고 높은 사회적 기능을 하는 사람들에게도 모두 적용되는 서비스로 인식되면서 코칭을 받는 것에 대한 심리적 거부감이 거의 없다. 코칭에서는 거의 모든 사람을 잠재적 피코치로 볼 수 있으며, 따라서 대중적 확장성이 높다.
- **상대적으로 짧은 코칭 기간:** 코칭은 기존의 상담과 같은 심리서비스에 비해 진행 회기가 짧고 단기간에 종결이 된다. 조직이나 기업에서 실시하는 경우에는 대개 회기가 5~10회기 이내로 정해져 있으며, 경우에 따라서 단 1회기로 종결되는 코칭도 있다. 따라서 피코치나 구매자의 입장에서는 비용이나 시간에 대한 부담이 줄어들게 되는데, 이러한 특성은 바쁜 현대 사회에 매우 적합한 특성이라고 할 수 있다.

상기 특성은 명료함, 대중성, 간결성 등으로 요약될 수 있는데, 코칭의 이러한 특성들은 앞으로도 코칭이 사람들의 삶의 질과 수행을 높이는 데 적용될 수 있는 좋은 도구로 활용될 수 있음을 의미한다. 현재까지는 코칭 영역에서 양적인 확장이 주로 이루어졌다면 앞으로는 훈련받은 코칭심리사가 많이 배출되어 질적으로도 높은 심리서비스를 제공하고, 나아가 현장의 활동이 연구로 연결되어 과학자-실무자 모델의 선순환 사이클이 안정적으로 정착되는 것이 필요하다.

(2) 훈련된 영향력자 모델로서의 코칭심리(P2I)

P2A 서비스로서의 코칭뿐 아니라 P2I 서비스로서의 코칭 또한 앞으로 개척이 필요한 분야다. 기존에도 심리학 이론들을 활용한 P2I 서비스는 지속적으로 이루어졌다. 예를 들면, 부모를 대상으로 한 의사소통 훈련, 분노 조절

훈련, 양육 훈련이라든가 교사를 대상으로 한 각종 학생 상담 기법 교육 등은 전형적인 P2I 서비스라고 할 수 있다. 그러나 기존의 P2I 심리서비스는 의사소통, 분노 조절, 양육, 대화기법 등과 같은 특정 주제나 기법에 부분적으로 한정되어 있어 교사와 같은 영향력자가 행위자의 구체적인 변화를 돕기 위해 상호작용을 전체적으로 어떻게 해야 하는지에 대해서는 명료한 답을 제공하지 못하였다.

코칭은 기존의 P2I 심리서비스의 한계를 극복할 수 있는 좋은 도구가 될 수 있다. 이에 필자는 앞으로 코칭심리학자들이 훈련된 영향력자 모델(trained influencer model)을 지향하는 코칭심리 서비스를 연구하고, 실무적으로 적용할 필요가 있음을 제안한다. 훈련된 영향력자 모델에서는 심리학자들이 도움이 필요한 행위자 모두에게 서비스를 제공할 수 없는 현실적 한계에서는 행위자에게 가장 강력한 영향을 미칠 수 있는 사람을 특정 수준으로 훈련시키는 것이 가장 효과적인 개입 전략임을 전제로 한다. 코칭은 다루는 주제가 무엇인가와 관계없이 특정 목표(혹은 변화)를 달성하기 위해 적용할 수 있는 구조화된 상호작용 모델을 제공한다. 또한 각 모델 단계에서는 목표 달성을 위해 실행되어야 할 구체적인 사항들이 존재하며, 이를 위한 기초적인 의사소통 도구 및 전략이 제시된다. 따라서 심리학을 오랫동안 학습하거나 훈련받지 못한 영향력자들도 해당 관계(교사와 학생, 부모와 자녀, 상사와 부하 등)에 특화된 코칭 프로그램을 특정 기간 동안 교육 및 훈련받는다면 어느 정도 수준의 코칭 기반 상호작용을 할 수 있게 된다. 이러한 교육과정을 받은 영향력자는 '훈련된 영향력자'로 기능할 수 있으며, 이들은 최종 행위자들에게 삶의 질과 수행 증진이라는 관점에서 좀 더 바람직한 '영향력'을 미칠 수 있다. 훈련된 영향력자 모델을 간략하게 도식으로 나타내면 [그림 12-3]과 같다.

현재 코칭심리사 3급은 이러한 P2I 서비스를 기본으로 하는 제도라고 할 수 있다. 예를 들면, 음주운전자들이 의무적으로 받아야 하는 교육 및 상담을 제공하는 교통기관 소속 담당자, 범죄인들을 특정 기간 동안 만나고 관리

[그림 12-3] 훈련된 영향력자 모델의 흐름

하는 보호관찰사, 학생들을 지속적으로 상담하고 관리해야 하는 일선 교사, 부하 직원들의 수행을 증진시켜야 하는 조직 관리자 등은 자신의 전문 분야가 명료하면서도 '행위자'에게 긍정적인 영향력을 끼쳐야 하는 역할을 맡고 있는 사람들이다. 이들이 사실 전문적인 코칭심리학자나 상담심리학자가 될 필요는 전혀 없으나, 문제해결 혹은 목표 달성 중심의 대인적 상호작용 능력을 갖추는 것은 매우 중요하다. 따라서 코칭심리학자는 이러한 영향력자들을 훈련시켜서 사람들에게 긍정적인 영향력이 나타날 수 있도록 돕는 교육 프로그램을 개발하고, 이를 실무적으로 적용하며, 효과성을 연구하는 작업도 앞으로 꾸준히 발전시켜 나가야 할 것이다.

2) 코칭심리의 하위영역과 대안적 분류

코칭 및 코칭심리의 하위유형은 대개 코칭 서비스가 제공되는 맥락을 기준으로 분류되었다(예를 들어, 탁진국, 2019; Bachkirova, Spence, & Drake, 2017). 물론 기존의 상담처럼 인지행동코칭, 게슈탈트코칭, 내러티브코칭 등 이론 및 접근법으로 분류하는 경우도 있으나(예를 들어, Palmer & Whybrow, 2008), 현재 국내에서는 주로 맥락을 기준으로 하위유형을 구분하고 있다. 탁진국(2019)은 다음과 같이 세 가지 영역과 정의를 제시하였다.

- **커리어코칭**: "커리어코칭은 피코치들이 자신에게 적합한 커리어를 선택 또는 결정하거나 커리어 선택 또는 관리를 위한 기술 또는 역량을 개발

하도록 돕는 활동이다."

- **비즈니스코칭:** "비즈니스코칭은 비즈니스 현장, 즉 기업에서 관리자나 임원의 수행 향상을 목적으로 진행되는 코칭이다."
- **라이프코칭:** "라이프코칭이란 피코치가 자신이 살아온 삶의 다양한 영역을 살펴보고, 특정 영역에서 주도적으로 삶의 비전과 목표를 세우며, 이러한 목표를 달성하여 다양한 삶의 영역에서 균형적인 삶을 살도록 협력적으로 이끌어 가는 과정이다."

탁진국(2019)이 정의한 앞의 세 가지 외에도 코칭 서비스 영역에서는 학습코칭 역시 활발하게 이루어지고 있다. 학습코칭은 주로 청소년이나 대학생과 같이 학습 관련 수행이 주된 목표가 되는 피코치들을 대상으로 이루어지고 있으며, 피코치의 학습 역량 향상이 코칭의 주된 목표다.

이처럼 현재는 주로 코칭 맥락을 기준으로 코칭 하위유형이 분류되고 있으나, 이러한 분류 기준은 분류하기는 쉬우나 해당 유형에 대한 연구 및 지식을 축적하고 효과적인 모듈을 개발하기에는 다소 어려움이 있다. 대표적으로 라이프코칭은 그야말로 라이프에서 일어나는 각종 주제를 모두 다룰 수 있기 때문에 매우 광범위하고 정의가 어렵다. 라이프코칭보다는 덜 하지만 비즈니스코칭도 대상만 특정되어 있을 뿐 주제는 매우 다양하다. 이러한 분류의 모호함은 해당 영역에 대한 연구나 프로그램, 코칭 모듈 등의 개발을 어렵게 하고, 특정 개념이나 모듈이 개발된다고 해도 그 확장성은 낮을 수밖에 없다.

상기한 문제의식에 기반하여 필자는 코칭을 주제 중심으로 재분류할 것을 제안하고자 한다. 주제 중심 코칭은 코칭에서 주로 다루는 주제가 무엇이냐에 따라 분류하는 것으로, [표 12-1]의 네 가지로 분류할 수 있다.

표 12-1 코칭의 하위유형에 대한 대안적 분류(주제 중심 분류)

코칭 유형	정의 및 하위주제	관련 이론 및 연구 방향
의사결정 코칭	• 정의: 피코치가 특정 주제에 대해 최적의 결정을 내리는 것을 목표로 하는 코칭 • 하위주제: 진로, 커리어, 이직, 결혼, 라이프 등	- 의사결정심리학 - 지혜의 심리학 - 진로 및 커리어 관련 이론 - 결정 촉진 기법들 - 기타 - 공통적 의사결정코칭 모듈
행동변화 코칭	• 정의: 피코치의 신체적 상태나 구체적 행동을 변화시키는 것을 목표로 하는 코칭 • 하위주제: 다이어트, 건강, 금연과 금주, 음주운전, 지각 등의 습관 변화 등	- 건강심리학 - 동기 강화기법 - 목표이론 - 습관 및 변화 이론 - 행동주의 - 상황의 영향력 관련 이론 - 기타 - 공통적 행동변화코칭 모듈
대인관계 코칭	• 정의: 다양한 가정적 · 사회적 맥락에서 경험하는 대인관계의 변화를 목표로 하는 코칭 • 하위주제: 직장 내 갈등, 가정 내 갈등, 기타 사회적 관계에서의 갈등, 사회적 관계 촉진 등	- 대인관계 심리학 - 행동주의 - 인지행동주의 - 갈등과 협상의 심리학 - 스트레스 관리 - 기타 - 공통적 대인관계코칭 모듈
수행코칭	• 정의: 직장, 학교 등 수행이 요구되는 맥락에서 피코치의 수행 증진을 목표로 하는 코칭 • 하위주제: 업무 방식 개선, 리더십, 의사소통, 학습, 관리자 역량 개발 등	- 산업심리학 - 조직심리학 - 리더십 이론 - 목표이론 - 동기이론 - 인지심리학 - 기타 - 공통적 수행코칭 모듈

코칭 주제별 하위유형 분류는 구체적으로 다음과 같은 장점이 있다.

- **학문적 연구 촉진:** 기존의 영역 중심 분류에 비해 주제별 분류는 해당 주제와 관련된 다양한 기존 연구의 이론, 관점, 개념 등을 활용 혹은 발전시켜서 해당 연구 분야 및 코칭심리 분야에 기여하는 학문적 연구를 촉진할 수 있다.
- **특정 주제 프로그램 개발의 용이성:** 주제별 코칭에서는 연구 결과 등을 바탕으로 해당 분야의 세부 주제를 아우르는 공통적인 절차, 특징, 전략, 주의점 등이 추출될 수 있다. 예를 들면, 의사결정코칭 영역에서는 '최적의 의사결정'을 내리는 것에 대한 수많은 연구가 존재한다. 따라서 이러한 연구 결과들을 바탕으로 의사결정코칭 고유의 방법 및 모듈이 개발될 수 있으며, 이러한 내용을 기초로 세부 주제(예를 들어, 커리어코칭) 고유의 특성을 반영하여 코칭 모듈을 비교적 쉽게 변형 및 개발할 수 있다.
- **전문성 세분화:** 코치는 전문성 개발을 위하여 자신에게 적합하다고 생각되는 주제를 선택하여 해당 분야의 지식과 기술을 집중적으로 습득하고 훈련할 수 있다. 이러한 과정을 통해 특정 분야에서 차별화된 전문성을 지닌 코치들이 배출될 수 있으며, 나아가 관련 주제를 학습하는 연합체도 자생적으로 발생할 수 있다.

현재 코칭심리학의 지식 체계가 견고하게 확립되지 않은 상태인 만큼 상기한 분류법은 코칭심리학이 심리학의 안정된 분야로 정착하는 데 도움을 줄 것으로 생각되는 바, 앞으로도 지속적인 연구와 개발이 필요하다.

이 장의 요약

☑ 슈퍼비전의 기능은 발달적 기능, 전문성 기능, 평가적 기능이 있다.

☑ 슈퍼비전을 위한 사례 보고서는 코칭 사례에 대한 객관적인 정보와 코치의 분석 및 평가가 반영되어야 한다.

☑ 코칭의 급격한 성장은 목표 및 문제해결을 위한 상호작용, 일반인을 대상으로 한 서비스, 상대적으로 짧은 코칭 기간 등에 기인하였다.

☑ 훈련된 영향력자 모델은 도움이 필요한 행위자에게 가장 강력한 영향을 미칠 수 있는 사람을 코칭 교육을 통해 특정 수준 이상으로 훈련시켜서 최종 행위자에게 긍정적인 영향을 미치도록 한다는 간접 서비스 모델이다.

☑ 코칭의 하위유형 분류는 기존의 영역별 분류보다 의사결정코칭, 행동변화코칭, 대인관계코칭, 수행코칭과 같은 주제별 분류가 효과적일 수 있다.

부록

부록 1 코칭심리사 자격규정

제1조(목적)

본 규정은 본 학회의 코칭심리사 자격을 규정함을 목적으로 한다.

제2조(정의)

코칭심리사라 함은 한국코칭심리학회 회원으로서 본 학회가 규정한 수련과정을 이수하고 소정의 자격검정에 합격한 후 한국심리학회가 인증하는 코칭심리사 1급과 코칭심리사 2급, 코칭심리사 3급을 말한다.

제3조(코칭심리사의 역할)

코칭심리사 자격 소지자의 역할은 다음과 같다.

(1) **코칭심리사 1급**: ① 코칭심리에 관련된 전문 지식을 갖추고, 다양한 영역에서 코칭을 적용한다.

② 심리학 기반의 코칭 모형 및 프로그램을 개발, 보급하며 연구를 수행한다.

③ 코칭심리사 수련과정에 있는 수련생을 수련, 교육한다.

(2) **코칭심리사 2급**: ① 코칭심리에 관련된 기반 지식을 갖추고, 현장실무에서 코칭을 수행한다.

② 코칭과 관련된 행정, 인적 자원 개발 등의 다양한 실무를 수행한다.

③ 그 수행의 효과성을 위하여 지속적인 학습을 한다.

(3) **코칭심리사 3급**: ① 코칭심리에 관련된 기초 지식을 갖추고, 현장실무에서 코칭을 수행한다.

② 기관 등 특정 분야에서 코칭을 제공하고, 이와 관련된 행정 등 다양한 실무를 수행한다.

③ 그 수행의 효과성을 위하여 지속적인 학습을 한다.

제4조(코칭심리사 자격 구분)

코칭심리사 1급, 2급, 3급은 다음과 같이 구분된다.

(1) **코칭심리사 1급**: 다음 항 가운데 어느 하나에 해당하고 자격검정에 통과한 자를 말한다. ① 심리학 및 유관 전공으로 박사학위 이상의 학위를 받고, 본 학회가 인정하는 코칭 분야에서 2년 이상 실무 경험이 있는 자. 단, 유관 전공의 인정 범위는 자격검정 시행세칙에 따른다.

② 심리학 및 심리학 유관 전공으로 석사학위 이상의 학위를 받고, 본 학회가 인정하는 코칭 분야에서 3년 이상 코칭 실무 경험이 있는 자

③ 한국심리학회에서 인정하는 심리사 1급 자격증을 소지하고, 본 학회가 인정하는 코칭 분야에서 2년 이상 실무 경험이 있는 자

단, 3단계로 구성된 자격증의 경우 차상위 단계의 자격증만이 인정된다.

④ 코칭심리사 2급 자격증을 취득한 후 본 학회가 인정하는 코칭 분야에서 2년 이상 실무 경험이 있는 자

(2) **코칭심리사 2급**: 다음 항 가운데 어느 하나에 해당하고 자격심사에 통과한 자를 말한다. ① 심리학 및 심리학 유관 전공으로 학사 이상의 학위를 받

고, 본 학회가 인정하는 코칭 분야에서 2년 이상 수련을 마친 자. 단, 유관 전공의 인정 범위는 자격검정 시행세칙에 따른다.

② 코칭 관련 업무를 3년 이상 담당한 자로서 자격검정 시행세칙에서 지정한 코칭 심리 필수 과목을 이수한 자

③ 한국심리학회에서 인정하는 심리사 2급 이상의 자격증을 소지한 자로서 본 학회가 인정하는 코칭 분야에서 1년 이상 수련을 마친 자

단, 3단계로 구성된 자격증의 경우 차상위 단계의 자격증만이 인정된다.

④ 코칭심리사 3급 자격증을 취득한 후 본 학회가 인정하는 코칭 분야에서 1년 이상 실무 경험이 있는 자

(3) **코칭심리사 3급**: 다음 항을 모두 충족하고 자격심사에 통과한 자를 말한다. ① 학사 이상의 학위 소지자로, 코칭 혹은 심리학 관련 영역에서 3년 이상 근무한 자. 단, 코칭 혹은 심리학 관련 영역은 자격제도 위원회의 판정에 따른다.

② 본 학회의 자격관리위원회가 인정하는 소정의 교육과정을 이수한 자

제5조(자격검정)

자격검정은 필기시험과 자격심사 및 면접으로 이루어진다.

(1) 필기시험의 실시에 관한 기타사항은 자격검정 시행세칙에 따른다.

(2) 자격심사에서는 본 학회가 요구하는 수련 기준의 충족 여부를 평가한다. 지원 자격, 수련 기준과 합격 판정 등에 관한 사항은 별도의 자격검정 시행세칙에 따른다.

(3) 면접은 코칭심리에 관한 유능성, 전문성 및 윤리성을 검증하는 데 초점을 둔다.

제6조(수련 등록 및 수련 과정)

코칭심리사 자격검정에 응시하고자 하는 자는 본 학회의 수련생으로 등록

하여 자격검정에 필요한 수련 과정을 밟아야 한다.

수련 등록 및 수련 과정에 대한 세부사항은 별도의 수련 과정 시행세칙에 따른다.

제7조(자격의 유지)

코칭심리사 자격을 유지하기 위해서는 본 학회의 회원 자격을 유지하여야 하며, 연 1회 이상 코칭심리 학술활동에 참여하여야 한다.

자격 유지 심사는 본 학회의 자격제도위원회가 주관하며 별도의 시행세칙에 따른다.

제8조(윤리강령 준수)

코칭심리사 자격 소지자는 한국심리학회 및 본 학회의 윤리강령을 준수해야 한다.

제9조(자격의 정지 및 회복)

코칭심리사의 자격 제한 및 회복은 다음과 같이 정한다.

(1) 코칭심리사가 위의 제7조 및 제8조를 이행하지 않을 경우 차기년도 자격이 정지된다. 단, 본 학회의 징계에 의해 회원 자격이 정지되었을 때에는 즉시 그 효력이 발생한다.

자격 정지 기간 동안의 수련 및 수련감독은 인정되지 않는다.

(2) 정지 사유가 해결되었을 시 코칭심리사 자격이 회복된다.

제10조(규정의 변경)

본 규정을 변경하고자 할 때에는 자격제도위원회 발의에 의해 한국심리학회 이사회의 인준을 거쳐 발효한다.

부칙- 2013년 8월 1일부터 시행한다.

부록 2 코칭심리사 자격검정 시행세칙

제1조(목적)

본 시행세칙은 코칭심리사 자격 규정 제5조에 명시한 코칭심리사 자격검정에 관한 세부사항을 규정함을 목적으로 한다.

제2조(검정 기준)

코칭심리전문가로서 업무를 원활하게 수행할 수 있는 직무 능력을 갖추고 있는지 유무를 기준으로 하여 등급별 검정 기준을 정한다. 코칭심리자격증의 등급별 검정 기준은 다음과 같다.

(1) **코칭심리사 1급**: 전문가 수준의 뛰어난 코칭심리 활용 능력을 가지고 있으며 심리학에 대한 전문지식을 가르치는 코칭심리교육자, 인력 개발과 개인 성장 관련 업무의 책임자로서 갖추어야 할 능력을 갖춘 최고급 수준

(2) **코칭심리사 2급**: 준전문가 수준의 코칭심리 활용 능력을 가지고 있으며 코칭심리교육자, 인력 개발과 개인 성장 관련 업무 책임자로서 갖추어야 할 능력을 갖춘 고급 수준

(3) **코칭심리사 3급**: 일반인으로서 뛰어난 코칭심리 활용 능력을 가지고 있으며 코칭심리 활용 수준이 상급 단계에 도달하여 한정된 범위 내에서 코칭심리교육자, 인력 개발과 개인 성장 관련 업무를 수행할 기본 능력을 갖춘 상급 수준

제3조 (검정 방법)

본 자격검정은 필기시험, 자격심사 및 면접으로 이루어진다.

제4조(검정 횟수 및 공고)

본 자격검정은 연 1회 실시를 원칙으로 하며 구체적인 일정은 자격제도위원회에서 결정한다. 세부일정과 기타사항에 대한 공고는 한국심리학회장과

본 학회장이 한다.

제5조(응시 자격)

본 자격검정에 응시하고자 하는 자는 한국심리학회 및 본 학회의 회원으로서 코칭심리사 자격 규정의 제4조에서 규정하는 자격은 자격심사 응시 시점까지 갖추어야 한다. 필기시험과 자격심사의 응시 자격은 각각 아래와 같다.

(1) **필기시험**: 본 학회의 수련과정에 등록한 자

(2) **자격심사**: 필기시험에 합격하고 본 학회가 규정한 소정의 수련 활동을 이수한 자

(3) **면접**: 서류심사에 합격한 자

제6조(유관 전공의 인정)

심리학 유관 전공의 인정 기준은 다음과 같다.

(1) 학사학위 소지자는 학사과정에서 심리학 과목을 12과목(36학점) 이상 이수한 경우

(2) 석사학위 소지자는 석사과정에서 심리학 과목을 7과목(21학점) 이상 이수한 경우

(3) 박사학위 소지자는 박사과정에서 심리학 과목을 7과목(21학점) 이상 이수한 경우

제7조(필기시험)

(1) **필기시험 과목**: 필기시험은 필수과목과 선택과목으로 나누어 실시한다. 필수과목과 선택과목은 각각 아래와 같다.

① 필수과목: '코칭심리 이론 및 실습'이다. 필수과목에 응시하기 위해서는 학부 혹은 대학원 과정에서 해당 과목을 이수하여야 한다. 해당 과목이 개설되어 있지 않은 대학이나 기관에 소속된 경우, 본 학회에서 인정하는 교육이수(40시간 이상)로 대치할 수 있으며 필기시험 응시 시 증빙자료를 제출하여야

한다. 또한 '코칭심리 이론 및 실습'과 유사한 과목을 수강하였을 경우 수련생이 수강한 과목과 '코칭심리 이론 및 실습'과의 일치 여부는 본 학회의 자격제도위원회에서 판정한다. 단, 3급의 경우 본 학회가 인정하는 소정의 교육과정 내 포함된 '코칭심리 이론 및 실습' 과목으로 대체할 수 있다.

② 선택과목: 선택과목은 기초 선택과목과 심화 선택과목으로 구성된다. 기초 선택과목은 상담심리학, 성격심리학, 학습심리학, 발달심리학, 긍정심리학, 심리검사 중에서 선정될 수 있고, 심화 선택과목은 경력 개발 및 진로상담, 사회심리학, 조직심리학, 연구방법론, 고급심리검사 중에서 선정될 수 있다. 코칭심리사 1급 응시자는 기초 선택과목에서 2과목, 심화 선택과목에서 1과목, 총 3과목을 선택한다. 코칭심리사 2급 응시자는 기초 선택과목 중 2과목을 선택한다. 코칭심리사 3급 응시자는 기초 선택과목 중 1과목을 선택한다.

(2) 합격 판정의 기준은 필수과목과 선택과목 각각에서 전체 평균 60점 이상, 과목별 40점 이상이다.

① 필기시험 합격의 유효기간은 모든 과목이 합격하여 최종 필기시험 합격 통지를 받은 연도로부터 5년이다.

② 필수과목과 선택과목의 평균이 각각 60점이 되지 않아 불합격으로 판정된 경우, 60점 이상의 과목은 5년 이내에서 면제받을 수 있다.

(3) **필기시험 면제**: 심리학 혹은 심리학 유관 전공 박사학위 취득 후, 2학기 이상의 대학교 강의 경력(심리학 과목만 해당)이 있는 경우 기초 선택과목 2개를 면제할 수 있다. 심리학 과목에 대한 판단은 본 학회의 자격제도위원회에서 판정한다.

제8조(자격심사 내용 및 기준)

필기시험에 합격한 후 자격심사에 응해야 한다. 코칭심리사 1급, 2급, 3급의 수련 기준은 각각 아래와 같다.

(1) 코칭심리사 1급 자격 청구를 위하여 다음의 수련 내역을 제출하여야 한다.

① 코칭: 개인코칭 또는 그룹코칭 300회 이상(총 30사례 이상이어야 하며, 그룹코칭은 10사례, 100회를 초과할 수 없다)의 실시 경력 증명을 제출한다. 학회에서 제공하는 양식에 따라 세부내용을 기록하며, 한 회기 전체 축어록을 포함한 2사례의 사례 보고서(5회기 이상 및 1년 이내 사례)와 사례 보고서에 포함되지 않은 1회기의 코칭 세션 녹화물(음성 또는 영상)을 제출한다.

② 슈퍼비전: 20회 이상의 슈퍼비전을 받은 기록을 제출한다.

③ 사례 연구 모임 참가: 본 학회가 인정하는 사례 연구 모임에 10회 이상 참가한 기록을 제출한다.

④ 심리평가: 20회 이상의 심리평가 실시 기록을 제출한다. 이때 심리평가 도구의 범위는 본 자격제도위원회에서 인정하는 표준화된 심리검사로 제한한다. 또한 동일한 검사도구의 사용은 50%를 초과할 수 없다.

⑤ 교육연수: 자격검정서류심사를 기준으로 최근 3년 이내 총 48시간 이상의 코칭심리 학술활동(학술대회, 교육 등) 참가 기록을 제출한다.

⑥ 학술논문: 수련 등록일 이후 발간된 한국심리학회 혹은 산하학회 학술지에 최소 1편의 논문을 게재하였다는 증빙서류(학술지 표지, 목차, 논문 사본)나 게재예정(확정)증명서를 제출한다. 단, 본 규정은 2019년 자격심사부터 적용한다.

(2) 코칭심리사 2급 자격 청구를 위하여 다음의 수련 내역을 제출하여야 한다.

① 코칭: 개인코칭 또는 그룹코칭 100회 이상(총 10사례 이상이어야 하며, 그룹코칭은 3사례, 30회를 초과할 수 없다)의 실시 경력 증명을 제출한다. 학회에서 제공하는 양식에 따라 세부내용을 기록하며, 한 회기 전체 축어록을 포함한 2사례의 사례 보고서(5회기 이상 및 1년 이내 사례)를 제출한다.

② 슈퍼비전: 10회 이상의 슈퍼비전을 받은 기록을 제출한다.

③ 사례 연구 모임 참가: 본 학회가 인정하는 사례 연구 모임에 5회 이상 참가한 기록을 제출한다.

④ 교육연수: 자격검정서류심사를 기준으로 최근 3년 이내 총 24시간 이상의 코칭심리 학술활동(학술대회, 교육 등) 참가 기록을 제출한다.

(3) 코칭심리사 3급 자격 청구를 위하여 다음의 수련 내역을 제출하여야 한다.

① 코칭: 개인코칭 또는 그룹코칭 40회 이상(총 5사례 이상이어야 하며, 그룹코칭은 2사례, 20회를 초과할 수 없다)의 실시 경력 증명을 제출한다. 학회에서 제공하는 양식에 따라 세부내용을 기록하며, 한 회기 전체 축어록을 포함한 1사례의 사례 보고서(5회기 이상 및 1년 이내 사례)를 제출한다.

② 슈퍼비전: 4회 이상의 슈퍼비전을 받은 기록을 제출한다.

③ 사례 연구 모임 참가: 본 학회가 인정하는 사례 연구 모임에 3회 이상 참가한 기록을 제출한다.

④ 교육연수: 자격검정서류심사를 기준으로 최근 2년 이내 총 12시간 이상의 코칭심리 학술활동(학술대회, 교육 등) 참가 기록을 제출한다.

제9조(면접)

면접은 서류심사에 제출된 내용들을 확인하고 응시자의 코칭심리에 관한 유능성, 전문성 및 도덕성을 검증하는 데 초점을 둔다.

제10조(유관 자격 인정 범위)

(1) 한국심리학회 인증 자격증 보유자는 다음 범위에서 기 수련내역을 인정받을 수 있다.

① 기 수련 내역을 최대 50%까지 인정하여 코칭 사례, 슈퍼비전, 사례 연구 모임 참가 조항에 반영한다.

② 기 수련 내역의 인정 범위는 상담심리 및 임상심리 분과 자격증의 경우 최상위급 50%, 차상위급 40%, 그 외 분과의 자격증은 최상위급 40%, 차상위급 30%로 정한다.

(2) 정신보건임상심리사의 경우 최상위급 40%, 차상위급 30%를 인정하여 코칭 사례, 슈퍼비전, 사례 연구 모임 참가 조항에 반영한다.

제11조(자격 판정)

최종 합격 여부는 면접의 결과에 따라 자격제도위원회에서 판정한다.

제12조(자격 판정)

(1) 이상에서 명시되지 않은 사항은 관행에 따른다.

(2) 본 세칙의 변경은 자격제도위원회에서 심의 의결한다.

부칙 제1조(경과 조치) 다음과 같이 경과조치를 둔다. (1) 제6조, 제7조, 제8조에 대해서는 자격제도위원회와 이사회에서 의결하는 세부사항을 적용한다. (2) 부칙 제1조는 2017년 1월 1일 자동 삭제된다.

- 본 세칙은 2013년 8월 1일부터 시행한다.
- 본 세칙은 2016년 4월 11일부터 시행한다.

부록 3 코칭심리사 수련과정 시행세칙

제1조(목적)

본 시행세칙은 코칭심리사 자격 규정 제6조에 명시한 코칭심리사 수련과정에 관한 세부사항을 규정함을 목적으로 한다.

제2조(수련 기간)

수련 기간은 본 학회에 수련생으로 등록한 시점부터 시작되어 자격증 취득 시점에 종료된다. 단, 본 학회의 최초 수련 등록일인 2015년 4월 2일 이전에 본 학회의 회원으로 가입한 자는 학회 가입일을 수련 등록일로 인정한다.

제3조(수련생)

수련생이라 함은 코칭심리사 자격 취득을 위하여 수련 과정에 등록한 자를 말한다. 수련생은 다음과 같은 기준에 의해 수련 과정을 이수하여야 한다.

(1) 수련생은 자격제도위원회가 인정하는 수련감독자의 지도를 받는다.

'지도를 받는다' 함은 자격검정 시행세칙의 제6조에 명시되어 있는 활동들 각각에 대해 그 내용에 대한 조언을 구하는 것이다.

(2) 수련 기간 중 수련생은 본 학회의 회원자격을 유지해야 하며, 본 학회의 회칙에 의해 회원자격이 정지된 기간 동안의 수련 내용은 인정되지 않는다.

제4조(수련감독자)

수련감독자는 코칭심리사 1급 자격증 보유자로 본 학회가 인정한 자이다. 수련감독자의 역할과 책임은 다음과 같다.

(1) 수련감독자는 수련생의 개인코칭 및 그룹코칭에 대한 슈퍼비전을 실시하며 양식에 따라 소견을 제시하고 날인한다.

(2) 수련감독자는 수련수첩에 명시되어 있는 각종 수련 내용을 확인하고 날인한다. 본인이 날인한 조항의 내용에 대한 책임은 수련감독자에게 있다.

(3) 수련감독자는 수련생이 자격검정 자격을 갖추었다고 판단되면 본 학회가 규정하는 절차에 따라 자격검정 추천을 한다.

(4) 수련감독자가 본 학회의 회원자격이 정지된 기간에 실시한 수련감독 및 슈퍼비전은 인정되지 않는다.

(5) 자격제도위원회에서는 매년 1회 이상 수련감독자의 자격을 갖춘 코칭심리사 1급의 명단을 회원들에게 공지한다.

제5조(개인코칭 및 그룹코칭)

수련생이 실시한 개인코칭 및 그룹코칭 내용은 본 학회가 제시하는 양식에 기록하고 수련감독자의 확인을 받는다.

서류심사에 상정할 수 있는 개인코칭 및 그룹코칭 활동은 다음과 같다.

(1) 수련 등록 이후에 실시한 회기 및 사례

(2) 수련감독자가 확인하고 날인한 회기 및 사례

(3) (코치가 기관에 소속되어 코칭을 진행했다면) 소속 기관장의 확인을 득한 회기 및 사례

제6조(슈퍼비전)

슈퍼비전은 수련감독자에 의해 실시된다. 서류심사에 상정할 수 있는 슈퍼비전의 조건은 다음과 같다.

(1) 수련 등록 이후에 실시한 슈퍼비전

(2) 동일 회기에 대해 다수의 슈퍼비전을 받은 경우 1회로 인정한다.

(3) 코칭 종료 후 5개월 이상이 경과한 사례에 대한 슈퍼비전은 인정하지 않는다.

제7조(사례 연구 모임)

사례 연구 모임은 타인의 슈퍼비전에 참가하여 사례에 대한 이해를 높이는 활동을 칭한다.

제8조(심리평가)

심리평가는 표준화된 검사도구를 사용하여 진행하는 것을 원칙으로 한다. '표준화된 검사도구'라 함은 검사의 규준 및 사용지침이 존재하고 신뢰도와 타당도가 확보된 측정도구를 칭한다. 성격검사, 적성검사 및 기타 심리학적 구성개념에 대한 측정도구가 포함된다.

제9조(교육연수)

코칭심리사 자격청구를 위한 교육연수는 본 학회가 주최하는 학술대회 및 워크숍 등과 외부 기관에서 제공되는 프로그램 중 본 학회가 인정하는 프로그램을 칭한다.

후자의 경우 프로그램의 인정 여부 및 인정 시간은 교육 및 연수위원회에서 프로그램의 내용을 검토하여 정한다.

제10조(보칙)

슈퍼비전은 수련감독자에 의해 실시된다. 서류심사에 상정할 수 있는 슈퍼비전의 조건은 다음과 같다.

(1) 이상에서 명시되지 않은 사항은 관행에 따른다.

(2) 본 세칙의 변경은 자격제도위원회와 교육 및 연수위원회가 협조하여 심의 의결한다.

부칙 - 본 세칙은 2013년 8월 1일부터 시행한다.
- 본 세칙은 2016년 4월 11일부터 시행한다.

참고문헌

제1장 코칭심리의 역사

Freud, S., Strachey, J., & Freud, A. (1953). *The Interpretation of Dreams: Pt. 1.-1900.* Hogarth Press.

Griffith, C. R. (1926). *Psychology of coaching: a study of coaching methods from the point of view of psychology.*

Leonard, T. J., & Laursen, B. (1998). *The portable coach: 28 sure fire strategies for business and personal success.* Simon and Schuster.

Palmer, S., & Whybrow, A. (2008). *The art of facilitation-Putting the psychology into coaching.*

Passmore, J., & Fillery-Travis, A. (2011). A critical review of executive coaching research: a decade of progress and what's to come. *Coaching: An International Journal of Theory, Research and Practice, 4*(2), 70-88.

Spence, G. B., Cavanagh, M. J., & Grant, A. M. (2006). Duty of care in an unregulated industry: Initial findings on the diversity and practices of Australian coaches. I*nternational Coaching Psychology Review, 1*(1), 71-85.

Whitmore, J. (1996). *Coaching for performance.* London: N. Brealey Pub.

https://hu.wikipedia.org/wiki/Kocsi

제2장 코칭심리의 정의

안현의(2003). 과학자-실무자 모델의 국내 적용 가능성에 관한 논의. **한국심리학회지:**

상담 및 심리치료, 15(3), 461-475.

이장호(1995). **상담 면접의 기초**. 중앙적성출판사.

정은경(2016). 코칭에 대한 일반인과 코칭전문가의 인식: 상담에 대한 인식과의 비교. **사회과학연구, 55**(2), 357-379.

Bachkirova, T. & Kauffman, C. (2009). The blind men and the elephant: Using criteria of universality and uniquenes in evaluating our attempts to define coaching. *Coaching: An International Journal of Theory, Research and Practice, 2*(2), 95-105.

Chu, B. C., Rizvi, S. L., Zendegui, E. A., & Bonavitacola, L. (2015). Dialectical behavior therapy for school refusal: Treatment development and incorporation of web-based coaching. *Cognitive and Behavioral Practice, 22*(3), 317-330.

Collins, G.. (2009). *Christian coaching*. CO: Nevpress.

Grant, A. M. (2011). Developing an agenda for teaching coaching psychology. *International Coaching Psychology Review, 6*(1), 84-99.

Grant, A. M., & Palmer, S. (2002). Coaching psychology workshop. In The Annual Conference of the Division of Counselling Psychology. Torquay: BPS.

Hart, V., Blattner, J., & Leipsic, S. (2001). Coaching versus therapy: A perspective. *Consulting Psychology Journal: Practice and Research, 53*(4), 229.

Havighurst, S. S., Kehoe, C. E., & Harley, A. E. (2015). Tuning in to teens: Improving parental responses to anger and reducing youth externalizing behavior problems. *Journal of adolescence, 42*, 148-158.

Joseph, S. (2006). Person-centred coaching psychology: A meta-theoretical perspective. *International Coaching Psychology Review, 1*(1), 47-54.

McCusker, K., & Gunaydin, S. (2015). Research using qualitative, quantitative or mixed methods and choice based on the research. *Perfusion, 30*(7), 537-542.

Myers, D.G. (2007). *Psychology, eighth edition, in modules*. New York: Worth Publishers.

Palmer, S., & Whybrow, A. (2006). The coaching psychology movement and its development within the British Psychological Society. *International Coaching Psychology Review, 1*(1), 5-11.

Passmore, J. (2010). A grounded theory study of the coachee experience: The implications for training and practice in coaching psychology. *International*

Coaching Psychology Review, 5(1), 48-62.

https://ko.wikipedia.org/wiki/%EB%A9%98%ED%86%A0%EB%A7%81, 위키백과

제3장 건강한 삶이란 무엇인가

김아영, 이명희(2008). 청소년의 심리적 욕구만족, 우울경향, 학교생활적응 간의 관계 구조와 학교급간 차이. **교육심리연구, 22**(2), 423-441.

Barron, F. (1963). "Personal Soundness in University Graduate Students." in *Creativity and Psychological Health*. Princeton: D. Van Nostrand Co.

Baumgardner Steve, R., & Crothers Marie, K. (2009). *Positive Psychology.*

Baumgardner, S. R.. & Crothers, M. K. (2009). *Positive Psychology.* Prentice Hall: Pearson Education, Inc

Burkley, E., Burkley, M., Curtis, J., & Hatvany, T. (2018). Lead us not into temptation: The seven deadly sins as a taxonomy of temptations. *Social and personality psychology compass, 12*(10), e12416.

Deci, E. L., & Ryan, R. M. (2002). Overview of self-determination theory: An organismic dialectical perspective. *Handbook of self-determination research,* 3-33.

Diener, E. (1984). Subjective Well-Being. *Psychological Bulletin, 95*, 542-575.

Diener, E. D., Emmons, R. A., Larsen, R. J., & Griffin, S. (1985). The satisfaction with life scale. *Journal of personality assessment, 49*(1), 71-75.

Jahoda, M. (1958). *Current concepts of positive mental health.*

Keyes, C. L. M. (2003). Complete mental health: An agenda for the 21st century. In C. L. M. Keyes & J. Haidt (Eds.), *Flourishing: Positive psychology and the life well-lived* (p. 293-312). American Psychological Association.

Keyes, C. L. M. (1998). Social well-being. *Social psychology quarterly,* 121-140.

Keyes, C. L. M., & Magyar-Moe, J. L. (2003). The measurement and utility of adult subjective well-being. In S. J. Lopez & C. R. Snyder (Eds.), *Positive psychological assessment: A handbook of models and measures* (p. 411-425). American Psychological Association

Ryan, R. M., & Deci, E. L. (2000). Self-determination theory and the facilitation of intrinsic motivation, social development, and well-being. *American psychologist, 55*(1), 68.

Ryff, C. D. (1989). Happiness is everything, or is it? Explorations on the meaning of psychological well-being. *Journal of personality and social psychology, 57*(6), 1069.

Ryff, C. D., & Keyes, C. L. M. (1995). The structure of psychological well-being revisited. *Journal of personality and social psychology, 69*(4), 719.

Ryff, C. D., & Singer, B. (1998). The role of purpose in life and personal growth in positive human health. *Lawrence Erlbaum Associates Publishers.*

Sheldon, K. M., & Niemiec, C. P. (2006). It's not just the amount that counts: Balanced need satisfaction also affects well-being. *Journal of personality and social psychology, 91*(2), 331.

Sheldon, K. M., Abad, N., Ferguson, Y., Gunz, A., Houser-Marko, L., Nichols, C. P., & Lyubomirsky, S. (2010). Persistent pursuit of need-satisfying goals leads to increased happiness: A 6-month experimental longitudinal study. *Motivation and Emotion, 34,* 39-48.

Suh, E. K., & Koo, J. S. (2011). A concise measure of subjective well-being (COMOSWB): Scale development and validation. *Korean Journal of Social and Personality Psychology, 25*(1), 95-113.

Vaillant, G. E. (1995). *Adaptation to life.* Harvard University Press.

WHO (2014). http://origin.who.int/features/factfiles/mental_health/en/

제4장 건강한 삶: 정신역동 관점

김은정(2016). **코칭의 심리학**. 서울: 학지사.

Miserandino, M. (2012). *Personality psychology: Foundations and findings.* Upper Saddle River, NJ: Pearson.

Moeller, M. L. (1977). Self and object in countertransference. *International Journal of Psycho-Analysis, 58,* 365-374.

Palmer, S., & Whybrow, A. (2008). *Coaching psychology: An introduction.*

Peltier, B. (2001). *The Psychology of Executive Coaching: Theory and Application,* East Sussex: Psychology Press.

Rhawn, J. (1980). Awareness, The origin of thought, and the role of conscious self-deception in resistance and repression. *Psychological Reports, 46,* 767-781.

Vaillant, G. E. (1995). *Adaptation to life.* Cambridge, MA: Harvard University Press.

Vaillant, G. E. (1997). *The Wisdom of the Ego.* Cambridge, MA: Harvard University Press.

Vaillant, G. E. (2002). *Aging well: Surprising guideposts to a happier life from the landmark Harvard Study of Adult Development.* Boston, MA: Little, Brown.

Western, D., Gabbard, G. O., & Ortigo, K. M. (2008). Psychoanalytic approaches to personality. In O. P. John, R. W. Robbins, & L. A. Pervin (Eds.), *Handbook of Personality: Theory and research*(pp. 61-113). New York: Guilford Press.

Davis, E. B., & Strawn, B. D. (2010). The Psychodynamic Diagnostic Manual: An adjunctive tool for diagnosis, case formulation, and treatment. *Journal of Psychology and Christianity,* 29(2), 109.

제5장 건강한 삶: 행동주의 관점

Dowrick, P. W. (1991). *Practical guide to using video in the behavioral sciences.* John Wiley & Sons.

Dowrick, P. W., Tallman, B. I., & Connor, M. E. (2005). Constructing better futures via video. *Journal of Prevention & Intervention in the Community, 29*(1-2), 131-144.

Farmer, R. F., & Nelson-Gray, R. O. (2005). *Personality-guided behavior therapy.* American Psychological Association.

Ilgen, M., McKellar, J., & Tiet, Q. (2005). Abstinence self-efficacy and abstinence 1 year after substance use disorder treatment. *Journal of consulting and clinical psychology, 73*(6), 1175.

Ivey, A. E., D'Andrea, M. J., & Ivey, M. B. (2011). *Theories of Counseling and Psychotherapy: A Multicultural Perspective*: A Multicultural Perspective. Sage.

Jones, M. C. (1924). A laboratory study of fear: The case of Peter. *The Journal of Genetic Psychology, 31*, 308-315.

Krop,H., & Burgess, D. (1993). The use of covert modeling in the treatment of a sexual abuse victim. In J. R. Cautela & A. J. Kearney (Eds.), *Covert Conditioning casebook* (pp. 153-158). Belmont, CA: Brooks/Cole.

Mowrer, O. H., & Mowrer, W. M. (1938). Enuresis—a method for its study and treatment. *American Journal of Orthopsychiatry, 8*(3), 436.

Palmer, S., & Whybrow, A. (2008). *Coaching psychology: An introduction.* In S. Palmer & A. Whybrow (Eds.), *Handbook of coaching psychology: A guide for practitioners* (p. 1-20). Routledge/Taylor & Francis Group.

Sharf Richard, S. (2014). *Theories of psychotherapy and counseling.* Iran: Rasa Institute of Cultural Services.

Spiegler, M. D., & Guevremont, D. C. (2010). *Contemporary behavior therapy* (5th ed.). Wadsworth/Cengage Learning.

Wiedenfeld, S. A., O'Leary, A., Bandura, A., Brown, S., Levine, S., & Raska, K. (1990). Impact of perceived self-efficacy in coping with stressors on components of the immune system. *Journal of personality and social psychology, 59*(5), 1082.

제6장 건강한 삶: 인지행동주의 관점

Beck, A. T. (1970). Cognitive therapy: Nature and relation to behavior therapy. *Behavior therapy, 1*(2), 184-200.

Beck, A. T. (1976). *Cognitive therapy and the emotional disorders.* International Universities Press.

Beck, A. T., & Haigh, E. A. (2014). Advances in cognitive theory and therapy: The generic cognitive model. *Annual review of clinical psychology, 10,* 1-24.

Burns, D. D. (1999). *The feeling good handbook, Rev.* Plume/Penguin Books.

DeRubeis, R. J., Tang, T. Z., and Beck, A. T. (2001). Cognitive therapy. In K. S. Dobson (Eds.), *Handbook of cognitive-behavioral therapies.* New York: Guilford

D'zurilla, T. J., & Goldfried, M. R. (1971). Problem solving and behavior modification. *Journal of abnormal psychology, 78*(1), 107.

Edgerton, N., & Palmer, S. (2005). SPACE: A psychological model for use within cognitive behavioural coaching, therapy and stress management. *The Coaching Psychologist, 1*(2), 25-31.

Ellis, A. (1962). *Reason and emotion in psychotherapy.*

Ellis, A. (1970). *The essence of rational psychotherapy: A comprehensive approach to treatment.* Institute for Rational Living.

Ellis, A. (1980). Rational-emotive therapy and cognitive behavior therapy: Similarities and differences. *Cognitive Therapy and Research, 4*(4), 325-340.

Fuchs, C. Z., & Rehm, L. P. (1977). A self-control behavior therapy program for depression. *Journal of Consulting and Clinical Psychology, 45*(2), 206.

Goldfried, M. R., Decenteceo, E. T., & Weinberg, L. (1974). Systematic rational restructuring as a self-control technique. *Behavior Therapy, 5*(2), 247-254.

Liese, B. S. (1994). Brief therapy, crisis intervention, and the cognitive therapy of substance abuse. *Crisis Intervent Time-Limited Treat, 1*, 11-29.

Mahoney, M. J. (1991). *Human change processes.* New York.

Meichenbaum, D. H., & Goodman, J. (1971). Training impulsive children to talk to themselves: A means of developing self-control. *Journal of abnormal psychology, 77*(2), 115.

Meichenbaum, D., & Cameron, R. (1973). Stress inoculation: A skills training approach to anxiety management. Unpublished manuscript, University of Waterloo, 19, 73.

Mischel, W., Shoda, Y., & Smith, R. E. (2008). *Introduction to personality: Toward an integration* (8th ed). Hoboken, NJ: Wiley.

Neimeyer, R. A. (1993). An appraisal of constructivist psychotherapies. *Journal of consulting and clinical psychology, 61*(2), 221.

Palmer, S. (2007). PRACTICE: A model suitable for coaching, counselling, psychotherapy and stress management. *The Coaching Psychologist, 3*(2), 71-77.

Palmer, S., & Szymanska K. (2008). Cognitive behavioral coaching: an integrative approach. In Palmer S., & Whybrow A. (Eds.), *Handbook of Coaching Psychology: A Guide for Practitioners.* East Sussex: Routledge.

Richard S. Sharf. (2013). *Theories of Psychotherapy & Counseling: Concepts and Cases* (6th ed.).

Skarda, C. A., & Freeman, W. J. (1987). How brains make chaos in order to make sense of the world. *Behavioral and brain sciences, 10*(2), 161-173.

Weinstein, J., Averill, J. R., Opton Jr, E. M., & Lazarus, R. S. (1968). Defensive style and discrepancy between self-report and physiological indexes of stress. *Journal of Personality and Social Psychology, 10*(4), 406.

제7장 건강한 삶: 긍정심리학 관점

구재선, 서은국(2011). 한국인, 누가 언제 행복한가?. **한국심리학회지: 사회 및 성격, 25**(2), 143-166.

김성아, 정해식(2019). 연령대별 삶의 만족 영향요인 분석과 정책 과제. **보건복지포럼, 2019**(4), 95-104.

서은국, 구재선, 이동귀, 정태연, 최인철(2010, August). 한국인의 행복지수와 그 의미. In **한국심리학회 2010년 연차학술대회** (pp. 213-222). 한국심리학회.

선혜영, 김수연, 이미애, 탁진국(2017). 강점코칭프로그램이 직장인의 강점자기효능감, 긍정정서, 자기효능감, 직무열의와 조직몰입에 미치는 영향. **한국심리학회지: 산업 및 조직, 30**(2), 221-246.

정명숙(2005). 연령과 삶에 대한 만족도. **한국심리학회지: 발달, 18**(4), 87-108.

Argyle, M. (1987). *The psychology of happiness*. Methuen.

Argyle, M. (1999). Causes and correlates of happiness. In D. Kahneman, E. Diener, & N. Schwarz (Eds.), *Well-being: The foundations of hedonic psychology* (pp. 353-373). Russell Sage Foundation.

Berscheid, E., & Reis, H. T. (1998). *Attraction and close relationships*. In D. T. Gilbert, S. T. Fiske, & G. Lindzey (Eds.), *The handbook of social psychology* (pp. 193-281). McGraw-Hill.

Biswas-Diener, R. and E. Diener: 2001, 'Making the best of a bad situation: Satisfaction in the slums of Calcutta', *Social Indicators Research 55,* pp. 329-352.

Borges, M. A., & Dutton, L. J. (1976). Attitudes Toward Aging Increasing Optimism Found with Age. *The Gerontologist, 16*(3), 220-224.

Boswell, W. R., Shipp, A. J., Payne, S. C., & Culbertson, S. S. (2009). Changes in newcomer job satisfaction over time: examining the pattern of honeymoons and hangovers. *Journal of Applied Psychology, 94*(4), 844.

Brickman, P., & Campbell, D. T. (1971). Hedonic relativism and planning the good society. In Appley, M. H (Ed.), *Adaptation level theory: A symposium* (pp. 287-302). New York: Academic Press.

Burman, B., & Margolin, G. (1992). Analysis of the association between marital relationships and health problems: an interactional perspective. *Psychological bulletin, 112*(1), 39.

Burman, B., & Margolin, G. (1992). Analysis of the association between marital relationships and health problems: an interactional perspective. *Psychological bulletin, 112*(1), 39.

Clifton, D. O., & Nelson, P. (1992). *Soar with your strengths.* New York: Delacorte Press.

Csikszentmihalyi, M. (1990). *Flow: The psychology of optimal experience.* New York: Harper & Row.

Danner, D. D., Snowdon, D. A., & Friesen, W. V. (2001). Positive emotions in early life and longevity: findings from the nun study. *Journal of personality and social psychology, 80*(5), 804.

Diener, E., & Biswas-Diener, R. (2002). Will money increase subjective well-being?. *Social indicators research, 57*(2), 119-169.

Diener, E., & Emmons, R. A. (1984). The independence of positive and negative affect. *Journal of personality and social psychology, 47*(5), 1105.

Diener, E., & Oishi, S. (2000). Money and happiness: Income and subjective well-being across nations. *Culture and subjective well-being,* 185-218.

Diener, E., Diener, M., & Diener, C. (1995). Factors predicting the subjective well-being of nations. *Journal of Personality and Social Psychology, 69*, 851-864.

Diener, E., Larsen, R. J., & Emmons, R. A. (1984). Person× Situation interactions: Choice of situations and congruence response models. *Journal of personality and social psychology, 47* (3), 580.

Diener, E., Oishi, S., & Lucas, R. E. (2003). Personality, culture, and subjective well-being: Emotional and cognitive evaluations of life. *Annual review of psychology, 54*(1), 403-425.

Diener, E., Sandvik, E., Seidlitz, L., & Diener, M. (1993). The relationship between income and subjective well-being: Relative or absolute?. *Social indicators research, 28*(3), 195-223.

Diener, E., Suh, E. M., Lucas, R. E., & Smith, H. L. (1999). Subjective well-being: Three decades of progress. *Psychological bulletin, 125*(2), 276.

Frijters, P., & Beatton, T. (2012). The mystery of the U-shaped relationship between happiness and age. *Journal of Economic Behavior & Organization, 82*(2-3), 525-542.

Fujita, F., Diener, E., & Sandvik, E. (1991). Gender differences in negative affect and well-being: the case for emotional intensity. *Journal of personality and social psychology, 61*(3), 427.

Grover, S., & Helliwell, J. F. (2019). How's life at home? New evidence on marriage and the set point for happiness. *Journal of Happiness Studies, 20*(2), 373-390.

Herzog, A. R., Rodgers, W. L., & Woodworth, J. (1982). *Subjective well-being among different age groups*. Ann Arbor: MI.

Higgins, E. T., Shah, J., & Friedman, R. (1997). Emotional responses to goal attainment: strength of regulatory focus as moderator. *Journal of personality and social psychology, 72*(3), 515.

Kahneman, D., & Deaton, A. (2010). High income improves evaluation of life but not emotional well-being. *Proceedings of the national academy of sciences, 107*(38), 16489-16493.

Kahriz, B. M., Bower, J. L., Glover, F. M., & Vogt, J. (2019). Wanting to Be Happy but Not Knowing How: Poor Attentional Control and Emotion-Regulation Abilities Mediate the Association Between Valuing Happiness and Depression. *Journal of Happiness Studies,* 1-19.

Lee, G. R., Seccombe, K., & Shehan, C. L. (1991). Marital status and personal happiness: An analysis of trend data. *Journal of Marriage and the Family,* 839-844.

Linley, A. (2008). *Average to A+: Realising Strengths in Yourself and Others.* Coventry: CAPP Press.

Linley, P. A., & Harrington, S. (2006). Playing to Your Strengths. *The Psychologist, 19,* 86-89.

Lucas, R. E., Diener, E., Grob, A., Suh, E. M., & Shao, L. (2000). Cross-cultural evidence for the fundamental features of extraversion. *Journal of personality and social psychology, 79*(3), 452.

Lykken, D., & Tellegen, A. (1996). Happiness is a stochastic phenomenon.

Psychological science, 7(3), 186-189.

Lyubomirsky, S., King, L., & Diener, E. (2005). The benefits of frequent positive affect: Does happiness lead to success?. *Psychological bulletin, 131*(6), 803.

Maruta, T., Colligan, R. C., Malinchoc, M., & Offord, K. P. (2000, February). Optimists vs pessimists: survival rate among medical patients over a 30-year period. In *Mayo Clinic Proceedings* (Vol. 75, No. 2, pp. 140-143). Elsevier.

Mastekaasa, A. (1992). Marriage and psychological well-being: Some evidence on selection into marriage. *Journal of Marriage and the Family,* 901-911.

McCrae, R. R., & Costa Jr, P. T. (1986). Personality, coping, and coping effectiveness in an adult sample. *Journal of personality, 54*(2), 385-404.

Meehl, P. E. (1975). Hedonic capacity: Some conjectures. *Bulletin of the Menninger Clinic, 39*(4), 295-307.

Mroczek, D. K., & Kolarz, C. M. (1998). The effect of age on positive and negative affect: a developmental perspective on happiness. *Journal of personality and social psychology, 75*(5), 1333.

Myers, D. G. (2000). The funds, friends, and faith of happy people. *American psychologist, 55*(1), 56.

Nes, R. B. Røysamb, E., Tambs, K., Harris, JR, Reichborn-Kjennerud, T.(2006). Subjective well-being: Genetic and environmental contributions to stability and change. *Psychological Medicine, 36,* 1033-1042.

Nolen-Hoeksema, S. (1995). Epidemiology and theories of gender differences in unipolar depression. *Gender and psychopathology,* 63-87.

Nolen-Hoeksema, S., & Rusting, C. L. (1999). Gender differences in well-being. In D. Kahneman, E. Diener, & N. Schwarz (Eds.), *Well-being: The foundations of hedonic psychology* (p. 330-350). Russell Sage Foundation.

Norem, J. K. (2002). Defensive self-deception and social adaptation among optimists. *Journal of research in personality, 36*(6), 549-555.

Norem, J. K., & Cantor, N. (1986). Defensive pessimism: Harnessing anxiety as motivation. *Journal of personality and social psychology, 51*(6), 1208.

Okun, M. A., Stock, W. A., Haring, M. J., & Witter, R. A. (1984). The social activity/subjective well-being relation: A quantitative synthesis. *Research on Aging, 6*(1), 45-65.

Park, N., Peterson, C., & Seligman, M. E. (2004). Strengths of character and well-being. *Journal of social and Clinical Psychology, 23*(5), 603–619.

Pavot, W., Diener, E. D., & Fujita, F. (1990). Extraversion and happiness. *Personality and individual differences, 11*(12), 1299–1306.

Peterson, C. (1999). 15 Personal Control and Well-being. *Well-being: Foundations of hedonic psychology, 288.*

Peterson, C. (2000). The future of optimism. *American psychologist, 55*(1), 44.

Peterson, C. (2006). *A primer in positive psychology.* Oxford university press.

Peterson, C., & Seligman, M. E. (2004). *Character strengths and virtues: A handbook and classification* (Vol. 1). Oxford University Press.

Peterson, C., & Villanova, P. (1988). An expanded attributional style questionnaire. *Journal of Abnormal Psychology, 97*(1), 87.

Ryff, C. D., & Singer, B. (2000). Interpersonal flourishing: A positive health agenda for the new millennium. *Personality and social psychology review, 4*(1), 30–44.

Scheier, M. F., & Carver, C. S. (1992). Effects of optimism on psychological and physical well-being: Theoretical overview and empirical update. *Cognitive therapy and research, 16*(2), 201–228.

Schneider, S. L. (2001). In search of realistic optimism: Meaning, knowledge, and warm fuzziness. *American Psychologist, 56*(3), 250.

Seligman, M. E. (2002). Positive psychology, positive prevention, and positive therapy. *Handbook of positive psychology, 2*(2002), 3–12.

Seligman, M. E. (Ed.). (2000). *Special issue on happiness, excellence, and optimal human functioning*. American Psychological Assoc.

Seligman, M. E., & Csikszentmihalyi, M. (2000). *Positive psychology: An introduction* (Vol. 55, No. 1, p. 5). American Psychological Association.

Seligman, M. E., Rashid, T., & Parks, A. C. (2006). Positive psychotherapy. *American psychologist, 61*(8), 774.

Seligman, M. E., Steen, T. A., Park, N., & Peterson, C. (2005). Positive psychology progress: empirical validation of interventions. *American psychologist, 60*(5), 410.

Seligman, M.E.P. (2011). *Flourish: A Visionary New Understanding of Happiness and Well-Being*. New York: Free Press.

Snyder, C. R. (1994). *The psychology of hope: You can get there from here.* Simon and Schuster.

Stroebel, C. F. (1969). Biological rhythm correlates of disturbed behavior in the rhesus monkey. *Bibilotheca primatologica, 9,* 91-105.

Taylor, S. E. (1989). *Positive illusions: Creative self-deception and the healthy mind.* Basic Books.

Taylor, S. E., & Brown, J. D. (1988). Illusion and well-being: a social psychological perspective on mental health. *Psychological bulletin, 103*(2), 193.

Weiss, A., Bates, T. C., & Luciano, M. (2008). Happiness is a personal (ity) thing: The genetics of personality and well-being in a representative sample. *Psychological science, 19*(3), 205-210.

제8장 변화에 대한 이해

이희경(2014). **코칭심리 워크북**. 서울: 학지사.

Bargh, J. A., Gollwitzer, P. M., & Oettingen, G. (2010). In S. Fiske, DT Gilbert, & G. Lindzay. *Handbook of social psychology,* 268-316.

Craig, C. P., & Pinder, C. C. (2008). *Work Motivation in Organizational Behavior.* Chicago: Psychology Press.

Janis, I. L., & Mann, L. (1977). *Decision making: A psychological analysis of conflict, choice, and commitment.* Free press.

Krebs, P., Norcross, J. C., Nicholson, J. M., & Prochaska, J. O. (2018). Stages of change and psychotherapy outcomes: A review and meta-analysis. *Journal of clinical psychology, 74*(11), 1964-1979.

Krebs, P., Norcross, J. C., Nicholson, J. M., & Prochaska, J. O. (2019). Stages of change. *Psychotherapy relationships that work, 2,* 296-328.

Marcus, B. H., Rakowski, W., & Rossi, J. S. (1992). Assessing motivational readiness and decision making for exercise. *Health psychology, 11*(4), 257.

Mitchell, T. R. (1997). Matching motivational strategies with organizational contexts. *Research in organizational behavior, 19,* 57-150.

Myerson, J., & Green, L. (1995). Discounting of delayed rewards: Models of individual choice. *Journal of the experimental analysis of behavior, 64*(3), 263-276.

Norcross, J. C. (2015). *Changeology: 5 steps to realizing your goals and resolutions*. New York, NY: Simon and Schuster

Prochaska, J. O. & DiClemente, C. C. (2005). The transtheoretical approach. In Norcross, J. C. & Goldfried, M. R. (Eds.). *Handbook of psychotherapy integration. Oxford series in clinical psychology (2nd ed.)*. New York: Oxford University Press.

Prochaska, J. O. (1979). *Systems of Psychotherapy: A Transtheoretical Analysis;* Oxford University Press: New York, NY,

Prochaska, J. O. (2008). Decision making in the transtheoretical model of behavior change. *Medical decision making, 28*(6), 845-849.

Prochaska, J. O., & DiClemente, C. C. (1982). Transtheoretical therapy: toward a more integrative model of change. *Psychotherapy: theory, research & practice, 19*(3), 276.

Prochaska, J. O., & DiClemente, C. C. (1983). Stages and processes of self-change of smoking: toward an integrative model of change. *Journal of consulting and clinical psychology, 51*(3), 390.

Prochaska, J. O., & DiClemente, C. C. (2005). The transtheoretical approach. *Handbook of psychotherapy integration, 2,* 147-171.

Prochaska, J. O., & Prochaska, J. M. (2016). *Changing to thrive: using the stages of change to overcome the top threats to your health and happiness*. Simon and Schuster.

Prochaska, J. O., & Velicer, W. F. (1997). The transtheoretical model of health behavior change. *American journal of health promotion, 12*(1), 38-48.

Prochaska, J. O., DiClemente, C. C., & Norcross, J. C. (1992). In search of the structure of change. In *Self change* (pp. 87-114). Springer, New York, NY.

Prochaska, J. O., Norcross, J. C., & DiClemente, C. C. (1994). *Changing for good*. New York: Avon Books.

Prochaska, J. O., Velicer, W. F., Rossi, J. S., Goldstein, M. G., Marcus, B. H., Rakowski, W., ... & Rossi, S. R. (1994). Stages of change and decisional balance for 12 problem behaviors. *Health psychology, 13*(1), 39.

Rollnick, S., & Miller, W. R. (1995). What is motivational interviewing?. *Behavioural and cognitive Psychotherapy, 23*(4), 325-334.

Sun, X., Prochaska, J. O., Velicer, W. F., & Laforge, R. G. (2007). Transtheoretical principles and processes for quitting smoking: A 24-month comparison of a representative sample of quitters, relapsers, and non-quitters. *Addictive Behaviors, 32*(12), 2707-2726.

제9장 수행과 관련된 동기이론

Atkinson, J. W. (1957). Motivational determinants of risk-taking behavior. *Psychological review, 64*(6p1), 359.

Atkinson, J. W. (1964). *An introduction to motivation.*

Burkley, E., Anderson, D., Curtis, J., & Burkley, M. (2013). Vicissitudes of goal commitment: Satisfaction, investments, and alternatives. *Personality and Individual Differences, 54*(5), 663-668.

Cameron, J. (2001). Negative effects of reward on intrinsic motivation—A limited phenomenon: Comment on Deci, Koestner, and Ryan (2001). *Review of educational research, 71*(1), 29-42.

Cameron, J., & Pierce, W. D. (1994). Reinforcement, reward, and intrinsic motivation: A meta-analysis. *Review of Educational research, 64*(3), 363-423.

Csikszentmihalyi, M. (1975). *Beyond boredom and anxiety.* San Francisco: Jossey-Bass.

Csikszentmihalyi, M. (1997). Flow and the psychology of discovery and invention. *HarperPerennial, New York, 39.*

Csikszentmihalyi, M., & LeFevre, J. (1989). Optimal experience in work and leisure. *Journal of personality and social psychology, 56*(5), 815.

Csikszentmihalyi, M. (1990). Flow: The Psychology of Optimal Experience. *Journal of Leisure Research, 24*(1), pp. 93-94.

Deci, E. L. (1971). Effects of externally mediated rewards on intrinsic motivation. *Journal of personality and Social Psychology, 18*(1), 105.

Deci, E. L., & Ryan, R. M. (1985). The general causality orientations scale: Self-determination in personality. *Journal of research in personality, 19*(2), 109-134.

Deci, E. L., & Ryan, R. M. (2012). *Self-determination theory.* In P. A. M. Van Lange, A. W. Kruglanski, & E. T. Higgins (Eds.), *Handbook of theories of social psychology* (pp. 416-436). Sage Publications Ltd.

Deci, E. L., Cascio, W. F., & Krusell, J. (1975). Cognitive evaluation theory and some comments on the Calder and Staw critique. *Journal of Personality and Social Psychology, 31*(1), 81-85.

Deci, E. L., Koestner, R., & Ryan, R. M. (1999). A meta-analytic review of experiments examining the effects of extrinsic rewards on intrinsic motivation. *Psychological bulletin, 125*(6), 627.

Earley, P. C., Wojnaroski, P., & Prest, W. (1987). Task planning and energy expended: Exploration of how goals influence performance. *Journal of applied psychology, 72*(1), 107.

Emmons, R. A. (1986). Personal strivings: An approach to personality and subjective well-being. *Journal of Personality and Social psychology, 51*(5), 1058.

Greene, D., & Lepper, M. R. (1974). Effects of extrinsic rewards on children's subsequent intrinsic interest. *Child development,* 1141-1145.

Isen, A. M., & Reeve, J. (2005). The influence of positive affect on intrinsic and extrinsic motivation: Facilitating enjoyment of play, responsible work behavior, and self-control. *Motivation and emotion, 29*(4), 295-323.

Kanfer, R., Ackerman, P. L., Murtha, T. C., Dugdale, B., & Nelson, L. (1994). Goal setting, conditions of practice, and task performance: A resource allocation perspective. *Journal of Applied Psychology, 79*(6), 826.

Kelley, H. H. (1971). *Attribution in social interaction.* New York: General Learning Press.

Kruglanski, A. W., Pierro, A., & Sheveland, A. (2011). How many roads lead to Rome? Equifinality set-size and commitment to goals and means. *European Journal of Social Psychology, 41*(3), 344-352.

Kruglanski, A. W., Schwartz, J. M., Maides, S., & Hamel, I. Z. (1978). Covariation, discounting, and augmentation: Towards a clarification of attributional principles. *Journal of Personality, 46*(1), 176-189.

Lepper, M. R. (1973). Dissonance, self-perception, and history in children. *Journal of Personality and Social Psychology, 25,* 65-74.

Lepper, M. R., & Greene, D. (Eds.). (1978). *The hidden costs of reward: New perspectives on the psychology of human motivation.* Lawrence Erlbaum.

Lepper, M. R., Greene, D., & Nisbett, R. E. (1973). Undermining children's intrinsic interest with extrinsic reward: A test of the "overjustification" hypothesis.

Journal of Personality and social Psychology, 28(1), 129.

Locke, E. A. (1968). Toward a theory of task motivation and incentives. *Organizational behavior and human performance, 3*(2), 157-189.

Locke, E. A., & Latham, G. P. (1990). *A theory of goal setting & task performance.* Prentice-Hall, Inc.

Locke, E. A., & Latham, G. P. (2002). Building a practically useful theory of goal setting and task motivation: A 35-year odyssey. *American psychologist, 57*(9), 705.

Locke, E. A., Shaw, K. N., Saari, L. M., & Latham, G. P. (1981). Goal setting and task performance: 1969-1980. *Psychological bulletin, 90*(1), 125.

Mone, M. A., & Shalley, C. E. (1995). Effects of task complexity and goal specificity on change in strategy and performance over time. *Human Performance, 8*(4), 243-262.

Oettingen, G., Mayer, D., Thorpe, J. S., Janetzke, H., & Lorenz, S. (2005). Turning fantasies about positive and negative futures into self-improvement goals. *Motivation and Emotion, 29*(4), 236-266.

Omodei, M. M., & Wearing, A. J. (1990). Need satisfaction and involvement in personal projects: Toward an integrative model of subjective well-being. *Journal of Personality and social Psychology, 59*(4), 762.

Shah, J. Y., Friedman, R., & Kruglanski, A. W. (2002). Forgetting all else: on the antecedents and consequences of goal shielding. *Journal of personality and social psychology, 83*(6), 1261.

Sheeran, P. (2002). Intention—behavior relations: a conceptual and empirical review. *European review of social psychology, 12*(1), 1-36.

Tolman, E. C. (1932). *Purposive behavior in animals and men.* Univ of California Press.

Van Eerde, W., & Thierry, H. (1996). Vroom's expectancy models and work-related criteria: A meta-analysis. *Journal of applied psychology, 81*(5), 575.

Vroom, V. H. (1964). *Work and motivation.* Wiley.

Webb, T. L., Schweiger Gallo, I., Miles, E., Gollwitzer, P. M., & Sheeran, P. (2012). Effective regulation of affect: An action control perspective on emotion regulation. *European review of social psychology, 23*(1), 143-186.

Wofford, J. C., Goodwin, V. L., & Premack, S. (1992). Meta-analysis of the antecedents of personal goal level and of the antecedents and consequences of goal commitment. *Journal of Management, 18*(3), 595-615.

Wood, R. E., Mento, A. J., & Locke, E. A. (1987). Task complexity as a moderator of goal effects: A meta-analysis. *Journal of applied psychology, 72*(3), 416-425.

Wright, P. M., Hollenbeck, J. R., Wolf, S., & McMahan, G. C. (1995). The effects of varying goal difficulty operationalizations on goal setting outcomes and processes. *Organizational Behavior and Human Decision Processes, 61*(1), 28-43.

제10장 코칭의 기본 기술

Bandura A,, & Jourden F. J. (1991). Self-Regulatory Mechanisms Governing the Impact of Social Comparison on Complex Decision Making. *Journal of Personality and Social Psychology. 60*: 941-951.

Bandura, A., & Cervone, D. (1983). Self-evaluative and self-efficacy mechanisms governing the motivational effects of goal systems. *Journal of Personality and Social Psychology, 45*(5), 1017-1028.

Boucher, A. A., Hunt, G. E., Karl, T., Micheau, J., McGregor, I. S., & Arnold, J. C. (2007). Heterozygous neuregulin 1 mice display greater baseline and Δ9-tetrahydrocannabinol-induced c-Fos expression. *Neuroscience, 149*(4), 861-870.

Collins, G. (2011). **코칭 바이블**[*Christian coaching, 2th ed.*]. (양형주, 이규창 역). 서울: IVP. (원전은 2009 출간).

Diener, E., & Wallbom, M. (1976). Effects of self-awareness on antinormative behavior. *Journal of Research in Personality, 10*(1), 107-111.

Duncan, B. L., Hubble, M. A., & Miller, S. D. (1997). *Psychotherapy with'impossible'cases: The efficient treatment of therapy veterans*. WW Norton & Co.

Duncker, K. (1945). On problem-solving (L. S. Lees, Trans.). *Psychological Monographs, 58*(5), i-113.

Duval, S., & Wicklund, R. A. (1972). *A theory of objective self awareness*. Academic Press.

Egan, G. (1999). *The skilled helper.* Monterey, CA: brooks/Cole.

Egan, G. (2013). *The skilled helper: A problem-management and opportunity-development approach to helping*. Cengage Learning.

Erez, M. (1977). Feedback: A necessary condition for the goal setting-performance relationship. *Journal of Applied psychology, 62*(5), 624.

Fishbach, A., & Finkelstein, S. R. (2012). How feedback influences persistence, disengagement, and change in goal pursuit. *Goal-directed behavior,* 203-230.

Glucksberg, S., & Weisberg, R. W. (1966). Verbal behavior and problem solving: Some effects of labeling in a functional fixedness problem. *Journal of Experimental Psychology, 71*(5), 659.

Kellerman, J., Lewis, J., & Laird, J. D. (1989). Looking and loving: The effects of mutual gaze on feelings of romantic love. *Journal of Research in Personality, 23*(2), 145-161.

Kim, I. & Szabo, P. (2011). **해결중심단기코칭**[*Brief Caching for Lastin Solutions*]. (김윤주, 노혜련, 최인숙 역). 서울: 시그마프레스. (원전은 2005년에 출판).

Klein, W. M., & Harris, P. R. (2009). Self-affirmation enhances attentional bias toward threatening components of a persuasive message. *Psychological Science, 20*(12), 1463-1467.

Kulik, J. A., & Kulik, C. L. C. (1988). Timing of feedback and verbal learning. *Review of educational research, 58*(1), 79-97.

Linehan, M. M., Dimeff, L. A., Reynolds, S. K., Comtois, K. A., Welch, S. S., Heagerty, P., & Kivlahan, D. R. (2002). Dialectical behavior therapy versus comprehensive validation therapy plus 12-step for the treatment of opioid dependent women meeting criteria for borderline personality disorder. *Drug and alcohol dependence, 67*(1), 13-26.

Mahoney, M. J. (1991). *Human change processes*. New York.

Mellers, B. A., Schwartz, A., Ho, K., & Ritov, I. (1997). Decision affect theory: Emotional reactions to the outcomes of risky options. *Psychological Science, 8*(6), 423-429.

Myers, D. G. (2007). *Psychology (8th ed.)*. New York : Worth Publishers.

Presbury, J. H., Echterling, L. G., & McKee, J. E. (2008). *Beyond brief counseling and therapy: An integrative approach*. Pearson/Merrill Prentice Hall.

Roese, N. J., & Olson, J. M. (1995). Counterfactual thinking: A critical overview. In N. J. Roese & J. M. Olson (Eds.), *What might have been: The social psychology of counterfactual thinking* (pp. 1-55). Lawrence Erlbaum Associates, Inc.

Rosenthal, R., & Jacobson, L. F. (1968). Teacher expectations for the disadvantaged. *Scientific American, 218*(4), 19-23.

Sachs, J. S. (1967). Recognition memory for syntactic and semantic aspects of connected discourse. *Perception & Psychophysics, 2*(9), 437-442.

Safren, M. A. (1962). Associations, sets, and the solution of word problems. *Journal of Experimental Psychology, 64*(1), 40.

Silvia, P. J., & Duval, T. S. (2001). Objective self-awareness theory: Recent progress and enduring problems. *Personality and Social Psychology Review, 5*(3), 230-241.

제11장 코칭의 모델과 진행

이희경(2014). **코칭심리 워크북**. 서울: 학지사.

탁진국(2019). **코칭심리학**. 서울: 학지사.

Bandura, A., & Schunk, D. H. (1981). Cultivating competence, self-efficacy, and intrinsic interest through proximal self-motivation. *Journal of personality and social psychology, 41*(3), 586.

Berg, I. K., & Szabo, P. (2005). *Brief coaching for lasting solutions*. WW Norton & Company.

Briñol, P., Gascó, M., Petty, R. E., & Horcajo, J. (2013). Treating thoughts as material objects can increase or decrease their impact on evaluation. *Psychological science, 24*(1), 41-47.

Buehler, R., Griffin, D., & Peetz, J. (2010). The planning fallacy: Cognitive, motivational, and social origins. In *Advances in experimental social psychology* (Vol. 43, pp. 1-62). Academic Press.

Buehler, R., Griffin, D., & Ross, M. (1994). Exploring the "planning fallacy": Why people underestimate their task completion times. *Journal of personality and social psychology, 67*(3), 366.

Cochran, W., & Tesser, A. (1996). *The "what the hell" effect: Some effects of goal proximity and goal framing on performance. Striving and feeling:*

Interactions among goals, affect, and self-regulation, 99-120.

Collins, G. (2011). **코칭 바이블**[*Christian coaching, 2nd ed.*]. (양형주, 이규창 역). 서울: IVP. (원전은 2009 출간).

Elliot, A. J., Sheldon, K. M., & Church, M. A. (1997). Avoidance personal goals and subjective well-being. *Personality and Social Psychology Bulletin, 23*(9), 915-927.

Fife-Schaw, C., Sheeran, P., & Norman, P. (2007). Simulating behaviour change interventions based on the theory of planned behaviour: Impacts on intention and action. *British Journal of Social Psychology, 46*(1), 43-68.

Ford, M. E. (1992). *Motivating humans: Goals, emotions, and personal agency beliefs*. Sage.

Gollwitzer, P. M., & Sheeran, P. (2006). Implementation intentions and goal achievement: A meta-analysis of effects and processes. *Advances in experimental social psychology, 38*, 69-119.

Hull, C. L. (1932). The goal-gradient hypothesis and maze learning. *Psychological Review, 39*(1), 25.

Latham, G. P., & Seijts, G. H. (1999). The effects of proximal and distal goals on performance on a moderately complex task. Journal of Organizational Behavior: The International Journal of Industrial, *Occupational and Organizational Psychology and Behavior, 20*(4), 421-429.

Orbell, S., Hodgkins, S., & Sheeran, P. (1997). Implementation intentions and the theory of planned behavior. *Personality and Social Psychology Bulletin, 23*(9), 945-954.

Pallak, M. S., & Cummings, W. (1976). Commitment and voluntary energy conservation. *Personality and Social Psychology Bulletin, 2*(1), 27-30.

Palmer, S. (2007). PRACTICE: A model suitable for coaching, counselling, psychotherapy and stress management. *The Coaching Psychologist, 3*(2), 71-77.

Petersen, A. M., Jung, W. S., Yang, J. S., & Stanley, H. E. (2011). Quantitative and empirical demonstration of the Matthew effect in a study of career longevity. *Proceedings of the National Academy of Sciences, 108*(1), 18-23.

Reed, S. K. (2010). **인지심리학: 이론과 적용**[*Cognition: Theory and Applications 7th ed.]*. (박권생 역), 서울: 시그마프레스. (원전은 2007에 출판).

Rosch, E., Mervis, C. B., Gray, W. D., Johnson, D. M., & Boyes-Braem, P. (1976).

Basic objects in natural categories. Cognitive psychology, 8(3), 382-439.

Shah, J. Y., & Kruglanski, A. W. (2000). Aspects of goal networks: Implications for self-regulation. In *Handbook of self-regulation* (pp. 85-110). Academic Press.

Sheeran, P. (2002). Intention—behavior relations: a conceptual and empirical review. *European review of social psychology, 12*(1), 1-36.

Taylor, S. E., Pham, L. B., Rivkin, I. D., & Armor, D. A. (1998). Harnessing the imagination: Mental simulation, self-regulation, and coping. *American psychologist, 53*(4), 429.

Turner-McGrievy, G. M., & Tate, D. F. (2013). Weight loss social support in 140 characters or less: use of an online social network in a remotely delivered weight loss intervention. *Translational behavioral medicine, 3*(3), 287-294.

Whitmore, J. (1992) *Coaching for Performance*. London: Nicholas Brealey

제12장 코칭심리의 수련과 미래

탁진국(2019). **코칭심리학**. 서울: 학지사.

Bachkirova, T., Spence, G., & Drake, D. (Eds.). (2017). *The SAGE Handbook of Coaching*. London, UK: SAGE Publications.

Hart, G. M. (1982). *The process of clinical supervision. Baltimore,* MD: University Park Press.

Kadushin, A. (1992) *Supervision in Social Work (3rd. ed.),* New York: Columbia University Press.

Passmore, J. (2014). **코칭 수퍼비전**[*Supervision in Coaching*]. (권수영, 김상복, 박순 역). 서울: 시그마프레스. (원전은 2011년에 출판).

찾아보기

인명

내용

저자 소개

정은경(Eun Kyoung Chung)

연세대학교 영어영문학과 문학사

연세대학교 심리학과 임상심리학 문학석사

연세대학교 심리학과 산업 및 조직심리학 철학박사

한양대학교병원 신경정신과 임상심리레지던트

㈜마인드프리즘 책임연구원

코칭심리사 1급, 임상심리전문가, 정신보건임상심리사 1급

현 강원대학교 심리학과 부교수, 한국코칭심리학회 부회장

코칭심리의 이론과 실제
Coaching Psychology

2020년 9월 25일 1판 1쇄 발행
2024년 8월 20일 1판 4쇄 발행

지은이 • 정 은 경

펴낸이 • 김 진 환

펴낸곳 • (주) 학지사

04031 서울특별시 마포구 양화로 15길 20 마인드월드빌딩 5층

대표전화 • 02) 330-5114 팩스 • 02) 324-2345

등록번호 • 제313-2006-000265호

홈페이지 • http://www.hakjisa.co.kr
인스타그램 • https://www.instagram.com/hakjisabook

ISBN 978-89-997-2192-2 93180

정가 17,000원